国家社科基金重大项目
"唯物史观视域中人类命运共同体思想的原创性贡献与世界意义研究"
(项目编号:20 & ZD026)资助成果

马瑞科 著

共同体
与价值共识

基于马克思价值哲学的考察

社会科学文献出版社
SOCIAL SCIENCES ACADEMIC PRESS (CHINA)

目 录

绪 论 …………………………………………… 001

第一章 共同体与价值：历史与当代 …………… 038
  一 自然共同体与"价值合一" ………………… 039
  二 理性共同体与"价值分离" ………………… 049
  三 命运共同体与"价值共识" ………………… 067

第二章 价值共识：时代症候与异化生存 ……… 081
  一 "价值共识"的理论内涵及其核心旨趣 …… 082
  二 价值现代性的"共识悖反"及其症候 ……… 094
  三 "共识的迷失"与"共同体的异化" ………… 108

第三章 多元社会的价值共识困境及其超越限度 … 119
  一 多元社会的价值共识张力 …………………… 120
  二 多元社会价值共识困境的超越 ……………… 129
  三 多元社会价值共识危机超越限度的病理诊断 ……… 160

第四章　合理性价值共识与"自由人联合体" …… 169
一　资本现代性与虚幻的共同体 …… 170
二　价值复归与共识前提重构 …… 182
三　优良价值共识与自由人联合体 …… 202

第五章　全球性价值共识困境与"全人类共同价值"的共识旨趣 …… 221
一　百年变局与全球现代性转型 …… 222
二　"全人类共同价值"的共识旨趣与人类命运共同体的价值建构 …… 224
三　全球性价值共识"中国方案"的世界历史意义 …… 242

第六章　人类命运共同体价值共识基础重构的公共性理路 …… 255
一　自我观念重塑与"共识型价值主体"培育 …… 256
二　类价值自觉与"共识型价值视界"开显 …… 272
三　发展价值观转换与"共识型价值情境"构塑 …… 283
四　文明新形态创制与"价值共识论"的出场 …… 297

结语　我们能否共同生存 …… 310

参考文献 …… 319

后　记 …… 338

绪　论

我们现在处于一种左右为难的困境。我们要么就承认少数群体和社群享有充分的独立，只要能使它们遵守游戏规则和让不同利益、不同见解和不同信仰的人和平共处就行了。不过，这样一来，我们之间就无法进行联系了，因为我们之间除了不禁止别人的自由，并与其一起参加一些纯工具性活动外，我们相互之间就不再有任何共同的东西了；否则，我们就必须要求我们具有共同的价值观，这样一来，我们就会排斥那些不承认这种价值观的人，尤其是如果我们认为这种价值观具有普遍意义的时候，就会把他们排斥在外了[①]。

一　研究缘起

进入 21 世纪以来的人类发展史，是一部世界主义与区域主义、激进主义与保守主义、单边主义与合作主义竞争性在场的

[①] 〔法〕阿兰·图海纳：《我们能否共同生存——既彼此平等又互有差异》，狄玉明、李平沤译，商务印书馆，2003，第 7~8 页。

历史。从形形色色的单边主义、新单边主义、伪多边主义与逆/反全球化等排他性的疏离化意识形态来看，全球现代性愈益趋向一个"疏离化时代"。举凡曾被友谊、责任、情感与义务等利他主义生存伦理所滋养的有机关系性领域，如今无不被一种基于自我功利最大化逻辑的时代性疏离主义意识形态所置换。正如福山所指出的，人类社会正加速步入一个充满民粹主义的民族主义新时代，在这里20世纪中叶构筑起的自由秩序正遭遇充满愤怒的民主多数派的侵扰，人类社会可能滑向一个竞争与愤怒占据支配地位的民族主义世界，这种人类境况将预示着一个重大时刻的重新出场[1]。哈德罗·伊罗生同样认为人类社会正深陷彼此"割裂"的悖谬之中，"面对世界资源与权力的前所未有的激烈争夺，人类社会正把自己撕裂，撕裂成越来越小的碎片"[2]。肯尼思·J. 格根更是直呼："对我们而言，这是一个从根本上相互分离的世界。"[3]

作为启蒙现代性文化价值观念所构塑的生存论视界，"疏离化"是绝对主体性原则僭越的产物，其所传递的是一种立基于"无拘的自我"与排他的"民族国家本位"世俗功利最大化逻辑之上，为达致自我证成而策略性地选择"祛共同体"的狭隘生存信念与消极交往伦理。置身世界百年未有之大变局与文明大转型，面向异质主体间共生共在的共同生存理想，当"疏离化"由自发走向自觉进而跃升为时代意志时，透过世界性的金融壁垒、技术脱钩以及民族国家间愈益尖锐的零和博弈现实，

---

[1] Francis Fukuyama, "US against the World? Trump's America and the New Global Order", *Financial Times*, Nov. 11, 2016.

[2] 〔美〕哈德罗·伊罗生:《群氓之族：群体认同与政治变迁》，邓伯宸译，广西师范大学出版社，2015，第21页。

[3] 〔美〕肯尼思·J. 格根:《关系性存在：超越自我与共同体》，杨莉萍译，上海教育出版社，2017，第3页。

在极具普遍性的人际疏离、群际排他与国际对抗等陌生化生存场境以及可能由其所引发的种种冲突与战争风险等的倒逼下，西方本位自由主义旧观念秩序的解释力日渐衰微，人类社会呼求一种足以超越偏狭的民族国家本位和短视的经济-功利主义的新全球叙事。作为一种契合时代精神的新全球叙事，"人类命运共同体"的当代出场，为价值性地而非工具性地系统评估"疏离化"逻辑的自反性后果，全面审视"疏离化"的公共性生存论限度，总体探寻有效遏制公共性断裂与重构共同生存之可能性的文化价值理路开辟了出路。围绕"人类命运共同体"所展开的全部想象与追问，根本上体现的是诗人哲学家尼采所提出的"重估一切价值"的时代命题："人类是在何种条件下为自己发明那些善恶价值判断的？这些价值判断本身又有什么价值呢？它们迄今为止是阻扼还是促进了人类的繁荣呢？"[1]

"共同体"（Community）因主张一种富有情感、互相包容与彼此尊重的有机共在性生存信念与交往伦理而为人所珍视，正如罗伯特·贝拉（Robert Bellah）所指出的，"共同体"总是意味着"使大多数人感觉良好，相互团结"，意味着"热情、友谊和接纳"[2]。在亚里士多德那里，典范共同体本质上指向一种"价值共同体"，其所意欲阐明的是主体间因城邦共享性价值理性原则而价值性地共处一世的艺术。以至于尼斯贝特（R. A. Nisbet）指出："最初共同体作为一种道德价值而出现。"[3]新社群主义代表人物埃齐欧尼（Amitai Etzioni）同样认为共同

---

[1] 〔德〕尼采：《论道德的谱系》，赵千帆译，商务印书馆，2018，第5页。

[2] Robert Bellah, "Community Properly Understood: A Defense of Democratic Communitarianism", in Amitai Etzioni, ed., The Essential Communitarian Reader, New York: Rowman and Littlefield Publishers, Inc., 1998, p. 15.

[3] R. A. Nisbet, The Sociological Tradition, London: Heinemann, 1970, p. 18.

体因包含"共同的价值"而成其所是①。

然而,毋庸置疑的是伴随现代社会的结构性分化与启蒙现代性个人自由至上主义文化价值观念的僭越,在"滕尼斯转向"的意义上,典范共同体日渐衰微,"价值共同体"被"工具共同体"所替代,由此引发了整体而深刻的现代性公共道德政治危机。透过绝对个体主体性膨胀、狭隘身份认同高涨、工具理性僭越、权利爆炸、拜物教的强势出场,以及由此诱发的公共人衰落、生态理性失序、社会资本流失、责任伦理衰败、人际冷漠、群际排他与国际对抗等"祛共同体"的疏离化生存论后果,"共同体危机"根本上揭示了由"公共价值"衰落所导致的"共同生存"危机。时至今日,在新型技术经济媒介与全球自由贸易的共同推动下,现代性由地域走向全球、由一元走向多元,在"财富全球化"与"风险世界化"的悖论中,人类社会真正进入了相互依存、休戚与共的"命运共同体"时代。立足"类本体"高度重新审视共同体当代出场的语境、困境及其可能性成为关乎文明人类可持续优存的时代之问。

共同体及其所承载的公共性生存信念的当代重建与复兴,指涉人类跨主体秩序化合作式共同生存的价值理性期待,其根本旨趣在于如何在一个已然多元化、世俗化、工具化、私人化的市场(商品)社会中重新确立起一种面向"共同生存"的价值公共性信念,以便为异质主体间跨文化、跨宗教、跨民族、跨地域的交互共生奠定基于共识且具有内在规范性的价值理性根基。作为解答这一时代之问的卓越中国方案,人类命运共同体以交互共生性的共同体伦理重构人类群体性生存视界,

---

① Amitai Etzioni, ed., *The Essential Communitarian Reader*, Lanham: Rowman and Littlefield, 1998, p. xiii.

并内在地吁求一种建基于主体间对话、交流与合作的价值互信与价值共识。有鉴于此，本书致力于在马克思价值哲学的视野中回答以下问题：如何在世界百年未有之大变局和文明大转型的时代境遇中理解和把握人类命运共同体的共在存在论意义？如何在全球多元现代性中定位价值共识之于人类命运共同体的重要性？如何在超越启蒙现代性主导性价值叙事的意义上立足马克思优良价值哲学智识重构人类命运共同体的价值共识基础？

二 研究现状

（一）"共同体"研究略述

启蒙现代性以降，西方社会发生了系统而深刻的"滕尼斯转向"，伴随社会基本结构由"领域合一"走向"领域分离"，公共价值秩序也由"价值合一"走向"价值分离"，一种建立在"个体间及群体间的差异、交易及功利地相互依赖"[①]基础上的"个体的社会"成为群体生活的主导类型。在范式转换的意义上，"滕尼斯转向"构成西方现代政治思想史的"元问题域"，也构成西方共同体叙事的"元语境"。在后启蒙的世俗化、个体化和多元化的时代背景中，如何用合乎理性的方式把普遍脱域的个人重新整合进现代民主共同体，如何在个体自由与公共秩序之间重构一种新的反思性平衡，如何在满足现代自我的功利诉求与生命价值和生存意义之间培育积极的文化连续性，诸如此类问题成为西方后启蒙道德政治致思的核心议题。

---

① 〔英〕罗杰·科特威尔：《共同体的概念》，载许章润主编《清华法学》（第七辑），清华大学出版社，2006，第266页。

"滕尼斯转向"在价值领域最为直接的后果是彻底翻转了"善"与"权利"之间的古典秩序,使得"权利"绝对地优先于"善",进而一种"善"只有在现实地增益"权利"的意义上才是可欲求的"善"。这种价值秩序的翻转根本上体现的是困扰后启蒙西方社会的"个体"与"共同体"之间复杂而系统性的紧张、分离与对峙困境。换言之,除了个体主体性的权利优先性之外,依托于总体性形而上学先验价值秩序之上的一切公共性存在(包括共同体本身),都伴随"超验的萎缩"(哈贝马斯语)和"天理秩序的衰落"(吉登斯语)而丧失自明性,共同体先在的构成式合法性瓦解,进而由"实质性共同体"走向"想象的共同体"。个体主体性成为启蒙现代性不证自明的第一前提,而共同体则成为有待证成问题星丛。在这一背景下,西方现代共同体叙事大致经历了三个阶段。

第一,社会契约论与政治共同体的理由重构。就其象征性意义而言,社会契约论直接产生于"滕尼斯转向"的观念背景,对于霍布斯、洛克和卢梭等契约论思想家而言,问题的关键就在于以"君权神授"为理由的传统政治共同体自明性丧失以后,如何在个体主体性的理论地平上合乎理性地提出一整套能被理性成员所一致认可的新型政治共同体合法性理由。较之基于先验价值叙事的古典古代共同体的合法性理由,后启蒙时期的共同体理由只能是世俗的、理性的、程序式的、选择性的和可共识性的。为此契约论思想家运用抽象理性主义方法,引入"自然状态""自然人性""自然权利"与"自然法"等范式,重新确立了一套基于自由个体"普遍同意"与"理性选择"之上的契约型的政治共同体合法性理由,为西方民族国家建构与自由政治实践重构坚实的道德基础。

第二，市民社会批判与价值共同体的新叙事。"滕尼斯转向"意义上的"社会"类似于黑格尔-马克思意义上的"市民社会"，是一个以市场交换为载体的相互依赖的需求体系。从典范共同体的意义上来看，市民社会作为群体生活组织类型的现代形态，本质上是"非共同体"与"反共同体"的，即其所推崇的原子化、功利化与竞争性的生存信念从根本上与典范共同体基于友爱与情感的有机性生存伦理内在冲突。因此，批判市民社会的公共性限度，探讨真正共同体的理想类型与可能路径就成为现代西方共同体研究的重要论题。黑格尔虽然认为较之"家庭"的普遍性对特殊性的总体性规制而言，"市民社会"是人的特殊性摆脱普遍性压制，获得自主性的阶段。但是在黑格尔家庭-市民社会-国家的辩证框架内，市民社会仍然有着难以规避的局限。其中大的局限体现为自我与他者关系架构中的"祛共同体化"，即视他者为自我特殊性显现的工具或手段[①]。作为彼此相互需要的体系，市民社会不是把某一方视为满足世俗需要的工具，而是相互视对方为工具，这种视他人为手段的市民价值观必将使其成为"个人私利的战场"与"一切人反对一切人的战场"，因而从根本上是"反共同体"的。黑格尔认为要超越市民社会的普遍性与特殊性之间的张力，就必须引入兼具"抽象法"的客观性和"道德"的主观意志的"伦理"实体，即作为"伦理共同体"的国家。在《历史哲学》一书中，黑格尔指出："要知道国家乃是'自由'的实现，也就是绝对的最后目的的实现，而且它是为它自己而存在的。我们还要知道，人类具有的一切价值——一切精神的现实性，都是由

---

① 〔德〕黑格尔：《法哲学原理》，邓安庆译，人民出版社，2016，第335页。

国家而具有的。"①

在马克思主义经典作家看来,黑格尔的"国家"决定"市民社会"的"伦理共同体"方案是一种形而上学的抽象。恩格斯就曾指出:"迄今存在过的联合体,不论是自然地形成的,或者是人为地造成的,实质上都是为经济目的服务的,但是这些目的被意识形态的附带物掩饰和遮盖了。"②马克思认为在市民社会中的私人性逐利活动在把他人贬低为资本逐利工具的同时也将自我贬损为工具,人总体上异化为"异己力量的玩物"③,进而,市民社会以"实际需要"与"利己主义"为最高原则,"实际需要和自私自利的神就是金钱"④。因此,市民社会中人与人之间虽存在交往与联合,但这种交往与联合无一不是以服务资本增殖旨趣为指向的功利性互动,因而市民社会本质上是共同体的异化,是在资本现代性共同体建构的强制性地基,以货币和私利为人际纽带建立起来的"虚幻共同体",本质上是"私有者与私有者的联盟"。对于外在于私有财产的被统治阶级来说,它不仅是完全虚幻的,而且是新的桎梏。在历史唯物主义的视域中,马克思以生产方式与制度性变革为视角重构了一种以实现人的自由全面发展和人类总体性解放为旨归的"真正的共同体",即自由人联合体,其中作为社会历史主体的有生命的个人将经由一种全面的方式,并作为一个整全性的人,占有自己的全面的本质。

第三,新自由主义批判与构成性共同体。20世纪80年代,伴随绝对个体自由至上主义对"共同体的侵蚀",在一个由放

---

① 〔德〕黑格尔:《历史哲学》,王造时译,商务印书馆,1963,第79页。
② 《马克思恩格斯全集》第21卷,人民出版社,2016,第447页。
③ 《马克思恩格斯文集》第1卷,人民出版社,2009,第30页。
④ 《马克思恩格斯文集》第1卷,人民出版社,2009,第52页。

任的自由至上主义制度伦理规制的充满陌生化的风险社会中,面对无处不在的极端非平等的生存境况,"公共精神和共同目标感明显荡然无存……公民之间的社会纽带被约减为金钱交易关系"[1]。面对现代西方社会离散化、人际疏离化和价值虚无化的生存境遇,西方共同体主义坚持"共同体价值优先,公共利益至上"的核心原则,主张用公益替代私利,重构西方社会主体间关系的共同体化和人的整全性生存观念。由此形成了以桑德尔为代表的哲学共同体主义、以麦金泰尔为代表的古典共同体主义、以沃尔策为代表的政治共同体主义和以埃齐欧尼为代表的新共同体主义等共同体思潮。在对新自由主义式的"自我的个人化""善的私人化""德性的边缘化"等道德主体理论、价值理论和规范理论展开的系统批判中,共同体主义者先后提出了以重建现代主体观念为核心的"构成性共同体"理论(桑德尔)、以化解现代道德危机为旨趣的"德性共同体"理论(麦金泰尔)、以重建现代认同为中心的"语言共同体"理论(泰勒)、以构思权利与责任平衡为重点的"回应性共同体"理论(埃齐欧尼)、以探究多元社会分配正义原则为基点的"多元共同体"理论(米勒)等主张,为共同体文化价值观念的当代复兴贡献了重要的理论成果。

此外,作为一个人文社会科学的研究范式,共同体的重要性在国际政治与国际共同体建构领域越发凸显。伊曼纽尔·阿德勒与迈克尔·巴涅特提出"安全共同体"范式,为建构一个全球共同体成员对于和平变革持有强烈而可靠预期的更加和平、

---

[1] Amitai Etzioni, ed., *The Essential Communitarian Reader*, Lanham: Rowman and Littlefield, 1998, p. 39.

更具稳定性的新国际安全秩序进行了系统论证①。雅克·布道等人则在全球现代性的视野中考察了一个坚持合作与和平文化的民主化的"世界共同体"的可能性问题。

就国内研究而言,如果把家庭、村落等传统"三缘共同体"(血缘、亲缘和地缘)看作典范共同体最重要的构成元素之一的话,国内学界的共同体研究可谓源远流长。然而,20世纪30年代,"共同体"(Community)一词经由费孝通等老一辈社会学家的译介进入中国思想界以后,有关共同体严格意义上的主题式研究才真正开始。历史地看,国内学界存在两次共同体研究热潮。

首先,20世纪90年代的"共同体热"。20世纪80年代,伴随西方当代共同体主义的兴起,国内包括哲学、政治学、伦理学等在内的一批学者,先后译介桑德尔、麦金泰尔、查尔斯·泰勒等人的著作,并从不同方面对共同体主义的主要思想进行了批判性的阐释,由此掀起了一股影响深远的"共同体热"。其中,基于共同体主义与新自由主义的比较视域,学者通常把共同体主义的"共同体"概念视为其政治理论②、平等理论③、哲学理论④、正义理论⑤等思想建构的背景性方法论加以考察。在对自由主义的"方法论个人主义"与社群主义的"方法论共同体主义"做出比较区分的同时,围绕二者在正义

---

① 〔以〕伊曼纽尔·阿德勒、〔美〕迈克尔·巴涅特主编《安全共同体》,孙红译,世界知识出版社,2015。
② 俞可平:《社群主义》,中国社会科学出版社,1998。
③ 姚大志:《平等》,中国社会科学出版社,2017。
④ 龚群:《自由主义与社群主义的比较研究》,人民出版社,2014。
⑤ 夏庆波:《正义之思:自由主义与社群主义的对峙及出路》,中国社会科学出版社,2019。

与德性[1]、认同问题[2]、自我理论[3]、社会平等思想[4]和方法论[5]等论题上的分歧,对共同体主义共同体思想在新自由主义批判和西方当代政治思想转型等方面的现实启示与理论局限进行了深入研究和系统阐发[6]。

这一时期国内学界对马克思共同体理论研究兴趣持续高涨,代表性成果有秦龙的《马克思"共同体"思想研究》、马俊峰的《马克思社会共同体理论研究》、侯才的《马克思的"个体"和"共同体"概念》、聂锦芳的《"现实的人"与"共同体"关系之辩》、赵坤的《马克思个人与共同体关系思想研究》、张华波的《马克思共同体思想的历史性生成研究》、刘江海的《马克思共同体概念的哲学阐释》、秦龙的《马克思"资本共同体"思想的文本解读》等。在这一时期,学者更加注重从文本学的角度深化对马克思的共同体理论的研究。

其次,21世纪第二个十年的"共同体热"。进入21世纪以来,中国经济社会取得长足发展,精神文化研究更是欣欣向荣。面对世界百年未有之大变局和中华民族伟大复兴的战略全局,

---

[1] 应奇:《正义还是德性——自由主义/社群主义之争的一个侧面》,《哲学动态》2000年第2期。
[2] 吴玉军:《现代性语境下的认同问题——对社群主义与自由主义论争的一种考察》,中国社会科学出版社,2012。
[3] 袁洪英:《当代社群主义自我理论及其价值研究》,中国社会科学出版社,2017。
[4] 何霜梅:《关于平等的五个追问:社群主义的社会平等思想及其当代价值研究》,中国社会科学出版社,2018。
[5] 刘化军:《社群主义方法论的批判性分析:兼论唯物史观的当代价值》,科学出版社,2021。
[6] 相关研究参见徐友渔《重新理解"自由主义——社群主义"之争》,《社会科学论坛》2003年第11期;韩升《现代公共生活的话语重塑——西方共同体主义的基本政治理念概观》,《华侨大学学报》(哲学社会科学版)2013年第3期,姚大志《社群主义和共同体的限度》,《江苏社会科学》2013年第2期。

习近平总书记提出了包括人类命运共同体、中非命运共同体、中华民族共同体意识、人与自然生命共同体、人类卫生健康共同体和亚太命运共同体等在内的一系列具有鲜明中国特色的新型共同体理念。"共同体"成为多学科研究的重要理论视角，形成了"社会治理共同体"[1]"安全共同体"[2]"实践共同体"[3]"乡村共同体"[4] 等研究范式。作为研究视角与话语范式的"共同体"的凸显，在国内学界掀起共同体研究的"第二次热潮"，主要研究集中于中国特色共同体理念与马克思主义共同体思想的理论渊源和创新性贡献、中国特色共同体理念与中华优秀传统文化的学理渊源和时代性拓展、人类命运共同体的原创性价值和世界历史意义等领域，为共同体研究的当代复兴贡献了中国智慧。

其一，人类命运共同体理念的马克思主义理论渊源研究。此类研究的代表性观点：（1）人类命运共同体是马克思"自由人联合体"思想的当代中国实践[5]；（2）人类命运共同体是马克思"自由人联合体"与"真正的共同体"的当代呈现[6]；

---

[1] 郁建兴、任杰：《社会治理共同体及其实现机制》，《政治学研究》2020年第1期。
[2] 余潇枫、王梦婷：《非传统安全共同体：一种跨国安全治理的新探索》，《国际安全研究》2017年第1期。
[3] 王国兵、雷龙乾：《实践共同体：马克思实践哲学的实践辩证逻辑进路》，《广西社会科学》2020年第10期。
[4] 刘祖云、张诚：《重构乡村共同体：乡村振兴的现实路径》，《甘肃社会科学》2018年第4期。
[5] 康渝生、陈奕诺：《"人类命运共同体"：马克思"真正的共同体"思想在当代中国的实践》，《学术交流》2016年第11期。
[6] 钟明华、缪燚晶：《21世纪马克思主义初探：基于人类命运共同体的思考》，《探索》2020年第2期。

(3) 人类命运共同体为建立自由人联合体夯实现实基础①;
(4) 人类命运共同体是中国共产党立足现实的实践对马克思主义唯物史观的一大理论创新②。

其二，人类命运共同体的中华优秀传统文化根源研究。此类研究的代表性观点：将人类命运共同体与中国传统"和合文化"③，"汇通精神"④，"和睦相处"的文明观、"辩证统一"的义利观、"兼容并蓄"的平等观、"包容互惠"的交往观、"天人协调"的生态观⑤等相互关联，系统揭示了人类命运共同体的深厚文化内蕴。此外，近年来持续升温的中国传统"天下观念"⑥ 和中国传统"家哲学"⑦ 研究为人类命运共同体与中华优秀传统共同体文化的相关性研究提供了丰富的文化资源。

其三，人类命运共同体的原创性价值和世界历史意义研究。此类研究的代表性观点：人类命运共同体是马克思主义类哲

---

① 张新平、刘栋：《论人类共同体的发展逻辑——对马克思"三大社会形态"理论的新探讨》，《科学社会主义》2019 年第 1 期。
② 黄其洪、方立波：《论人类命运共同体理论的马克思主义哲学基础》，《学术研究》2021 年第 11 期。
③ 张立文：《中国传统文化与人类命运共同体》，中国人民大学出版社，2018。
④ 张岂之：《"打造人类命运共同体"与中华优秀传统文化》，《山东省社会主义学院学报》2017 年第 1 期。
⑤ 曲洪波、金梦兰：《"人类命运共同体"思想的传统文化因素解析》，《山东省社会主义学院学报》2017 年第 4 期。
⑥ 相关研究参见赵汀阳《天下体系：世界制度哲学导论》，中国人民大学出版社，2023；许纪霖《家国天下：现代中国的个人、国家与世界认同》，上海人民出版社，2020。
⑦ 相关研究参见笑思《家哲学——西方人的盲点》，商务印书馆，2010；张祥龙《"家"与中华文明》，济南出版社，2022；孙向晨《论家：个体与亲亲》，华东师范大学出版社，2019。

学[1]和儒家大同思想[2]共塑生成的"引领世界秩序重塑"的"中国方案",为有效破解人类生存与发展问题贡献了"中国理论"[3],其以时代性问题意识、公共性价值旨归、总体性实践指向为中国与世界发展破题、领题和解题,对人与自然、民族与民族、国家与国家的内在逻辑展开了总体性探究[4],是一种具有卓越中国智慧的有效化解"后全球化时代"生存风险和非确定性难题的新实践公共性生存信念[5],是中国共产党人对人类交往范式的新思考[6],为推进国家治理体系和治理能力现代化贡献了"治理共同体"的新主张[7],是历史唯物主义理论在21世纪取得的最新理论成果[8]。

(二)"价值共识"研究概览

在西方,价值、价值哲学、价值共识等问题的出场,是共同体由"自然共同体"(领域合一)向"理性共同体"(领域

---

[1] 贺来:《马克思哲学的"类"概念与"人类命运共同体"》,《哲学研究》2016年第8期。
[2] 孙聚友:《儒家大同思想与人类命运共同体建设》,《东岳论丛》2016年第11期。
[3] 韩庆祥:《为解决人类发展问题贡献"中国理论"——习近平"人类命运共同体"思想》,《东岳论丛》2017年第11期。
[4] 秦龙:《"共同体"重要论述的创新发展与时代意义》,《天津日报》2020年8月3日第9版。
[5] 袁祖社:《人类命运共同体思想的原创性及其世界性意义——"公共性时代"的哲学自觉及话语建构》,《北京工业大学学报》(社会科学版)2021年第5期。
[6] 李包庚:《世界普遍交往中的人类命运共同体》,《中国社会科学》2020年第4期。
[7] 赵宇峰:《社会互助:社会治理共同体建设的新驱动》,《南京社会科学》2021年第12期。
[8] 刘同舫:《构建人类命运共同体对历史唯物主义的原创性贡献》,《中国社会科学》2018年第7期。

分离）演进所造成的"价值合一"走向"价值分离"的必然后果。阿格尼丝·赫勒认为："价值的概念是善的概念的一个分裂的概念，它产生于生活方式的多元化、善的等级体系的个人化、这些等级体系的持续变化、评价的市场化和二次编码，以及多重身份。"[1] 日本学者吉见俊哉同样认为："'神'是价值的绝对来源这一信仰崩塌，相对性成为一种自明原理。因此'何为价值'也成为以这样的社会为研究对象的文科必须面对的根本问题。"[2] "价值"的相对化正是包括"价值哲学"在内的现代人文学科之重要性得以彰显的观念史前提。"如果某个绝对的价值尺度永远存在，那么批评这一价值、创造新的价值，就只能被视为异端。如果为神服务、为国王服务、为绝对的神圣性服务是永恒不变的价值，那么人的生存就只需要追求实现这一目的的最有效手段即可。"[3] 放任的"价值分离"导致"善的私人化"与"拜物教"双重后果，前者坚信"人类个体是价值的终极支座和真理的终极法官"[4]，对宏大价值叙事的合法性构成挑战；后者使得"财产、物升格为世界的统治者"[5]，从而加剧了价值理性的衰落。价值的持续分离不但造成了异质主体间的价值冷漠，而且对共同体公共秩序与民主社会基本合作秩序构成威胁。

自20世纪中后期起，反思多元社会价值共识何以可能成为

---

[1] 〔匈〕阿格尼丝·赫勒：《现代性理论》，李瑞华译，商务印书馆，2005，第288页。

[2] 〔日〕吉见俊哉：《"废除文科学部"的冲击》，王京、史歌译，上海译文出版社，2022，第83页。

[3] 〔日〕吉见俊哉：《"废除文科学部"的冲击》，王京、史歌译，上海译文出版社，2022，第83页。

[4] 〔美〕劳伦斯·E.卡洪：《现代性的困境：哲学、文化和反文化》，王志宏译，商务印书馆，2008，第3页。

[5] 《马克思恩格斯全集》第1卷，人民出版社，2016，第674页。

西方社会面临的时代之问。总体来看，当代西方思想史中形成了三种与本论题相关联的代表性共识范式。

其一，以罗尔斯、哈贝马斯为代表的理性主义共识范式。虽然在罗尔斯与哈贝马斯那里，"理性"不再仅仅是启蒙早期的整全性主体理性，而是"公共理性"和"交往理性"。但是，二者在寻求共识的过程中所使用的方法论原则本质上仍然是抽象理性主义的，即通过抽象理性的先验预设为异质主体间的可共识性建构理想的论证环境或思想实验情境。罗尔斯认为"理性多元化"是自由民主实践的必然后果，面对价值多元化的生存性事实，没有任何一种整全性学说所主张的价值原则能够得到全体公民的一致赞同，但是为了维系自由民主社会的基本合作秩序，尤其是为了确保这种秩序始终朝向正义的方向发展以确保每一位公民都能在这一合作秩序中受益，罗尔斯认为自由政治实践同样依赖一种基于共识之上的作为公平的正义原则的支撑。《正义论》时期的罗尔斯经由康德式的先验人性论与理想的"无知之幕"等概念性设置合乎理性地证成了其正义原则的可共识性。面对各方责难，《政治自由主义》阶段的罗尔斯放弃了康德-密尔式的形而上学的自由主义范式，转而在权宜之计的意义上提出了对自由主义的政治性定向，从而在悬置整全性学说多元化的基础上依靠公共理性提出了一种更加契合多元社会现实的"重叠共识"理路。

面对晚期资本主义的社会整合危机，哈贝马斯在深入反思西方传统主体理性的排他性限度的意义上，提出了基于主体间性且面向共识的"交往理性"概念。在哈贝马斯看来，交往理性通过引入可批判检验的有效性原则建构起一种非强制性的理想话语环境，在交往理性-生活世界-话语-可批判检验的有效性原则四种要素的共同作用下，为交往主体间共识的达成提供可能性。在哈贝马斯看来，建立在交往理性之上的共识以主体间共同认可的理想话语实践所必需的有效性要求为前提，这种共识的合理性就在于其自身必须具有经由可批判检验的有效性要求赋予的充分理由。

其二，以桑德尔、麦金泰尔、沃尔策为代表的情境主义共识范式。以桑德尔、麦金泰尔和沃尔策等为代表的共同体主义思潮直接起源于对新自由主义的不满与批判。他们在坚持"公共善"优先于"权利"的意义上，强调共同体之于个体价值理解与价值表达的构成性功能。在共同体主义者看来，新自由主义式的"无羁绊的个人"只能凭靠抽象的理性预设一种先验的共识，在现实生活世界，这种抽象理性意义上的价值共识是难以达成的，因为脱离共同体的空洞理性无法支撑人们作出合理的价值判断。理性在指导工具选择时具有合法性，但它无法指导价值选择。因此，共同体主义者基于对共同体在价值生成中的基础性作用的强调，主张一种"共同体的共识"①，即基于对共同体历史文化传统的共同理解以及基于这种共同理解之上的视域融合。并不存在超越共同体的绝对价值，一切的价值评价都植根并依赖特定共同体及其历史文化传统，由于共同体主义者所理解的共同体总是有明显边界的"居间性"共同体，因而对于多个居间性共同体而言，每一个共同体便代表了一个价值理解的情境，价值意识的生成深受所处共同体情境约束。在特定情境中，由于共同体成员共享了一整套内置于历史文化传统的价值致思方式，因而就特定共同体内部而言有着共同价值感的成员间更易于达成价值共识。

其三，以汉斯·昆为代表的世界主义伦理共识范式。随着

---

① 〔加〕威尔·金里卡：《当代政治哲学》，刘莘译，上海译文出版社，2015，第268页。

全球现代性的加速发展，宗教价值间的关系成为影响各国交往、合作与互信的重要因素。与亨廷顿对未来全球宗教间关系所作的"文明冲突论"不同，汉斯·昆与库尔舍等人立足"多元宗教时代"的基本生存现实，积极倡导"没有宗教间的和平，则没有世界和平"①的世界伦理理念，在积极鼓励宗教间对话的同时，从世界各大宗教的价值智识中凝练出四种不仅能为所有宗教肯定，而且能为诸信徒和非信徒支持的最低限度的共同价值规范，从而为一种面向合作与共识的理性开放的宗教价值观和世界伦理探寻了出路。

20世纪80年代前后，伴随改革开放的伟大历史实践，我国社会基本结构由"领域合一"走向"领域分离"，传统中国以儒家文化为核心的整体性价值秩序以及革命价值观念发生分化并呈现多元并在的价值生态。在这一大的历史背景中，价值哲学成为显学，价值共识问题成为国内学者关注的重要问题。相关研究主要聚焦以下四个方面。

其一，概念性研究。寻求价值共识所面临的第一个问题，是如何在理论上界定价值共识的问题。为此，代表性观点认为：价值共识以"分立"和"差异"为前提，存在"主动共识"与"被动共识"两种类型，随主体需要与客观条件的变化价值共识处在不断变化状态②。价值共识是异质主体间经过交流、竞争和协商就某种价值而达成基本一致或根本一致的看法③，是共同体成员经由社会生产实践就公共生活中的某种价值观念

---

① 〔瑞士〕汉斯·昆：《世界伦理构想》，周艺译，生活·读书·新知三联书店，2002，第3页。
② 沈湘平：《价值共识是否及如何可能》，《哲学研究》2007年第2期。
③ 安国强：《多元时代下的价值共识》，《延边大学学报》（社会科学版）2010年第1期。

形成的相对一致的共同见解①。除了对价值本身的考察外,价值共识还涉及对某种价值的合理性评价上的意见一致②,其所关注的主要是"公共价值"的可共识性问题③,包含价值旨趣共识、价值原则共识、价值规范共识、价值理想共识、价值信念共识五个层面的共识旨趣④。

综上所述,价值共识是处于价值差异和价值分立的环境下,价值主体基于公共理性在交往实践中对某一价值观念及其合理性所达成的基本或根本一致的看法和意见。

其二,可能性研究。对于价值共识可能性的研究存在两个核心问题:是否可能与何以可能。就国内既有研究成果而言,在是否可能的问题上基本持有比较一致的观点,认为即使在现代社会加速分化、加速多元的情境中,在一些关涉个体生存根本与人类整体福祉的问题上能够经由主体间的协商、对话而达成必要的价值共识。

关于价值共识何以可能的问题,代表性观点主张:面对无法避免的多元化以及由其所带来的价值分歧与价值冲突,无论是用"价值统一"试图整合"价值多元",抑或是用"价值多元"对抗"价值统一"的做法都是不可取的,价值共识意味着寻求价值多元与价值统一之间的"最佳结合面"⑤。现代主体间的异质性深受各自所坚守的主体根基、历史依托、利益基础、文化环境以及理性与情感影响,仅仅诉诸"理性说教"或"情

---

① 王玉萍、黄明理:《价值共识及其当代意义》,《求实》2012年第5期。
② 汪信砚:《普世价值·价值认同·价值共识——当前我国价值论研究中三个重要概念辨析》,《学术研究》2009年第11期。
③ 胡敏中:《论价值共识》,《哲学研究》2008年第7期。
④ 刘福宝:《价值共识论》,社会科学文献出版社,2020,第8页。
⑤ 胡敏中:《论价值共识》,《哲学研究》2008年第7期。

感呼吁"是难以弥合对立而达致共识的①。价值共识从本质来看，不同于科学理性意义上的认识，其最终的达成一方面表现为主体间基于文化互识、意义理解、语言理解之上的人文结果②，另一方面也应注重价值共识的政治前提、语言基础与公共性实质③，特别是一种面向共识的"制度体系"的建构对于凝聚价值共识而言具有重要的"激励"与"约束"作用④，价值共识的达成需要引入一种注重不同价值主体间理解达成的"价值共识教育"⑤。然而，不论如何阐释价值共识赖以形成的理论与现实背景，其中尤其重要的一点，是努力克服文化霸权主义和文化相对主义两种思潮⑥。

总之，在国内学者看来，在摒弃文化帝国主义与文化相对主义的基础上，诉诸主体间的沟通与协商寻求多元价值间的基本共识"不仅是可能的，而且是必要的"⑦。

其三，全球化带来的新问题研究。全球化时代的到来使得民族国家间的文化碰撞与价值冲突日渐突出。在这一世界性情境中，国内学者对全球语境中的价值共识问题进行了研究，代表性观点认为：合理化的全球价值共识是一种兼综各民族国家传统价值体系的"底线价值"，这一价值正遭遇"全球治理，地方价值"的悖反性挑战，因此全球价值主体要自觉形成"全

---

① 李德顺：《超越"两极对立"的文化出路》，《河南师范大学学报》（哲学社会科学版）2007年第6期。
② 沈湘平：《反思价值共识的前提》，《学术研究》2011年第3期。
③ 沈湘平：《价值共识是否及如何可能》，《哲学研究》2007年第2期。
④ 潘一坡：《论新时代凝聚价值共识的制度保障》，《思想教育研究》2023年第2期。
⑤ 李雨竹：《价值共识教育及其实践路径探析》，《思想政治课教学》2022年第11期。
⑥ 万俊人：《寻求普世伦理》，北京大学出版社，2009，第2页。
⑦ 毛华兵、闫聪慧：《论价值共识》，《湖南社会科学》2023年第1期。

球"价值与全球"价值"的完整分析框架①。全球价值主体应当秉持宽容、理解与交流的基本原则,以一种增加主体间共同性的"内生"方式培育"人类共主体形态",促进、扩大并维护人类普遍价值②。在众多价值共识面向中,民族与种族之间的价值共识显得更为重要,民族与种族间价值共识的达成需要政治共识支撑,而政治共识又以道德共识为前提,道德共识不仅是必要的而且是可能的③。全球多元社会使得追求人类共同价值规范成为时代问题,人类共同价值规范只有为诸交往主体所共同认可时才具有可共识性,因此合理化的全球价值共识必然要建立在"互相尊重"和"求同存异"两大原则之上④。

总体来看,学者倾向于认为全球化时代的到来加剧了民族-国家间的价值碰撞与价值分歧,但是只要秉持宽容、理解与交流的开放立场,一种合理化限度内的"底线价值"具有较强的可共识性。

其四,马克思的价值共识理论研究。随着全球范围与民族国家内部价值交往的日益频繁,由价值分歧与价值冲突引发的价值共识研究成为日益开放的人类社会的普遍课题。为了持续深化相关研究,在马克思卓越的理论智慧中发掘培育价值共识的资源成为国内学界研究的重要视角。代表性观点认为:价值共识在马克思的新哲学话语中是一个"隐而未彰"的论题,其理论特质在于把价值共识由抽象意识哲学牵引到唯物史观的科

---

① 任剑涛:《在一致与歧见之间——全球治理的价值共识问题》,《厦门大学学报》(哲学社会科学版) 2004 年第 4 期。
② 李德顺:《普遍价值及其客观基础》,《中国社会科学》1998 年第 6 期。
③ 何怀宏:《哪些差异?何种共识?》,《武汉科技大学学报》(社会科学版) 2010 年第 5 期。
④ 张静、马振清:《全球合理交往的根基:文化理解与价值共识》,《学习与探索》2002 年第 4 期。

学地平，在考察人类历史演进的一般逻辑的过程中思考并解答了价值共识是否可能以及何以可能的现实困境①。马克思的辩证法主张在对立中寻求统一的方法论原则，为反思多元社会的价值共识提供了方法论支撑②。马克思的哲学革命把"有生命的个人"与"现实的个人"确证为社会历史变迁的实践本体之后，提出了一种具有公共性价值吁求的"真正的共同体"的共同价值旨趣，即作为社会历史主体的"有生命的个人"以共同体的意义依据某种核心的"共同价值"，共同占有生产力，共同分享社会属性的有机统一。这种属人的和人属的"公共价值"的在场为达致"价值共识"奠定了坚实基础③。马克思植根现实的人的基本生存方式与生存形态，主张唯有在面向"自由人联合体"的意义上，人类社会才能摆脱历史与自然的双重必然性宰制，真正实现一种个体与类、小我与大我彼此融通的价值共识，马克思从价值实践本体的高度对资本现代性的批判性透视，为上述价值共识开辟了全新路径④。

从上述研究来看，国内学者把价值共识问题放在马克思哲学变革的理论视野中进行了深入细致的考察，从而为反思价值共识的内涵、困境及其可能性问题提供了基于唯物史观的科学论证。

---

① 文翔：《马克思哲学视域下的价值共识问题探析》，《探索》2009年第5期。
② 马拥军：《共识何以可能：马克思方法论的历史地位与当下价值》，《中国浦东干部学院学报》2019年第5期。
③ 李昕桐：《论新时代的价值共识——以马克思"公共价值"思想为研究基础》，《理论探讨》2020年第5期。
④ 孙旭、孔扬：《马克思对涂尔干现代社会道德与价值共识重建的超越》，《社会科学战线》2021年第7期。

（三）价值共识与共同体关系研究

随着人类命运共同体等一系列旨在破解全球现代性危机的中国方案的提出，在价值哲学的框架内反思价值共识与共同体的关系成为一个学术热点。代表性观点认为：人类命运共同体的出场使得一种用以应对人类共同生存困境，并以交互共生为旨趣的全球权力观、利益观、发展观和治理观为主要内容的全球价值观正在获得普遍共识[1]。在人类命运与共的意义上，合理化道德价值共识的建构，应秉持"行动优于理念"，坚守平等、健全的日常生活世界的共同体逻辑，诉诸优良制度理性，总体推进"类本位"时代人类共同生存福祉最大化[2]。价值观是实现共同体自我认同及其内在团结的重要纽带，基本价值共识或共享价值观的在场，有利于共同体内在向心力与凝聚力提升。由于诸共同体的先在性差异，共同体间的价值分歧与价值冲突成为必然出现的价值事实，柏拉图以来的"本体-逻辑-神学"的实体化的"独白式思维"无法有效解决价值间冲突，因此要转而诉诸一种关系性的"共在式思维"[3]。全人类共同价值是构建人类命运共同体的价值共识内核[4]，其以"普世价值"批判为建构前提、以中西文化差异为核心构成、以跨文化对话沟通机制为现实手段[5]。寻求人类命运共同体框架内的价值共

---

[1] 曲星：《人类命运共同体的价值观基础》，《求是》2013 年第 4 期。

[2] 袁祖社：《道德共识与人类共同价值建构——后全球化时代人类公共性实践及其集体行动的逻辑》，《学术研究》2020 年第 6 期。

[3] 贺来：《关系性价值观："价值观间"的价值自觉》，《华东师范大学学报》（哲学社会科学版）2020 年第 1 期。

[4] 马纯红：《基点·共识·功能：全人类共同价值与人类命运共同体的中国话语表达》，《吉首大学学报》（社会科学版）2023 年第 1 期。

[5] 段光鹏、王向明：《价值共识与"人类命运共同体"的当代构建》，《云南民族大学学报》（哲学社会科学版）2021 年第 4 期。

识应当坚持一种"方法论集体主义",这种价值方法论主张以集体为价值原点,以公平正义的竞争为实践路径,以面向一切人的自由全面发展为价值旨归[1]。在马克思的价值公共性视野中,"公共价值"的在场为实现人类命运共同体的价值共识提供了客体效用、主体表达与行为规范三重保障[2]。多主体共建共享是人类命运共同体建构的重要特质,因此其自身建构需要以异质主体间的价值共识为建构,而这一价值共识的考察应立足应用伦理学的"共识伦理方法",即在消解个体-中心主义价值视界,坚守求同存异的价值原则的基础上谋求基本价值共识[3]。

近年来,作为"人类命运共同体"价值共识基础的"全人类共同价值"之可共识性也成为国内学界的研究热点。代表性观点认为:习近平总书记提出的"共同价值"理念以人类命运共同体构建为基础,关涉全人类共同福祉,集中表达当今时代人类相同的利益追求与共通的价值关切,是体现全人类普遍意志的价值共识[4]。全人类共同价值立足于有生命的个人及其历史实践活动,体现全球现代性人类经由平等对话与开放交流而达成的生存性共识,这一具有根本性的公共生存性共识为人类命运共同体奠定了存在论根基[5]。全人类共同价值是由人类全

---

[1] 谭培文:《人类命运共同体构建的价值方法》,《伦理学研究》2019年第5期。

[2] 张晋铭:《论马克思"公共价值"信念与人类命运共同体"价值共识"追求——基于马克思公共哲学的审视》,《内蒙古社会科学》2022年第1期。

[3] 左秋明:《作为人类命运共同体构建之价值方法的共识伦理》,《伦理学研究》2022年第5期。

[4] 陈文旭、易佳乐:《习近平"共同价值"思想的哲学解读与现实路径》,《湖南大学学报》(社会科学版)2018年第5期。

[5] 韩升:《在普世价值的批判性反思中阐扬人类共同价值》,《深圳大学学报》(人文社会科学版)2019年第5期。

球化实践所创生的共同生活环境与共同价值愿景生成的价值认同,是由人类共同价值事实所构塑的真实的价值共识①。全人类共同价值在彼此理解、互相尊重的包容性情境中赋予和平、发展、公平、正义、民主、自由以全球现代性的新蕴涵,因其所体现的是植根主权国家的文明传统与价值信念的共同价值追求,因而更具可共识性②。

综上所述,国内外在有关"共同体"与"价值共识"问题上的研究取得了丰硕的成果,为本研究的具体展开提供了坚实的文献基础。然而,在马克思价值哲学视域内考察共同体历史演进及其价值共识基础的专题式研究较少。

第一,既有关于"共同体"或"价值共识"的独立研究成果较为丰富,然而,在"共同体"与"价值共识"交互阐释的框架内,将"价值共识"放置在共同体演进的历史变迁逻辑中的专题式研究较为缺乏,由此造成共同体研究的价值哲学维度与价值共识研究的历史性维度的相对缺失。

第二,既有研究围绕西方价值共识理论与马克思价值共识理论两大主题各自取得了丰富的研究成果,但是有关二者的比较研究,特别是立足马克思价值哲学视角对西方价值共识理论的批判性研究较为缺乏。

第三,既有研究对马克思价值共识思想的阐释与建构进行了初步探索,由于基于经典文本与思想史的整体性研究较少,研究存在一定的碎片化现象,一定程度上削弱了马克思价值共识理论的时代价值及方法论意义。

---

① 李永胜、张玉容:《论全人类共同价值对"普世价值"的超越》,《西安交通大学学报》(社会科学版) 2022 年第 6 期。
② 田鹏颖:《论全人类共同价值的可能与现实》,《河南师范大学学报》(哲学社会科学版) 2022 年第 4 期。

三　共同体及其价值共识基础研究思路

(一) 概念界定

1. 共同体

共同体（Community）是西方政治思想史的核心议题，从柏拉图、西塞罗、托马斯·阿奎那经由卢梭、黑格尔、马克思，一直到桑德尔、麦金泰尔和埃齐欧尼等，形成了系统丰富的共同体理论谱系。严格意义上，中国学界专题式的"共同体"研究是一个比较晚近的学术现象。20 世纪 30 年代，吴文藻与费孝通在对美国芝加哥大学城市社会学著作的译介过程中，首次将"共同体"一词引入我国城市社会学有关"社区"（Community）的研究。然而，从"共同体"的价值内涵而言，自先秦诸子百家以来，特别是儒家有关人伦秩序的思考本身就蕴含着对"共同体"的思考，也因此，人们一般把古代中国的价值秩序称为"共同体本位"的。

在历史与观念的双重逻辑变奏中，作为一个重要的人文社会科学范式，共同体获得了丰富而又纷杂的语义内涵。可以说，共同体是当前观念史中最难界定的概念之一。透过概念的纷争，共同体通常指向的是一种基于情感而非功利的有机性群体生活类型。总体来看，存在三种主要的理解范式。

首先，实体意义上的"共同体"。在这种理解范式中，"共同体"不是一种抽象的观念设定，而是一种现实的社会组织架构，在共同体型的组织结构中，维系人际关系与公共秩序的核心因素是基于血缘、地缘和亲缘之上的共享性的伦理价值信念。换言之，实体意义上的共同体是人们基于共享的人伦-宗法秩序所建构的社会组织结构，如围绕"至善"而展开的古希腊

"城邦"，由血亲关联加以整合的"家庭"，基于情感所力图建立的现代都市"社区"以及具有公益性质的学校、医院、志愿团体等。

其次，伦理意义上的"共同体"。伴随现代性的持续发育，西方社会率先出现了系统而深刻的"滕尼斯转向"，实体意义上的"共同体"被围绕工具理性与市场逻辑所建构起的"社会"所替代。面对由这一转向所带来的人际冷漠、群际疏离、道德沦丧以及社会合作秩序所遭遇的断裂风险，自卢梭发端经黑格尔到马克思并在当代社群主义的理论构境中，重新构思共同体的合理形态以及现实可能性成为反思现代性的核心议题。然而，按照唯物史观的科学解释，人类社会由"共同体"向"社会"的转向是一种难以抗拒的历史趋势，经由这一转向并在这一转向之中，实体意义上的共同体所赖以生存的现实基础愈益丧失，现代性语境中的"共同体"更多侧重对孕生于古典实体性共同体之中的伦理价值的阐扬，并致力于在"个体的社会"情境中经由共同体伦理的复兴重构个体与共同体间新型平衡，进而为共同体伦理的当代复兴寻找可能的出路。从古典共同体所坚持的伦理旨向审视，共同体指向一种富有情感、互相包容与彼此尊重的有机共在性生存信念与交往伦理。面对现代性愈益突出的个体自由至上主义价值观念的僭越，以及由这种僭越所带来的私欲鼓胀、权利爆炸、责任伦理衰败、公共人衰落以及对物质财富近乎疯狂的占有欲，现代性的人际与群际关系呈现出更多的排他性与攻击性，而表现出更少包容性与互惠性。基于这种现代性语境，共同体型的生存信念与交往伦理便成为韦伯所说的透视现代性危机的"理想类型"，进而如滕尼斯所认为的"共同体"总是善的，而"社会"是有待重构的存在伦理价值缺陷的组织模式。

最后，马克思总体性的"共同体"范式。马克思对"共同体"的批判性考察与其所遭遇的时代困境内在关联，对于19世纪中后期的欧洲社会而言，一方面机械化大工业的资本主义式运用使人类社会摆脱了自然共同体"人的依赖"困境；另一方面却在资本逻辑规制下的拜物教场境中使人的生活世界全面商品化、功利化和工具化，由此造就了"物的增值"与"人的贬值"这一时代性的生存论悖谬。为了真正确证人的类本质，真正实现人的自由全面发展，马克思在唯物史观的科学视域中对人类共同体演进的一般逻辑进行了历史现象学考察，由此确立起一种融历史观、生存论和价值论于一体的"总体性"的"共同体"范式。(1) 共同体是考察人类历史规律的重要视角。在历史唯物主义的基本逻辑中，经由生产性力量和关系性力量的辩证推动，人类历史体现出前现代的"自然的共同体"—以现代市民社会为主导的"虚假的共同体"—作为真正共同体的"自由人联合体"的演变规律。(2) 这一历史规律同时包含着鲜明的价值论转向，即"自然共同体"的"人的依赖"—"虚幻共同体"的"物的依赖"之上的人的相对独立性—"自由人联合体"的"人的自由全面发展"。(3) 支撑马克思对"共同体"做出历史性考察与价值性评价的重要尺度，是现实的、感性的、有生命的个人的基本生存境遇。马克思并未像滕尼斯那样先验地确证"共同体"的伦理合宜性与价值优先性。相反，在马克思看来，作为一种社会关系的总和，人不可能如费尔巴哈所指出的那样成为离群索居的孤立个人，人只有在共同体中、在与他人的生产性交往实践中才能确证并成就自我，因而只要是人就必然要生活在共同体中，并不存在一种普适的共同体模式，共同体与人一样处在历史变迁的进程当中。困难在于并非所有的共同体都能使人真正成为人，自然共同体对情感纽带的注重虽给人一种如"家"般的温馨与归属，却存在森严的人身依附秩序；现代市民社会虽然打破了不合理的宗法秩序，却把人严格限定在由商品、货币与资本所构筑起的纯粹物的秩序之中，使人在遭受物的奴役的同时丧失了人之为人的内在价值。在面向人的现实解放与人性复归的意义上，马克思判定前两类共同体对于人而言都是不合理的，因而在人类历史的持续演进中必将被扬弃，人类历史最终将进入一个使人作为完整的人占有自己全部本质的"自由人联合体"。

本书以马克思总体性的共同体范式为阐释背景，指出共同体是用以表示一般意义上主体间群体生活组织类型的研究范式。伴随历史演进，人类社会的群体生活类型持续变迁，共同体的具体样态也表现出历时性的差异，只要存在两个或两个以上的人之间的交往与互动，有关共同体的问题就必然成为一个有待严肃考察的生存性问题。在面向人的合理化生存期待的意义上，对于共同体价值信念的考察也将成为评价人际关系与互动关系是否具有包容性、公共性与共识性的重要视角。

2. 价值共识与价值共识基础

一般认为，"价值共识"是主体间经由理性对话与真诚交往对某种价值原则形成的共同性的理解与认识。不论是罗尔斯的"重叠共识"抑或是哈贝马斯的"交往共识"都对价值主体的"合理性"与"交往性"给予足够的强调。这种理解的困难在于，将达致共识的基础限定在人的理性（特别是工具理性），进而悬置"价值"本身的异质性的条件下，真正的价值性共识是否可能。为了回应上述疑问，本书认为"价值共识"是由一种面向现实的人的日常生存世界并回应共同生存挑战的"共识性价值论"引导生成的共同价值立场与价值取向。在这一理解范式中，对于诸如对话、沟通以及商谈等交往理性在达致价值共识中的重要性的强调，必须以一种面向共识的价值认识论的实质性在场为前提。换言之，只有现代个体成为一个真正合格的"价值主体"时，交往理性的共识功效才能最终显现。相反，在一个自我理解深受工具理性支配的"工具性主体"那里，可能存在基于短期功利最大化而达成的"工具性共识"，但很难形成关涉人之可持续生存公共福祉的"价值性共识"。因此，价值共识与否与何谓价值内在关联，并以后者为根据。

较之"共同体"纷繁复杂的语义内涵，"价值"则是一个包含更大分歧的现代性人文范式，这种"分歧"从一开始就包含在"价值"范式的出场语境中。按照阿格尼丝·赫勒（Agnes Heller）的看法，虽然有关人文理性意义上的"价值"思考可以追溯到作为西方文明发源地的古希腊，但是现代价值哲学所探讨的"价值"概念，恰恰是从传统目的论伦理学秩序解体所导致的"善的分离"后果中引申出的概念[1]。因而，现代价值哲学对"价值"的极度推崇与反抗启蒙现代性的自反性危机（工具理性僭越与价值理性式微）的时代命题高度相关，其所绽现的核心理趣指向以一种总体性的哲学反思方式批判性地超越由工具理性僭越所导致的现代人文危机，重建现代人的精神家园、人文信仰与心灵秩序的智识性努力。在持续的理论探索中，西方价值哲学形成了五种代表性的"价值"认识论，从而为反思"价值共识"提供了五种可资借鉴的背景视界。

其一，先验主义价值论坚信存在一种不依赖人的经验且超越人的经验并对人的经验加以范导的"永恒价值"，现代人文危机本质上缘于"永恒价值"的衰落所导致的价值危机。在先验主义价值论的逻辑中，"永恒价值"的在场为现代性的整体

---

[1] 〔匈〕阿格尼丝·赫勒：《现代性理论》，李瑞华译，商务印书馆，2005，第288页。

价值秩序提供了共同视域，因此，"价值"的可共识性困境的根本破解就在于重构现代人对"永恒价值"的信心。

其二，经验主义价值论是在对先验价值论诉诸"永恒价值"的共识策略予以批判的意义上出场的。在经验主义者看来，如果一种"价值"完全脱离了人的经验世界，而成为一种先验的"永恒价值"，那也就意味着有关"永恒价值"自身的合理性评价是不可能的。一旦关于"价值"再评价的可能性被消解，那种经由审慎权衡达致理性共识的可能亦将随之丧失，从而为一种先验独断论之上的"永恒价值间"的竞争乃至冲突打开空间。为此，经验主义价值论主张合理化的"价值"应当面向人的"经验世界"的回归。杜威认为价值哲学的核心命题不是构思先验的"永恒价值"，而是从"可观察、可辨认的行为方式"中做出合理的"价值评价"[①]。价值共识与否取决于经验性的价值主体对同一经验性存在所作的相同的"价值评价"。

其三，心灵主义的价值论是对经验主义价值论的纵向推进，在其代表性人物布伦塔诺看来，与那种纯粹外在于人的物理现象相比，人之内在心灵所关注的现象，即"心理现象"乃是"唯一能被真正知觉到的现象"，进而是唯一既能"意向性地"也能"实际地"存在的现象，价值评价说到底表达的是人的心理现象，在这一现象中事物处在"意向性"（intentional）关系之中，即处在肯定与否定、接受与拒绝之中。与那种仅仅基于"外知觉"或"回忆"的盲目的判断不同，合理的价值评价是基于人的"内知觉"（inner perception）之上的"内在性的"（insightful）或"自明性"（evident）判断，当然这种"自明

---

① 〔美〕约翰·杜威：《被当成喜欢或讨厌的评价》，载冯平主编《现代西方价值哲学经典·经验主义路向》（上），北京师范大学出版社，2009，第98页。

性"并不取决于人的"确信程度",而是以这样一种为现代心理学不断证明是正确的群体心理取向为理由,即所有人都渴望"最高形式的快乐",这种快乐对任何人都是共同的①。因而,在心灵主义的框架内反思价值共识,其理据就植根于为人所共享的一种群体心理趋势。

其四,坚持在语言分析的路向上反思价值论的学者认为,使得有关伦理价值问题上的探讨经常陷入争论与分歧的一个重要原因,是未对其所使用的价值概念、伦理原理进行必要的精确分析与准确澄清所引发的困扰,如莫尔在其《伦理学原理》的序言中所揭示的那样,一切有关伦理价值的纷争归根结底都与那种"不首先精确发现你所希望回答的问题,就试图作答"的盲目判断相关②,因而,语言分析路向的学者认为价值论所面临的一个前提性工作,就是对其所涉及的一系列价值概念和价值原理进行客观清晰的界定,这项前提性工作首先不直接指向对由一些习以为常的价值原理所演绎出来的具体结论的考察,而是对这些原理本身的合理性考察。如果把"价值共识"理解成主体间相对一致的价值评价或价值认识的话,基本价值概念和价值原理的清晰界定无疑是使得一种共同的价值评价成为可能的阐释学前提,没有基本原理的明晰与融贯,价值评价与价值认识不可能朝着共识的方向前进,而价值分歧将成为难以弥合的原理性分歧。

其五,人学价值论。"人学价值论"是对马克思价值哲学

---

① 〔德〕弗朗茨·布伦塔诺:《伦理知识的起源》,载冯平主编《现代西方价值哲学经典·心灵主义路向》,北京师范大学出版社,2009,第40页。
② 〔英〕乔治·爱德华·莫尔:《伦理学原理》,载冯平主编《现代西方价值哲学经典·语言分析路向(上)》,北京师范大学出版社,2009,第40页。

理论特质的概括。在马克思有关价值的历史唯物主义阐释中，"价值"阐扬的是现实的社会历史主体合乎人性的生存论期待。因而，"价值"既不是完全独立于生活世界的观念设定，也不是完全由人之本能驱动的消极直观，而是植根人类历史与人的现实境况的生存性旨向，"价值"所澄明的是对一种属人的和人属的自由全面发展的理想生存世界的实践唯物主义确证。人学价值论意义上的"价值分歧"与"价值冲突"，所揭示的是"价值"以外更具根本性生存权益的对抗。因而，在人学价值论所理解的"价值共识"，究其根本，是一种生存性共识，即由共同的生存处境、生存挑战与共通的生存愿景所构筑起来的有关生存合理性的共识。

基于上述分析，"价值共识基础"就是对一种时代性的合理化"价值共识"之于当代命运共同体建构的基础性作用的表达。与那种明显依赖实力政治宰制所构建起的"全球市民社会"不同，人类命运共同体致力于追求一种对和谐共生持强烈预期的开放性、包容性与互惠性的新全球交往秩序，而这种新型全球秩序的出场有赖一种基于价值共识的新型全球规范性原则的有效介入。在马克思人学价值论的意义上，反思共同体的价值共识基础关涉当今新全球化时代人类跨主体、跨地域、跨文化"共同生存"的时代之问。

（二）研究内容

本书的主要线索和核心目的在于，立足马克思价值哲学视域，以全球现代性愈益加重的疏离化趋势所引发的共同生存问题为主线，系统考察当代命运共同体的价值共识基础重构问题。除绪论与余论之外，本书由六章内容构成。

第一章梳理共同体演进与价值图景变迁总体逻辑。价值观念的生成和变迁与特定历史时期的共同体质态存在内在关联，共同体内在秩序的历史性演进决定了主导性价值立场与价值观念的历史性变迁，而价值观念的嬗变总体说来是对由新型共同体建构所引出的规范性基础重置问题的回应。人类共同体经历了哪些变化？总体性的价值秩序随之发生了何种变迁？共同体演进与价值观念变迁之间存在何种关联？这种内在性的关联在当今时代以何种方式呈现？本章阐释构建一种"价值-共同体"互释性框架，为有效解答上述问题提供历史与逻辑相统一的论证架构。

第二章分析价值现代性的共识张力。现代性不仅带来生产方式和生活方式的改变，而且重塑了现代社会的价值秩序与现代人的价值观念。当自然共同体的"价值合一"秩序被理性共同体的"价值分离"秩序取代以后，面对以世俗化、个体化和多元化为基本特征的价值现代性内嵌的一元与多元、个体与共同体、权利与善、事实与价值绝对二分所带来的价值交往困境，价值共识构建深陷多重困境。本章从价值共识概念内涵的语义学溯源介入，全面梳理了启蒙现代性论域中的多重价值共识张力。

第三章对多元社会价值共识既有理论进行回顾。本章重点分析了伴随"价值分离"而来的"价值多元"对西方当代思想与秩序的挑战，批判性地梳理了以罗尔斯为代表的理性主义、桑德尔为代表的情境主义和汉斯·昆为代表的世界伦理主义共识策略，并对既有共识策略中包含的"包容性共识的幻象"与"排他性共识的隐忧"等理论困境进行了批判性分析，由此提出"价值共识"构思层面"回到马克思"的必要性。

第四章对马克思价值共识理论进行文本梳理、学理建构与意义阐发。本章接续第二章与第三章的研究结论，立足经典文本，在马克思哲学革命的大视域中梳理、建构并阐发其"价值"范式的总体结构，重点分析资本现代性"拜物教"价值逻辑之上"虚幻共同体"的共识悖谬，系统考察马克思价值哲学推动的价值复归与价值共识前提重构，深入阐明马克思价值哲学的三重价值共识，即生存性共识、超越性共识与历史性共识的理论内涵。

第五章阐释全人类共同价值的共识旨趣及其时代价值。本章以马克思价值共识理论为视域，立足"全球现代性"的价值共识困境，全面回溯西方主导的"全球市民社会"的伪共识与反共识本质。围绕文明大转型时代"共同生存"这一公共生存论主题，系统阐释作为全球现代性"中国方案"的人类命运共同体与作为其价值论基础的全人类共同价值的共识旨趣及其时代价值。

第六章探究人类命运共同体价值共识基础重构的公共性理路。本章立足世界百年未有之大变局、文明大转型的时代情境，重点从"共享型价值主体"的培育与生成、"共享型价值视界"的开显、"共识型价值情境"的生成以及文明新形态创制意义上的"价值共识论"出场四个层面，对夯实人类命运共同体的价值共识基础进行了系统分析。

余论部分围绕"我们能否共同生存"的主题，对全书核心内容进行总体性回顾，对未来研究趋势进行展望。

（三）可能贡献

其一，研究视角与阐释范式转换。对于"共同体"与"价值共识"的既有研究，不论是研究视角还是阐释范式，主要依托自由主义的话语谱系，因此面临由个体与共同体二元对立、工具理性与价值理性深度分离、事实与价值绝对二分等理论预设所带来的逻辑困境与观念挑战。本书尝试抛开自由主义的"家族之争",立足唯物史观与马克思价值哲学,紧密围绕"共同生存"这一时代性困境,在"共同体与价值"交互阐释的论证框架内,通过历史分析与理论分析的有机结合,为人类命运共同体价值共识基础建构提供有别于自由主义的研究视角与阐释范式。

其二,研究观点创新。受启蒙现代性文化价值观念影响,特别是在"休谟问题"(事实与价值二分)的框架内,包括罗尔斯和哈贝马斯在内的国外学者主张在悬置价值判断的前提下单凭先验理性的逻辑推演或工具理性的算计达致某种"价值"共识,存在明显的"重共识,轻价值"的理论局限。本书对诱发当前价值冲突与价值对抗的"价值多元"与"价值异化"两大原因进行了系统的理论分析,在马克思价值哲学视域中,主张价值共识研究的重心应当由价值"共识"转向"价值"共识,经由对启蒙现代性私人化、竞争性的"价值"范式进行面向共识的新定向,为人类命运共同体意义上的"价值"共识的达成奠定理论基础。

其三,研究方法创新。本书将文献研究、历史研究、比较研究和交叉研究等研究方法引入共同体价值共识基础研究这一论题,尝试建构一种多学科、多视角彼此融通的系统性研究方法,以深化对共同体价值共识基础建构问题的内在机理、现实境遇与可能出路的更加全面认识。

其四,研究结论拓展。置身世界百年未有之大变局,面对"我们能否共同生存"的时代之问,在世界风险社会越发凸显的当下,人类命运共同体成为人类社会走出困境、摆脱危机、化解冲突的前瞻性卓越方案。人类命运共同体的建构要在彼此尊重、交流互鉴的意义上,经由全球共同体成员之间的平等对话与开放交往，寻求并建构一种基于价值共识的包容性全球新秩序与共生型文明新形态。人类命运共同体所吁求的价值共识，不是一种抽象理性主义所预设的先验共识，而是一种植根人类生存发展历史与面向人类和谐共生未来的生成性共识。

第一章

共同体与价值：历史与当代

如果我的能量获取方式决定价值观的观点是正确的，它或许能引出两个结论：(1) 道德哲学家们力图找到一个整齐划一的、完美的人类价值体系的努力是徒劳的，以及(2) 我们（不管"我们"是谁）如今视为珍宝的价值观，实际上很可能——在并不十分久远的将来的某个时间点——变得全然无用①。

"价值共识"问题是当今多元世界面临的一个构成性挑战，其从根本上关涉人类群体生活的基本秩序与共同体公共规范的内在合法性。在人类发展的历史与现实中，伴随人类交往的跨时空脱域，共同体质态历时性地由自然共同体、理性共同体向命运共同体迈进，共同体的基本价值秩序也由价值合一、价值分离走向价值共识。在"共同体－价值"的互释性框架中，我们将会看到全球现代性展布促使全球成员在命运与共的"类本

---

① 〔美〕伊恩·莫里斯：《人类的演变：采集者、农夫与大工业时代》，马睿译，中信出版集团，2016，第7页。

体"高度重新构思共同体之可能性,将成为关乎全球成员跨主体、跨文化、跨地域"共同生存"的时代命题。犹如作为典范共同体的古希腊城邦依赖一种共享性"至善"支撑一样,命运共同体同样诉求一种可共识性的价值理性秩序,以激励异质主体携手规制内嵌于启蒙现代性技术经济逻辑的自反性风险,范导人类技术经济之进步逻辑始终沿着有利于人类可持续优存的文明正道演进。在一个多文明、多宗教、多价值在场的全球现代性场域,面对"价值合一"与"价值分离"的张力,包容性共享价值的确立必然指向一种建基于异质价值主体间开放沟通与真诚对话之上的"价值共识"。

一 自然共同体与"价值合一"

"自然共同体"是农耕文明时代人们基于宗法血亲关系或共享的精神文化等人际纽带自发形成的群体生活类型,虽然"自然共同体"由于其自发性和"人的依赖"等特征,常常被坚信自由民主的现代人赋予封闭、等级和依附等消极规定。但是,作为人类社会由纯粹自然生存状态进入自觉的社会生存状态所迈出的第一步,"自然共同体"无疑是人类文明的发源地,是人按照属人的和人属的意志成为文明人的原点。正如滕尼斯的群体类型学所揭示的,"自然共同体"表征的是"人的意志完善的统一体",是一种"原始的或者天然的"相互肯定的持续状态[①]。"自然共同体"实际上是一个"自然家园",置身其中的每一个共同体成员都以大小不同的"家"为生存根据,伴随"家"的渐次展开,人在"自然家园"中得到庇护的同时,

---

① 〔德〕斐迪南·滕尼斯:《共同体与社会:纯粹社会学的基本概念》,林荣远译,北京大学出版社,2010,第48~49页。

也全然"融解在家中或受到家的遮蔽"①。"自然共同体"的基本结构呈现出围绕血缘、亲缘和地缘而展开的"领域合一"状态,其在文化价值秩序上同样呈现出一种与之相应的"价值合一"秩序。正如本尼迪克特·安德森所揭示的,几乎所有伟大而古典的共同体,都凭靠某种与超验的权力秩序紧密关联的"神圣语言"将自身确证为宇宙的中心。在这里,作为自然共同体"价值合一"秩序的表征,"神圣语言"所实际蕴藏的是被这种"语言"所书写、传播并合法化的宗法-宗教价值观。不论王朝权力的合法性,还是臣民个体精神世界的依托,都紧密镶嵌在由主导性的宗教价值观所严格规制的合一化价值秩序之中。"较古老的共同体对他们语言的独特的神圣性深具信心,而这种自信则塑造了他们关于认定共同体成员的一些看法。"②

(一)"领域合一"与"价值合一"

生产力和自然分工的局限,造就了自然共同体独特的"领域合一"的社会基本结构特征,进而孕育出"价值合一"的公共文化秩序。价值作为一种合目的性的社会意识,其产生、发展和确立的过程始终受构成性的历史文化情境(社会存在)的影响与制约。"价值"既不能全然脱离"情境"而观念性地、自足性地存在,也不能仅仅被视为对"情境"的比附与消极反映。究其本质,"价值"表现为一种"对情境的反思性再现"。

"领域合一"指向的是一种诸领域尚未分化的社会结构,是一个自我与他者依赖自然纽结(血缘、亲缘和地缘)浑然一

---

① 张康之、张乾友:《共同体的进化》,中国社会科学出版社,2012,第39页。
② 〔美〕本尼迪克特·安德森:《想象的共同体:民族主义的起源与散布》(增订版),吴叡人译,上海人民出版社,2016,第12页。

体的生存状态,是一个人的自我意识与权利意识尚处在朦胧状态,一个私人利益与公共利益高度结合的状态。使得自然共同体阶段的社会构成表现出"领域合一"特质的缘由,主要是生产力的局限与自然分工的限制。特别地当自然共同体依托有限的生产力水平所创造的有效物质财富不足以满足每一个人对于自由而全面发展的追求,以及由于社会分工与生产力水平无法为个体自治提供必要的物质性条件时,把分散的个体、家庭、族裔整合进某种秩序井然的大共同体,成为自然共同体独有的补偿性生存策略,即对个体性存在之固有"有限性"的一种集体性补偿。这种补偿既体现在体力方面,如通过集体劳作来弥补单一个体在生产力方面的局限,以获取更多生存必需品;同时也体现在智力方面,如人类文化、知识乃至文明的创构所汇聚和彰显的是一种集体性的生产与再生产逻辑。

自然共同体阶段缘于"领域合一"所产生的"价值合一"现象,本质上是一种自发性的价值未分化状态,这与现代性所强调的多元价值并场现象有着本质的区别。后者传达的是个体价值自治意识觉醒后的一种文化民主或权利平等取向;前者所描述的是个体意识尚被裹挟在群体意识之中的一种一体化的价值叙事。在"价值合一"的文化秩序中,"价值"总是先于"存在",即"价值"不是选择性的,而是先在性和构成性的。这种之于个体主体性的先在性与构成性不仅体现在个体的自我理解和生存意义方面,而且对超越个体性的共同体自身的合法性与正当性而言,同样是先在的和构成性的。

首先,从个体角度来看,"价值先于存在"意味着人一出生便被抛入一种先在的、主导性与构成性的价值秩序,人的社会化就在于通过诸种教化与习得,使这种超个体的价值信念植根个体心性秩序,并最终成为个人安身立命之根本。法国哲学家吕克·费希认为，在古希腊哲学家和中世纪思想家那里，有关"好生活"的理解以使人的心性秩序无条件地服从一个兼具正当性与优先性的"先验于人性的原则"为前提，因而，追求一种"良善生活"意味着人要毕其一生使自己与先验原则相一致①。一种生活是否良善，不取决于个体选择，而受制于合一化价值秩序的形塑。合一化价值秩序成为自我定向的基本框架，每个人就其社会身份而言，都在先在的价值秩序中占据着某种独特而确定的位置，有着强烈的身份归属和价值认同。也正是在这层意义上，查尔斯·泰勒认为人们在有关"我是谁"这一关涉自我同一性的问题上所表现出的困惑，仅仅是现代性独有的困惑。对于生活在自然共同体阶段的人而言，思维、观念乃至心性模式都被一种合一化的价值秩序所先在地规定，因而人之认同问题是一个"被嵌入进社会地派生出的同一性"②。

其次，从共同体的视角来看，自然共同体阶段诸价值间的合一化往往围绕一个先验价值原则而展开。在西方文化中，这种先验价值常常被视为宇宙秩序、人格化的上帝或者形而上学的本体性预设。在中国文化精神中则既表现为某种外在超越性的天理天道，又表征为大受儒家文化推崇的内在超越性的君子、圣人等道德人格理想。但是，无论如何，在一个很大程度上充满神魅性的自然共同体阶段，共同体的合法性以及成员对共同体所表现出的认同与忠诚意识，无不取决于先验价值秩序的实质性在场和整全性介入。约翰·麦克里兰（J. S. McClelland）对奥古斯丁"宗教强制"思想所作的评注很好地证明了这一判

---

① 〔法〕吕克·费希：《什么是好生活》，黄迪娜等译，吉林出版集团有限责任公司，2010，第24页。
② 〔加〕查尔斯·泰勒：《本真性的伦理》，程炼译，上海三联书店，2012，第59页。

断。在麦克里兰看来，在由宗教所建构起的一体化价值秩序中，"尘世国家"不论如何有德性、如何努力、如何的好，也摆脱不了俗劣与污浊的原相；相反，不论教会如何的坏，也"坏不了永生的应许"①。由此可见，先在的宗教价值秩序以及构筑于其上的"上帝之城"，不仅在伦理价值上具有绝对的优先性，而且世俗权力本身的合法性只有引入宗教价值之后才能被最终确证。

上述分析表明，一个时代、一个共同体的主导性价值秩序、价值原则、价值旨趣以及价值方法论的出场深受情境的制约和影响。自然共同体阶段受制于生产力的局限，在简单的自然分工（性别分工）基础上，其社会情境处在社会诸领域高度一体化的"领域合一"状态，具体表现为：政治、经济、文化等诸领域的合一，私人领域和公共领域的合一，神圣领域与世俗领域的合一。当这种领域合一的社会基本结构映射进价值领域时，便呈现出"价值合一"的基本文化秩序。

（二）"价值合一"的文化表征

作为一种合理化公共生活的规范性原则，共同体所要追求与表达的是一种兼具主体间超个体、非功利和超稳定性的内在有机性的生存秩序。在人类共同生存的历史与现实中，共同体型的公共生存质态的出场与持存，无不依赖其成员对某种公共价值原则的一致理解与基本共识。不论是对内置于宗法血亲关系中的人伦价值秩序的基本共识，抑或是对由特定民族地域内象征性的语言、文字、信仰、宗教等构筑起的共同精神家园的认同与归属，都曾为人际的内在和谐与群际的有机交融构筑起

---

① 〔英〕约翰·麦克里兰：《西方政治思想史》（上），彭淮栋译，中信出版社，2014，第111页。

坚实的价值纽带，使得基于情感与爱而生成的责任、义务、诚信、利他与互助等生存伦理，成为植根于共同体成员心性秩序的人性本真性旨趣，进而构成前现代自然共同体公序良俗的价值基础。

涂尔干在《社会分工论》一书中用"共同意识"范畴细致地揭示了自然共同体阶段"价值合一"的一般特征及其基本功能。在涂尔干看来，倘若人们基于某种"共同意识"（如共同的信念或情感）结合成共同体，这种结合将在超个体意义上赋予人以强大的力量。涂尔干视"共同意识"为"由社会相似性构成的总体"①，一种构成共同体成员明确生存信念和价值取向并为成员"平均具有的信仰和感情的总和"②。在涂尔干对道德生活事实所做的实证科学式的探究中，"共同意识"是一种有别于"个人意识"的"集体意识"，其在共同体生活中具有重要的价值评判功能，比如"共同意识"（1）是界定、规定进而惩治"犯罪"的价值尺度，"犯罪在本质上是由对立于强烈而又明确的共同意识的行为构成的"③。换言之，当共同的价值意识成为自然共同体的主导性意志时，其在关涉善恶是非等价值判定方面便扮演起"法官"的角色。一种行为在多大程度上触犯了自然共同体的戒律，抑或一种行为本身的善恶主要取决于行为本身与共同意识的内在契合性关联。（2）是"压制性制裁"的价值理据，由刑法所实施的"压制性制裁"是"直接将

---

① 〔法〕埃米尔·涂尔干：《社会分工论》，渠敬东译，生活·读书·新知三联书店，2017，第43页。
② 〔法〕埃米尔·涂尔干：《社会分工论》，渠敬东译，生活·读书·新知三联书店，2017，第42页。
③ 〔法〕埃米尔·涂尔干：《社会分工论》，渠敬东译，生活·读书·新知三联书店，2017，第67页。

个人意识维系于社会意识,将个人归属于社会"①。一旦特定行为触及由共同意识所确立的共同体正义底线时,自然共同体将依凭共同意识所赋予的先在性"合法权力",对其施以"压制性"的惩罚,以达到公共教化与秩序维系的目的。(3)是统治权力构塑权威的象征,权威的首要责任在于"保护共同意识去防范任何内部的或外部的敌人"②。然而,较之上述功能,在涂尔干看来,"共同意识"更为重要的功能在于,它依托自身构筑起一种有别于现代"分工-团结"(有机团结)的"共同意识-团结"(机械团结)范式。依靠对社会团结所做的"机械-有机"的二元阐释,涂尔干不但深入揭示了前现代共同体与现代共同体在内部整合机制上的差异,即"共同意识"与"分工"的差异、"压制性制裁"与"恢复性制裁"的差异、"机械性"与"有机性"的差异等。而且系统刻画出了共同体演进的一般图景,即由"相似性"所产生的共同体纽带的日渐松弛与由分工所促成的现代共同体纽带的愈益兴起。

经由涂尔干对"共同意识"的阐释,自然共同体围绕一种绝对先在的主导性价值原则所生成的"价值合一"秩序,既体现在特定共同体内部文化价值生态的高度同质性方面,也体现在特定共同体成员间的文化价值心性模式方面的高度共同性。正如麦金泰尔(又译麦金太尔)所指出的,"价值合一"不仅意味着一种"宇宙秩序"在共同体内部的在场,而且围绕先验"宇宙秩序"所形成的一体化的价值规范体系实质性地规定着共同体成员的日常生活实践,因而,"道德领域的真理就在于

---

① 〔法〕埃米尔·涂尔干:《社会分工论》,渠敬东译,生活·读书·新知三联书店,2017,第77页。
② 〔法〕埃米尔·涂尔干:《社会分工论》,渠敬东译,生活·读书·新知三联书店,2017,第47页。

道德判断与这个系统秩序的一致"①。

(三) 价值先于存在

尚未分化的价值秩序的在场,既是个体求取安身立命之根本的意义源泉,也是共同体获得合法性与正当性的道德基础。历史性地审视,诸价值间长期而稳定的合一状态对于自然共同体的秩序化运演来说是基础而重要的。进一步借用萨特存在主义的基本语式,可以将自然共同体阶段的"价值合一"所内蕴的存在论意旨概括为"价值先于存在"。这种"优先性"首先是一种指向生存论旨趣的逻辑优先,是对一种契合自然共同体生存与发展实际的特定伦理文化范式总体特征的本体性确证。之于共同体成员的心性秩序的养成与公共人格的建构而言,"价值先于存在"包含着以下几层生存论意蕴。

(1) 一种主导性的价值秩序的持续在场,不仅作用于少数个体成员的生命成长,而且普泛性地作用于整个共同体成员的生命成长,甚至成为人性定向的价值地标。如同麦金泰尔所指认的,特定共同体主导性的价值秩序赋予在世者以"指定位置"与"指定义务",所谓"公正"就是"安分守己,善行义务"②。黑格尔更是直接指出,在伦理共同体中,对一个人的行为的合道德性的评价是清晰而明确的,"他只须做在他的环节中所已指出的、明确的和他所熟知的事就行了"③。鲍曼把由"价值合一"严格规制的世界视为一个"充满惯例又缺乏反思

---

① 〔美〕阿拉斯代尔·麦金太尔:《德性之后》,龚群等译,中国社会科学出版社,1995,第179~180页。
② 〔美〕阿拉斯戴尔·麦金太尔:《谁之正义?何种合理性?》,万俊人等译,当代中国出版社,1996,第221页。
③ 〔德〕黑格尔:《法哲学原理》,范扬等译,商务印书馆,2010,第168页。

的无可争辩的世界"。在他看来,置身这种绝对趋同的世界,"由于可实施的、灌输了的行为规范的单一性和稳定性,人们在多数时间里知道如何前进,并且几乎不会处于一种身边没有路标的环境——这是一种只能根据自己的责任来作出决定的状态,是一种对结局缺乏令人放心的了解的状态,是一种让每个人向前移动都充满难以计算的风险状态"①。

(2)对于自然共同体的成员而言,作为普遍弥散在共同体历史文化传统与制度伦理实践中的规范性原则,价值是先于具体的人的存在而存在的一种构成性伦理秩序,这种先于人的存在而存在的价值的在场性,为人的自我理解与自我认同构筑起一个稳定的伦理视域和坚实的文化地平。用查尔斯·泰勒的话来讲,就是"自我性"与"善"难以厘清的纠缠状态②。个体只有把自我放置在整全性的价值秩序之中,在习得共同体所倡导的价值伦理规范的意义上,在明确善恶是非的内在尺度的基础上,才能正确地定位自我。"人不能自负地听从自己。他必须让自己沉默,从而去倾听一个更高更有真理性的声音。"③ 在卡西尔这里,这个"更高更有真理性"的声音便是那种源于先验于个体并对个体人格的养成具有构成性功能的"价值合一"秩序。

(3)人的出生意味着一个纯粹自然性的生命被抛入一种先在性的价值秩序或意义世界,生命的社会化便是不断趋近与朝向先在性价值秩序与意义世界的内在化过程。有形与无形的人文教化,最终将先在的价值秩序内化为共同体成员的道德良知,

---

① 〔英〕齐格蒙特·鲍曼:《流动的现代性》,欧阳景根译,中国人民大学出版社,2017,第54页。
② 〔加〕查尔斯·泰勒:《自我的根源:现代认同的形成》,韩震等译,译林出版社,2012,第9页。
③ 〔德〕卡西尔:《人论》,李化梅译,西苑出版社,2009,第18页。

形塑共同体成员的心性秩序，培育出一种与生存境遇相适应的共同体型的人格特质。在卡西尔看来，"价值合一"秩序的在场，意味着人将不再单调地奔波在纯粹物理性的世界里，而是栖居于一个由艺术、语言、宗教和神话编织而成的"符号之网"①。作为一种"符号的动物"，生命的成长、人性的发育以及人之智识的增长，都是在与作为自我创造成果的"价值秩序"（符号之网）的交互往来之中渐次生成的。

（四）"价值合一"的生存论意义与限度

首先，在诸价值合一的情景中，因为价值"先于"存在，所以自然共同体的主导性价值规范是一种预设性的而非选择性的，这就意味着主导性价值原则的先在自明性通常以压制个体价值主张为代价。因此在生存论的意义上，"价值合一"的第一个限度表现为其为等级制提供了无法质疑与难以辩驳的价值理由。夸克就曾明确指出，在自然共同体之中，"社会团结一致的高水平同生活计划中的相似性和僵化共存"②。鲍曼在《流动的现代性》一书中援引《圣经》的"约书亚"（Joshua）典故对此也有过一段精彩的叙述："约书亚话语下的整齐有序的世界，是一个被严密控制的世界。那个世界的每一件事情都服务于一个目的，即便在目的是什么都并不明确的情况下……也是如此。在那个世界，没有为可能缺乏价值和目的的东西准备空间。而且在那个世界里，没有任何一种价值会被承认为是正当的目的。这种被认可，是为了有秩序的整体的生存和延续。

---

① 〔德〕卡西尔：《人论》，李化梅译，西苑出版社，2009，第35页。
② 〔法〕让-马克·夸克：《合法性与政治》，佟心平、王远飞译，中央编译出版社，2002，第248页。

这个秩序本身而且也只有秩序才不要求有正当性。"① 换言之，自然共同体价值合一秩序的确立是先于个体同时又构成个体的事实，这就使得一体化的价值秩序本身所追求的终极旨趣只可能是"秩序的整体的生存和延续"，而非出于对共同体成员个体权益的保障。

其次，使得诸价值间处于合一状态的，是自然共同体领域合一的社会基本结构，这种价值合一通过一种实质性的共同价值观的介入，在维系特定共同体内部的忠诚与团结的同时，实际上把并不认同此种价值立场的异质共同体排除在外，甚至视为潜在的敌人。正如鲍曼所揭示的，"共同体"总是指向对"相同性"（sameness）的确证，而自然共同体意义上的"相同性"以"他者"的不存在为预设，"尤其是不存在这样一个仅仅因为差异就有可能做出令人意想不到的事情或制造恶作剧的难以对付的不同他者"②。也因此，自然共同体是一种封闭的共同体，其价值合一秩序所塑造的身份认同之合法性，也仅限维系在特定共同体内部。一旦人类掌握了远程迁徙的技术手段，解除自然地理环境对人类交往的限制以后，在日趋扩大的跨共同体交往实践中，共同体间的"诸神之争"将对自然共同体内部的超稳定秩序提出尖锐的挑战。

二 理性共同体与"价值分离"

在黑格尔-马克思的历史哲学视野中，自然共同体的价值合一秩序由于反向强化了"人的依赖"关系，诉诸一种先验普

---

① 〔英〕齐格蒙特·鲍曼：《流动的现代性》，欧阳景根译，中国人民大学出版社，2017，第106页。
② 〔英〕齐格蒙特·鲍曼：《共同体》，欧阳景根译，江苏人民出版社，2003，第141页。

遍性压制了个体自我在生存权益与价值主张方面的特殊性，因而注定要在人类历史的辩证演进长河中被扬弃。启蒙现代性以降，自然共同体的价值合一秩序在声势浩大的启蒙浪潮中遭遇冲击，在马克斯·韦伯的现代性祛魅话语中，人类理性（特别是工具理性）跃升为现代共同体合法性论证的逻辑基础，而先在性的整全性价值理性秩序则史无前例地式微。替代"自然共同体"的是一个依凭人之主体理性自主建构的祛先验性的愈益分离的"理性共同体"，也正是在"理性共同体"对"自然共同体"的替代进程中，人类共同体的一般价值图景随之发生系统而深刻的变革，即由"价值合一"走向"价值分离"。

（一）"领域分离"与"价值分离"

通过上述反思，人们越发明确地意识到，就其现实性后果而言，现代性预示着人类社会基本结构的不断分化、分离和分立趋势。丹尼尔·贝尔把这一趋势称为"领域的断裂"，即现代性的降临使人类社会摆脱前现代"领域合一"的基本状态，社会愈益"断裂"为技术经济结构、政治和文化三大异质领域。基于这种"断裂"并在这一"断裂"之中，作为"意义源头"和"行为向导"的价值领域随之分化为与之相应的三种基本样态，从而赋予原本并不兼容的行为类型以同等效力的现代合法性。"社会不是整一的，而是断裂的；不同领域回应着不同的规范，有着不同的变革节奏，也由不同甚至相反的轴心原则所支配。"[①] 在贝尔看来，技术经济领域关注的重点是生产的组织和商品与服务的分配，其以"功能理性"为核心原则，以"经济化"为调节模式，即聚焦于"效益、最低投入、最大回

---

① 〔美〕丹尼尔·贝尔：《资本主义文化矛盾》，严蓓雯译，江苏人民出版社，2012，第9页。

报、最大限度利用、最优选择和关于雇用和资源混合的相似判断标准",因此,该领域只存在一种主导性的价值规范,即"效用"及其最大化。政治领域作为"社会正义和权力的竞技场"①,其核心原则是"合法性",主导性结构是"表达与参与",相应的决策方式是"谈判或法律",而不是"技术理性",由此便决定了该领域的价值标尺是"公正"。文化领域作为"揭示和表达人类存在意义的努力"②,其主导价值观是对"生存意义"的澄明与探寻,轴心原则是"不断表达和重塑'自我',以获得自我实现和自我满足"。而且,对"自我实现"与"自我满足"的极致追求,使得"没有什么是被禁止的,所有一切都有待开发"以及"拒绝体验的任何限制或边界"等成为现代性文化的信条。

贝尔所谓资本主义"文化矛盾"正是由"领域断裂"所导致的诸领域主导性价值原则间持续冲突所诱发的结构性矛盾。贝尔认为"经济领域"(或"社会领域")与"文化领域"原本处在彼此结合的状态,而且这种结合在现代性早期具有重要的"性格建构"功能,特别是清教徒式的性格建构与将工作视为天职的敬业意识的培育,至少在马克斯·韦伯对资本主义精神进行新教伦理阐释的意义上,文化领域为资本现代性的合法性奠定了坚实的道德基础。但是,到了资本现代性阶段,经济领域和文化领域及其各自持有的核心价值原则彼此断裂乃至冲突,植根于早期宗教、历史与习俗的文化领域,不再能够引领并规制经济-政治领域的具体实践,现实的人摆脱了文化的规

---

① 〔美〕丹尼尔·贝尔:《资本主义文化矛盾》,严蓓雯译,江苏人民出版社,2012,第10页。
② 〔美〕丹尼尔·贝尔:《资本主义文化矛盾》,严蓓雯译,江苏人民出版社,2012,第11页。

制与束缚,卸下一切不合时宜的道德-伦理重负,在市场(商品)社会中沦为赤裸的"经济人"和冰冷的"政治人"。正因此,这种"价值断裂"在经济解放和市场动员中取得了极大的成就,却史无前例地加深了西方社会在"个人欲望"与"公共责任"之间的矛盾与冲突。贝尔认为,新教伦理与资本主义社会的紧密结合塑造了一种"有限节制的积累",但是,自文化领域与政治经济领域"断裂"以后,新教伦理便跟资本主义社会相分离,那种赋予人的行动与社会发展以正当性限度的伦理规范式微了,除了世俗"享乐主义"外一切超越性的旨趣都衰败了,"资本主义体系因此失去了它的超验伦理"[1]。

较之贝尔对资本主义"领域断裂"所导致的"价值分离"后果的文化社会学审视,王南湜教授在系统重估市场经济的社会学影响的基础上,提出了一种更具明晰性和阐释力的社会哲学新范式——"从领域合一到领域分离"[2],其基本判定在于随着现代性的转向,特别是伴随市场经济的实践,人类活动领域由"合一"走向"分离";与之相应,这一现实性的转换又使得人类社会的文化价值秩序由"合一"走向"分离"。具体而言,以现代性为界限,人类社会表现出两种不同的状态。(1)非市场经济状态。因为该状态下的社会分工水平仅限于自然-性别分工,人与人之间在经济领域的互依性较弱,社会对于秩序(政治价值)的需要优先于对物质(经济价值)和意义(文化价值)的需要,因而非市场社会的秩序性整合主要依靠"政治活动的强力以及精神文化活动的凝聚力"[3]。由此便形成

---

[1] 〔美〕丹尼尔·贝尔:《资本主义文化矛盾》,严蓓雯译,江苏人民出版社,2012,第20页。
[2] 王南湜:《从领域合一到领域分离》,山西教育出版社,1998,第1页。
[3] 王南湜:《论转型社会的道德价值疏离化趋势》,《求索》1995年第5期。

了以政治为中心而直接地统合为一体的"领域合一"状态。(2)市场经济状态是一个现代分工得以极大发展的状态,不断细化的现代分工使得生产资料与劳动产品分属于不同主体,由此极大地加深了主体间生存与交往的相互依赖程度。进而也使经济活动取代了政治、文化活动,成为社会整合的主导性方式。"经济领域"的凸显意味着原本以政治、文化领域为原点而建构起来的"领域合一"状态被打破,人类社会开始进入一个三大领域不断"本色化"的"领域分离"状态。

由"非市场经济状态"的"领域合一"向"市场经济状态"的"领域分离"的转换,同时也引发了共同体道德/文化价值秩序的相应转向。一般地,政治领域的基本功能在于提供社会秩序,而社会处于"公平"状态时最有利于秩序的产生与维系,因此政治领域的核心价值是"公平"。相应地,经济领域在满足人的物质需要的意义上视"效率"为核心价值,而文化领域在赋予人的生命与生存以意义的同时,其核心价值便指向了"人生意义的完满状态",即"人格的完满"。(1)在非市场经济社会中,社会价值间的基本秩序表现为:围绕"政治价值"(公平)所形成的"合一"结构。市场价值(效率)被裹挟在政治(公平)与文化(意义)之中,因而并不具有任何优位性。相反,对于效率价值的强调,通常以最大限度地促成社会公平与人格完满为旨归。这就意味着市场以及市场价值观在前现代社会的"合一化"的文化秩序中属于低阶价值。(2)市场社会因现代复杂分工的引入以及技术经济力量的革新,使得社会基本结构发生"分离"。在市场经济社会中,与"领域分离"相伴而生,政治活动的"去中心化"使得政治价值在公共价值谱系中不再具有绝对的优先性和支配性,各领域诸价值原则随之呈现出"本色化"状态,即从根本上瓦解了诸价值间的从属性秩序。现代社会的基本价值秩序由原本围绕"公平"形成的统合为一的合一化秩序,转化为一种"疏离性的、多层面化的价值体系"①。

(二)"价值分离"的多维表征

由"价值合一"到"价值分离"的现代性转向,意味着不同领域、不同身份类型有着各自不同的利益诉求与价值主张,"在这样一个世界里,关于令人钦羡的道德品质,不存在普遍成为共识的、有意义的表述"②。自贝尔以来,学者对政治、经济与文化分离所导致的轴心价值原则的本色化有了系统而深入的论述。事实上,除了上述论证所体现出的典型特征外,作为意义重大的现代性文化后果,"价值分离"同时蕴含着多维复杂的现实表征。

其一,神圣价值与世俗价值分离。有关"神圣价值"与"世俗价值"的分离,最为系统而集中的表述见于马克斯·韦伯对于现代性本质提出的"祛魅"解释当中。根据拉莫尔(Charles Larmore)对韦伯的细致解读,可以说在自然共同体时期,人们生活的终极目的被视作世界秩序的一部分,与希腊"宇宙"(cosmos)或基督教"造物"内在关联,以至于人们对事实的描述和对规范的肯认并没有明显的区分。然而,这种"价值合一"的基本秩序随着现代性"祛魅"实践而不断崩塌。现代性将理性转换为敏于算计的工具理性,由此带来了控制与预测、权力与知识以及现代科学的跨越式发展,但是理性合工

---

① 王南湜:《论转型社会的道德价值疏离化趋势》,《求索》1995年第5期。
② Robert B. Louden, "On Some Vices of Virtue Ethics", in Roger Crisp and Michael Slote, eds., *Virtue Ethics*, New York: Oxford University Press, 1997, p. 215.

具性的转换所付出的代价却是"终极目标以及一般意义上的善和美,似乎都已变成了纯粹主观信念的问题"①。在《学术与政治》的演讲集中,韦伯将终极价值的式微与或超验-神秘化或个人-世俗化的隐遁视为现代性难以规避的宿命②。

不同民族的文化传统中的"神圣价值"的具体指涉和言说背景不同,使得具体的分离过程也表现出相应的差异。对于有着深厚而连续的宗教文化背景的西欧社会而言,价值现代性所导致的圣与俗的"分离"最直接的表现便是影响深远的"政教分离"与"政经分离"。圣与俗的"分离"一方面意味着世俗权力、世俗趣味、世俗生活的合法性、合理性和正当性不再依附于由象征性的"神圣符号"所确立的先(超)验价值尺度;另一方面"上帝退场"以后遗留下来的世俗世界,本质上是一个后形而上学的"无限可解释"的世界,进而是一个因多元价值竞争性在场所生成的"众神之争"的世界。因为"神圣价值"的隐遁使得"众神之争"成为现代性无法摆脱的文化价值困境。对于拉莫尔而言,世俗价值与神圣价值的分离意味着现代性对于宗教的超越,而这种"超越"本身蕴含着人与宗教的双重解放,"我们不再需要上帝来解释世界,来奠定我们共同生活的准则"③。但是,作为这种现代性"超越"与"解放"的副产品,随着价值超越维度的衰落,在价值愈益世俗化的趋势中,价值间的理解与共识陷入新的困境,"在我们的文化中

---

① 〔美〕查尔斯·拉莫尔:《现代性的教训》,刘擎等译,东方出版社,2010年,第210页。
② 〔德〕马克斯·韦伯:《学术与政治》,冯克利译,生活·读书·新知三联书店,2005年,第48页。
③ 〔美〕查尔斯·拉莫尔:《现代性的教训》,刘擎等译,东方出版社,2010年,第46页。

似乎没有任何理性的方法可以确保我们在道德问题上意见一致"①。

其二，公共价值与私人价值分离。前现代的自然共同体是一个公私不分、公私合一甚至"公"绝对优先于"私"的群体本位的生存阶段。从由现代分工所导致的职业分化和利益多元的角度审视，现代性无疑意味着私人价值摆脱公共价值的纠缠与宰制，获得自洽的独立性。舍勒将其概括为现代伦理价值的"偏爱法则"（Vorzugsregel），"伦理价值只应属于作为个体的人通过自己的力量和劳动而获得的品质和行为等"②。强调私人价值的优位性以及对价值本身进行一种"私人化"的阐释，既被视为启蒙现代性的"反抗宣言"，亦被视作启蒙现代性取得的辉煌成就。特别是在作为启蒙现代性意识形态的价值自由主义的视域中，公共价值与私人价值之间不但有着严格的界限，而且私人价值被抬高到社会本体的地位，以"个体性自我"而非"社会性自我"来理解和阐释价值成为西方文化的主流与时尚。正如贺来教授所指出的，对于针对神圣权威持有彻底拒斥意识的现代人而言，每一个现代自我都将"主观理性"视为无可辩驳的绝对理性，个体性自我被视为价值的终极立法者，"一切价值判断都是自我'个人意志'的产物"③。共同体的公共性价值规范只有在其能有效契合私人化的价值心理预期并有利于私人价值实现的意义上，才是值得欲求的。因而，当个体自我的纯粹主观偏好成为价值现代性的本体性基点时，也就意味着

---

① 〔美〕阿拉斯戴尔·麦金太尔：《追寻美德：道德理论研究》，宋继杰译，译林出版社，2011，第7页。
② 〔德〕马克斯·舍勒：《价值的颠覆》，罗悌伦等译，生活·读书·新知三联书店，1997，第120页。
③ 贺来：《"关系理性"与真实的"共同体"》，《中国社会科学》2015年第6期。

"任何个人之外的非个人的、具有普遍性和客观性的道德权威都将失去存在的合法性"①。

其三,工具价值与人文价值分离。在自然共同体中,价值通常是自足的,因而具有自明正当性。价值指向的是一种"内在善",即"无论是宗教的或美学的,都和日常生活的利益脱离了,这些利益,因为是永恒的和紧急的,成为大众的偏见"②。但是进入理性共同体以后,工具价值与人文价值分离,一种价值的自明正当性遭遇挑战,价值往往在工具理性的意义上被加以言说、实践与定向。在杜威价值实用主义的祛先验化论证中,任何的价值目的并不先验地自明,唯有那种能与工具理性有机契合,能够最终落定在现实人的日常生活世界并能产生实际功用的价值,才是真实且负责任的价值。相反,"徒有最后的而又不能用作手段裨益生活的其他业务的价值只是虚谬,不负责任"③。上述判定不仅指明了价值现代性的人文性与工具性相分离的现实,而且从一定意义上阐明了工具价值在整个价值现代性谱系当中的优先性。雅克·布道等进一步指出法律、理性与良心原本彼此交织,现代性却造就了道德与法律之间的分离,理性丧失了良心,成为工具合理性。经济学哲学旨趣与伦理向度的丧失以及对基于精确计量的有效预测模式的崇拜,对"全能国家"与"自由市场"神话毫无反思的接纳,道德冷漠与犬儒化的盛行,可以说,几乎所有现代性制度都未能把伦理道德追求视为一种自然应当的旨趣,"伦理关切与追求市场

---

① 贺来:《"道德共识"与现代社会的命运》,《哲学研究》2001年第5期。
② 〔美〕杜威:《哲学的改造》,许崇清译,商务印书馆,2009,第101页。
③ 〔美〕杜威:《哲学的改造》,许崇清译,商务印书馆,2009,第102页。

实效之间出现的冲突，成为司空见惯的现象"[1]。在自然共同体的价值秩序中，作为一种优良的伦理价值，"智慧"的核心在于"明哲"，即追究万物根本的形而上"运思"。具体到实践理性层面，"明哲"意味着洞察和体悟人生意义的"终极关怀"。但是进入现代理性共同体以后，"智慧"所内蕴的人文向度被遮蔽，对于精明于自我增值的现代男女而言，典范"智慧"指向"以最小投入取得最大产出的实用性或工具性合理计算"[2]。

（三）存在先于价值

伴随共同体质态由"自然"走向"理性"，现代人与古代人所生活于其中的基本价值秩序，以及各自在价值认识论和方法论方面表现出了极大的差异。在理性共同体中，"集体的基础价值趋向于不再被单一地视为必须被服从的超人类限制。这些基础价值表现为行为人的决定和活动共同作用的结果"[3]。由共同体的现代性转型所引发的价值转型的实质，可表述为基本的公共价值心理由"自然共同体"的"价值先于存在"转向"理性共同体"的"存在先于价值"。

第一，"存在先于价值"具有鲜明的"反传统"意味，是启蒙现代性文明成就的重要表征。自然共同体"价值合一"所捍卫的"价值先于存在"，虽有利于形塑一种基于共享价值之上的同一性的"共同意识"（涂尔干语），为集体行动与公共秩序奠定内在根基。然而，绝然外在于个体或先在于个体的文化

---

[1] 〔美〕雅克·布道编著《建构世界共同体：全球化与共同善》，万俊人等译，江苏教育出版社，2006，第 65 页。
[2] 张凤阳：《现代性的谱系》，江苏人民出版社，2011，第 23 页。
[3] 〔法〕让-马克·夸克：《合法性与政治》，佟心平、王远飞译，中央编译出版社，2002，第 254~255 页。

价值秩序的在场，以及无处不在的渗透与弥散，严重挤压了民众个体的价值自主意识，潜隐着沦为权力操弄民众辩词的危险。正如安德森在论及古代"王朝共同体"时所指出的，"把所有事物环绕在一个至高的中心四周，并将它们组织起来。它的合法性源于神授，而非民众——毕竟，民众只是臣民，不是公民"①。正是在这层意义上，主张"存在先于价值"便意味着，现代理性共同体成员摆脱了传统的、先验的、全景式价值秩序的规训，实现了价值的自我主张和自我言说，进而确证了个体自治的现代人权。在保罗·霍普看来，"反传统"意味着一个人不必固守于"他所被规定的位置上"，他可以以自我为中心自我主张与自我治理②。

第二，"存在"之于"价值"的优位性，意味着形而上学时代先验价值本体的式微，超个体性价值的合法性与自明性衰落，由此导致基于先验价值之上的先在性人性预设和生存伦理的崩塌。在《共产党宣言》中，马克思恩格斯以一切坚固的东西早已"烟消云散"与一切神圣的事物均被"亵渎"的语气阐释了上述转换的影响③。不再存有一种价值合一的整全性的合法先验价值秩序，以为人性的生长和文明的演进提供规范性的价值模式和理想类型。在加速动荡、加速流动、加速分离的后传统时代，人们置身其中的生存模式与价值框架（文化背景），既丧失了确当性，也表现出极大的竞争性，诸神之争背后潜在地指涉了规范性原则之间的竞争，每一条规范性原则都被剥除了至上的强制性和约束性，用鲍曼的话就是价值戒律不再是先

---

① 〔美〕本尼迪克特·安德森：《想象的共同体：民族主义的起源与散布》（增订版），吴叡人译，上海人民出版社，2016，第 18 页。
② 〔英〕保罗·霍普：《个人主义时代之共同体重建》，沈毅译，浙江大学出版社，2010，第 21 页。
③ 马克思、恩格斯：《共产党宣言》，人民出版社，1997，第 30~31 页。

于"生活政治"并构塑"生活政治"的话语框架,相反"这些戒律是生活政治的结果,是生活政治的转变塑造和重新塑造了这些戒律"①。

第三,先验价值秩序的衰微使得价值之于个体的构成性不断衰落,选择性不断凸显。"个体性自我"成为价值言说和价值实践的至上主体和终极尺度,价值成为理性个体自主选择的结果,对个体价值自治的制度性保障成为自由民主社会的显性特质和重要许诺。对价值合乎主体选择诉求的阐释,是现代个体自我意识与权利意识觉醒的重要体现,成为一个现代人就意味着在关乎善与恶的"良善生活"问题上不再受制于传统惯例与先验约束,而是自我主张、自我选择。从"构成性"向"选择性"的转换,揭示出现代价值基点由"共同体"向"个体"的转变,伴随这一转变,价值现代性愈益私人化的趋势将持续凸显,由个体利益诉求所决定的价值观的多元化不论就广度和深度而言都将愈演愈烈,价值多元主义成为价值现代性合乎逻辑的必然结果。

第四,价值世俗化与个体化的叠加,一方面使得多元化成为价值现代性的主导性趋势;另一方面,面对多元价值竞争性在场的"众神之争"场域,如何协调不同价值原则间的关系,使其形成一种有利于异质主体间和平理性交往的有机生存状态成为价值现代性的"阿喀琉斯之踵"。正如有学者所指出的,"统一的价值规范基础"的式微是现代性的根本困境之一。一方面,在现代性的"祛魅"实践以后,宗教-超验宇宙观及其先验主义的价值理路在启蒙理性主义系统而深刻的挑战之下,丧失了为共同体提供总体共享性价值规范的资格;另一方面,

---

① 〔英〕齐格蒙特·鲍曼:《流动的现代性》,欧阳景根译,中国人民大学出版社,2017,第33页。

启蒙主义所持守的"人依据理性为自身立法"的康德主义立场，同样在各种后现代主义的反叛中失去作为理性共同体规范性基础的合法性。面对上述两难处境，现代性在对于分离场境中的公共"价值规范"的寻求陷入"无从依傍又无可自立"的"无根性"处境，从而深深地困扰着理性共同体的公序良俗及其成员心灵秩序的养成①。

第五，价值的世俗化、个体化、多元化使得"价值分离"成为价值现代性的必然结果，并且随着个体对自身权益最大限度的主张，以及由此所引发的利益分化，使得原本具有反传统意义的"价值分离"贴上了后现代解构主义的标签，放任主义的"价值分离"逻辑成为制约理性共同体内部秩序化生存的意识形态根源。当"价值分离"以一种无原则的姿态热衷于"为了分离而分离"的激进后现代主义立场时，特别是当价值与权力产生勾连，在价值意识形态化的西方排他型"价值观联盟"的运作下，随着全球现代性极端的个体主义、激进的民族主义等极端分离势力的兴起给人类社会跨主体、跨地域性的共同生存带来深重的挑战时，"价值分离"所隐匿着的内在张力和公共性限度便成为当代共同体实践必须严肃对待的公共生存性问题。

(四)"价值分离"的内在冲突与公共性限度

在工业-资本文明早期，"价值分离"具有强烈的启蒙寓意，寄托着现代人反等级、反专制、反霸权等解放愿景，是人性觉醒与现代文明的重要标志。然而，在如今这个深受个体主体性逻辑浸染的原子式的疏离化世界，随着"分离化"逻辑的

---

① 刘擎：《重申个人自主性：概念修正与规范建构》，《学术月刊》2010年第9期。

僭越，特别是伴随着"个体性自我"观念在日常生活领域的弥散，当"价值"仅仅被视为个体之偏好表达和物欲满足时，面对由放任的"价值分离"逻辑赋予合法性的种种个体至上主义、种族中心主义和宗教极端主义对公共责任、公共秩序、公共福祉带来的挑战，现代社会必须严肃认真地审视并追问："价值分离"是否仍然具有不容置疑的正当性，其合理化的边界又应当如何认定。

首先，"价值分离"的内在冲突：在"解放"与"沉沦"之间。"价值"表达的是主体本真性的心性秩序和超越性的生存取向，价值的分离化意味着个体的心性养成与人格塑造不再绝对地依附于一种植根历史文化传统的先验价值秩序所预先设定的伦理化人性图式。"价值分离"的"解放"旨趣集中表现为，面对丰富多彩的差异化的乃至竞争性的历史文化景观，现代个体有自由选择并规划美好生活的权利，而且这种价值论意义上的自我主张、自我表达和自我证成是现代人权范畴的重要维度。我们从马克思的资本现代性批判，尼采的反基督教学说以及海德格尔的存在论关切中，都能深刻领会"价值分离"所包孕的解放旨趣。先验价值与世俗价值的分离为世俗权力（利）与世俗趣味的正当性开辟了前景，公共价值与私人价值的分离在保障个体隐私和权利等方面发挥着重要的作用。

然而，似乎从一开始，"价值分离"就蕴藏着"自反性"危机。那些被绝对的个体私利、个人偏好所悬置、拒斥甚至解构的"先在价值"，曾经是决定文明之为文明、共同体之为共同体、人性之为人性的至高尺度，其所表达的是作为有限性存在的人，对于欲望、贪婪、攻击、占有等兽性维度的内在规制，是对超越于一己私利之上的他者命运与公共福祉的自觉关切，所谓"存天理，灭人欲"揭示的便是这层道理。启蒙现代性以降,由西方社会发端进而弥散于世界各地的"价值分离"趋势,视"价值理性"为知性懒惰、冥顽不化、神魅迷信的代名词,视对现代化实践的目的性考量为进步主义神话的绊脚石。"价值分离"为"无拘的个体"、"拜物教"和"虚无主义"腾挪出野蛮生长的场所,当无拘无束的现代人被自发地视为经济领域的"占有型个人主义",文化审美领域的"自我欣赏的个人主义"以及政治领域的"绝对自治的权利主体"以后,原子式的现代自我在抖落公共价值、摆脱公共约束、丢弃公共责任、漠视公共福祉、拒斥公共精神的自我持存中,着实沦为马尔库塞眼中丧失反思性维度的"单向度人"。理查德·桑内特(Richard Sennett)把这种复杂的现代性后果称为"公共人的衰落"。作为个体主体性僭越合乎逻辑的必然后果,"公共人的衰落"意味着人们试图沉溺在一个由自己和亲友构成的私人领域,并把这种"私人化"的生存方式奉为终极追求。

"公共人的衰落"并非仅仅指涉现代个体的自我放逐与自我沉沦,在归根结底的意义上,其意味着现代主体间"共同感"的丧失,维系共同体的共享性文化价值纽带的断裂,意味着对共同体精神更深层次的瓦解,意味着异质主体间"共同生存"前景的晦暗不明,意味着公共性的生存伦理与共同体本位生存信念的式微。鲍曼指出,传统安全屏障的衰微预示着现代人际交往关系中新型的"脆弱性"与"短暂性",从个体主体性的行动逻辑来看,这种"脆弱性"与"短暂性"是合乎现代分离趋势的必然"代价"[①]。当"价值分离"拒绝做出任何公共性承诺时,其自身便滑向了一种无原则的后现代主义深渊,退化为拒绝任何形式的真诚交往和理性对话的"分离主义",

---

[①] 〔英〕齐格蒙特·鲍曼:《流动的现代性》,欧阳景根译,中国人民大学出版社,2017,第282页。

导致一种泛化的"价值无根性"。当"价值分离"背离了"解放"的初衷,而越发表现出一种无原则的和任性的分离主义时,对其不加反思和批判的接受便呈现出与"解放"相对立的"沉沦"旨趣。作为人之行为的向导与共同体合作秩序的规范性原则,价值间的绝对分离最终都将以人际与群际的竞争、冲突乃至对抗的异化形式显现,没有适度合理的价值融合,也就很难形成超个体与非功利的稳定合作意愿以及建基于这种合作之上的共同生存秩序。正是在这层意蕴上,面对全球现代性日益复杂的公共性生存论危机,现代人不得不追随诗人哲学家尼采的脚步,发起一场面向"共同生存何以可能"的新价值启蒙运动。我们究竟是在何种条件下确立了"个体主体性"的价值信念?这种信念迄今为止究竟是"阻扼"还是"促进"了人类共同生存?放任的价值分离在多大程度上能够满足异质主体间跨文化交往需要?又在多大程度上能契合全球现代性交互共生的价值理性期待?

其次,"价值分离"的公共性限度:在"合一"与"共识"之间。从洛克、康德等思想家有关启蒙的经典表述中不难看出,"价值分离"并非目的,而是个体解放和个体权利的一个重要的构成性维度。毫无疑问,最初的"价值分离"以拒斥先在性的封闭价值等级秩序为旨趣,体现的是一种"文化政治"之后更深层次的"价值民主"。"无论什么事物在一个特定情境中既是一个目的和善,它就和其他任何情境中的其他各善具有同等的身份、品位、尊严,因而值得同样周到的注意。"[①]在萨利姆·阿布那里,所谓"价值民主"的"反抗逻辑"本质上是对边缘价值观"以防涵化"的表达,拒绝承认"普遍价值

---

① 〔美〕杜威:《哲学的改造》,许崇清译,商务印书馆,2009,第104页。

观"的存在,进而主张一切文化价值观念间的平等地位,特别是对边缘价值观的"自身理性"与"内在理由"给予开放性的包容,所绽现的不过是与现代个体争取自治与自律一样的基本生存权益,即"每一种文化都要求维持其个性以防涵化的危险"①。当分离逻辑丧失基本的公共性视界与现实的生存性关切而偏执于一种"为了分离而分离"的后现代解构主义以后,由"价值分离"逻辑僭越所导致的难以调和价值分歧、冲突乃至对抗,无非是"要求国家或民族集团将自身建构为封闭的社会,将个体还原为其社会存在,将他封闭于其文化的狭小范围内"②。

由"价值分离""价值分离主义"到"现实的分离主义"的蜕变仍然在世界各地如火如荼地上演,由此所造成的现代性的封闭、冷漠、排他和对抗也越发凸显。然而,令人遗憾的是,在我们时代所谓"主导性"的思想谱系中,在作为启蒙现代性意识形态的自由主义哲学框架内,人们至今仍然不加反思地追捧、推崇乃至迷恋"分离逻辑"。尤其是在那些以自由至上主义自诩的人看来,一方面价值论问题终究是一个众说纷纭、莫衷一是的话题,对它的探究越频繁,似乎导致灾难性后果的可能性也就越大。如此,今人依然固守18世纪英国经验主义哲学家大卫·休谟的原则,在"事实"与"价值"之间竖起不可能逾越的观念界碑。另一方面价值多元化时代的价值问题,既不可能也毫无必要给予严肃认真的对待,因为如以赛亚·伯林在自由主义传统内部给出的判定那样,多元价值间的"不可公度性"特质是现代性的宿命。人们似乎早就预料到,对于价值理

---

① 《第欧根尼》中文精选版编辑委员会编选《文化认同性的变形》,商务印书馆,2008,第19页。
② 《第欧根尼》中文精选版编辑委员会编选《文化认同性的变形》,商务印书馆,2008,第19页。

性的考虑如果不是必然导向一种浪漫主义,也会诱发难以调和的"文明的冲突"。面对无休无止的"众神之争",启蒙现代性把培育共识的希望寄托在对人性的"先验理性"预设之上,认为自由民主社会"通情达理"的公民,通过公共推理必然能合乎逻辑地就那些关涉人类前途命运的"大问题"达成公序良俗所必需的最低限度的"重叠共识"。面对20世纪以来的悲惨现实,面对启蒙理性一手扶植起的"政府"与"市场"两套近乎完美的理性机制的先后"失灵"。越来越多的思想家意识到了,"理性"不过是一种抽象的能力,理性的实践运用能够对各种具体理由予以说明,但是"理性本身无法创造出实质性的理由。如果完全依靠人的理性能力来寻求'自我立法',那终将陷入无以自立的困境"①。

现代性之于价值理性草率的褒奖或诋毁远胜过严肃认真的对待。在现代性论域中,共同体表达的是一种挽回"公共价值失落"的智识性努力。自然共同体的秩序主要依靠一种先在的价值秩序统摄,理性共同体则解构了这种先验价值秩序的合法性,诉诸人的理性的自我立法。如今,处在世界百年未有之大变局、文明大转型的历史当口,面对共同的风险挑战,围绕共同的生存愿景,人类对于共同体的诉求必然超越狭隘的民族国家本位的价值立场,而在类本位的新价值地平上重新构思"命运共同体"之可欲性与可能性。与所有共同生活的秩序化运行相同,"命运共同体"的建构同样依赖一种共享的价值立场,以凝聚在构成性历史文化传统方面具有鲜明异质性的主体间的"共同感"。正如沃尔特·李普曼(Walter Lippmann)的公共哲学所阐明的,"当信仰、观点和利益的多样化扩大时,对共同

---

① 刘擎:《重申个人自主性:概念修正与规范建构》,《学术月刊》2010年第9期。

标准和共同法律的需要也变得更加迫切了"①。存在两种值得严肃对待的可能性：一种是依照自然共同体的组织模式而诉诸新的"价值合一"，以破解放任的"价值分离"对人类跨主体共同生存带来的挑战。麦金泰尔试图通过复兴古典目的论伦理学或者形而上学的传统，在现代性的地平之上构思一种具有普遍规范力的一体化的共享伦理价值秩序体现的正是这种突围向度，然而其代价是那些外在于这一秩序的"价值他者"与"边缘价值"仍将可能被忽视乃至遮蔽。另一种选择是立足当下人类社会交互共生的生存论现实，在"价值合一"与"价值分离"之间求取一种新的反思性平衡，使新生的价值纽带不仅能维系命运共同体所必需的共同感，还不至于压制边缘群体的价值主张。这种围绕命运共同体所展开的价值构思，就是"价值共识"，其核心旨趣是通过一种更加合理的价值认识论的引入，构塑一种契合全球现代性共在存在论需要的建构性价值共识论。

三 命运共同体与"价值共识"

自然共同体的"价值合一"状态为个体生存与共同体的发展提供稳定而持久的目的论体系，从而构筑起超稳定的古典共同体秩序。但是这种"秩序"是以牺牲个体权利为代价的"等级秩序"，是"秩序"与"自由"处在难以弥合的张力之中的一种"消极秩序"。启蒙现代性以降，人类进入"理性共同体"的"价值分离"阶段，神圣与世俗、公共与私人、工具与人文等价值的分离，为个体主体性的道德-政治叙事开辟出广阔空间，现代个体在后形而上学的世俗时代依托"工具性共识"结

---

① 〔美〕沃尔特·李普曼：《公共哲学》，任晓译，上海译文出版社，2020，第116页。

为短暂的、流动的多元理性共同体，形成了有别于自然共同体的群体生活类型，由此极大地保障了个体权利。然而，因为实质性的优良价值理性的缺失，面对一个强大的技术-经济引擎，现代社会陷入了深深的价值迷茫和群体迷失，理性共同体异化为排他性和对抗性的资本共同体、消费共同体和风险共同体，成为全球现代性跨主体共同生存的新阻滞。基于上述背景，对一种契合全球现代性"共同生存"需要，满足世界风险社会安全关切的新型共同体的构思与探寻，构成当前人文社会科学研究的重要主题。

较之于对"自然共同体"与"理性共同体"构成特质及价值秩序的历时性考察，在韦伯"理想类型"的意义上，"命运共同体"是在对当下人类社会所共同面对的一系列生存性风险挑战理性审视的基础上，对全球现代性情境中可能的理想性群体生活质态的一种应然性的展望，是共同体构思视域由功利最大化逻辑向命运与共逻辑的转换，是共同体精神与共同体伦理在类本体维度的时代性展开。"命运共同体"的建构吁求一种新的价值哲学理念的有效介入，这种新价值论既区别于"价值合一"的宰制性逻辑，也殊异于"价值分离"的疏离化逻辑，而是要在"价值合一"（同一性）与"价值分离"（差异性）之间寻求一种契合全球现代性境况的价值文明新形态。"价值共识"之于"命运共同体"，一方面通过明确而有效的"价值性目的"（共同生存）的引入来规制分离主义逻辑僭越，将放任的"价值分离主义"改造成建构性的价值多元化，为弥合共同生存的困境重构价值论基础；另一方面，现代性意义上的"价值共识"，是一种反思性的共识，而非前现代"价值合一"阶段的价值依附，其核心旨趣在于把诸价值主张纳入"共同生存"的框架内加以考察。基于这种反思性的考察并在这一考察之中，在防范文化帝国主义和价值殖民主义侵害的同时，为人类社会跨主体共同生存理想建构面向共识的新价值叙事。

（一）风险社会与"命运共同体"

生存论意义上共同的价值理性期待与共通的生存安全关切，使得一种能为异质主体间共享的理想共同体质态的跨文化出场成为可能。在"世界的社会"之中，共同的理想信念（应然性）与一致的风险挑战（实然性），将把在构成性历史文化背景上存在差异的异质主体聚集在共在存在论的主题下，经由真诚的交往与理性的对话，培植一种跨文化的主体间共享的公共性生存信念与价值期待。正如有学者指出的，命运共同体的价值理念彰显着交互主体性和共生主义的伦理深蕴，有一种将功利与道义、目的与手段、内在与外在有机结合起来的伦理特质，凸显着同舟共济、同甘共苦、同心同德的伦理精神和价值意义，其伦理精义集中体现为"利益共生、情感共鸣、价值共识、发展共赢与责任共担"[①]。

"命运共同体"的出场并非全然是一种观念性建构的产物，其本身受双重因素所决定。一方面"命运共同体"表达着现代人对由"个体-民族国家本位"的"理性共同体"所形塑的自反性"世界风险社会"的超越诉求；另一方面又寄托着现代人在新全球化时代对于一种类本体意义上的美美与共、人人友爱、无处不均匀，无人不饱暖的"大同世界"的共同价值期待。20世纪中叶以来，随着世界性战争的爆发、全球性经济危机的加重和极权主义的侵害，特别是在更加普遍的生态危机的影响下，现代性的"阴暗面"备受关注。其中对于有别于前现代"外源

[①] 王泽应：《命运共同体的伦理精义和价值特质论》，《北京大学学报》（哲学社会科学版）2016年第5期。

性"传统风险,植根于启蒙现代性技术-经济知识内部的"自反性"风险的系统检视,使得越来越多的思想家意识到工具理性的僭越与价值理性的衰落,在群体性迷失境况中工业-资本逻辑的加速运演,正将人类社会带入一个"风险社会",一个"除了冒险别无选择的社会"(卢曼语),一个"可怕而危险的世界"(吉登斯语)。

"风险社会"对人们生存信念与生活方式的重塑,主要由现代风险内在的"自反性""普泛性"与"无法补偿性"所决定。吉登斯把现代性风险界定为以下三种主要类型:(1)源于现代性自反性的风险;(2)源于战争工业化的暴力威胁的风险;(3)源于现代个体生存无意义感的内在挑战①。这意味着"风险社会"之于现代人生存的根本威胁在于,因其植根于现代知识与现代生活方式内部的"内源性"特质,使得对于风险的抵御成为对现代性自身的抵抗(反身性),成为现代人对现代生存信念与生活方式的质疑。这种反身性的自我否定,在现代性的技术经济生产力没有全然释放的情况下,在市民社会仍然决定国家的情况下,面对强大的技术-经济诱惑和无所不在的消费社会的裹挟,只能说是一种前景不明的权宜之计。

令人更为担忧的是,伴随现代技术经济的全球性扩张,风险、隐患和威胁也表现出了"世界性"倾向。贝克形象地称其为"回旋镖效应"。现代风险的全球性扩散逻辑打破了前现代社会基于财富、身份与权力之上的等级化风险机制,表现出社会学意义上的"回旋镖效应",即"就算是豪门富户,也难逃风险侵害。先前的'潜在的副作用',甚至会回击它自己的生产中心。现代化的执行者作为危险的释放者和受益者,也被深

---

① 〔英〕安东尼·吉登斯:《现代性的后果》,田禾译,译林出版社,2011,第89页。

深地卷入了危险的漩涡"①。很显然，内含在此种现代性隐喻内部的现实境况从根基上瓦解了前现代社会"风险不及权贵"的理论预设。"在现代化风险的屋檐之下，迫害者和牺牲者迟早都会合为一体。"② 换言之，现代技术经济的触角延伸到哪里，风险也将到达哪里。风险体现了一种全新的自然平等观念，它打破了工业-资本现代性建立在财富之上的身份等级秩序，风险社会没有旁观者。正如有学者所指出的，"尽管危机事件在何处何时造访何人是不确定的，但风险却是平等地施加于所有人的，出现了一种'风险面前人人平等'的荒诞剧"③。除此之外，现代风险的实际后果又是"无法补偿"的，如生化武器、核武器可能导致的后果是难以挽回的毁灭性后果。吉登斯认为："无论是就已经意识到的令人不快的事件即将发生的可能性而论，还是就由于某个既定事件出错接踵而至的毁灭性的后果而论，风险最大之地，正是命运重现之时。"④

作为工具理性与价值理性严重失调造就的启蒙现代性之宿命，现代风险社会的出场使得风险的人类学意义不断凸显，如果说任何共同体都是基于某种共同性而生成的话，风险社会意味着无处不在的自反性风险将成为重构人类跨主体群体生活类型的重要负外部性媒介。在风险社会，特别是"世界风险社会"的语境中，"命运共同体"既是当今时代人类社会最为真

---

① 〔德〕乌尔里希·贝克：《风险社会：新的现代性之路》，张文杰、何博闻译，译林出版社，2018，第29页。
② 〔德〕乌尔里希·贝克：《风险社会：新的现在性之路》，张文杰、何博闻译，译林出版社，2018，第30页。
③ 张康之：《论风险社会中的价值选择》，《北京行政学院学报》2020年第5期。
④ 〔英〕安东尼·吉登斯：《现代性的后果》，田禾译，译林出版社，2011，第97页。

实的交互生存处境，也是对全景式风险的应对策略。在这重意义上，"命运共同体"预示着一种重构现代性的尝试、一种重置现代性价值基础的努力、一种"新的现代性之路"（贝克语）以及一种对于美美与共、人人友爱，无处不均匀，无人不饱暖的"大同世界"的共同期待。命运共同体中的人类，注定要为携手规制由启蒙现代性技术-经济所导致的自反性风险，并肩跨越启蒙现代性主导的"发展陷阱"和"发展异化"，协商共谋人类社会跨主体交互共生的有效策略，为寻找一种足以支撑并引领人类跨主体交往的最低限度的共享价值（价值共识）共同努力。唯其如此，一种文明互鉴、包容差异、尊重他者、互惠共生的共同生存理想方具可能性。在"命运共同体"的理论逻辑中，共同体成员在全球现代性的交互性镜像中，必须重新思考价值之于"共同生存"的合理化意蕴及其生存论功能，重新审视"价值合一"与"价值分离"各自的优长及其限度，在面向自我与他者共同生存的价值理性期待中，厘清"价值共识"之于"命运共同体"的重要意义。

（二）"价值共识"与"命运共同体"

从价值现代性的实际出发，命运共同体是共同体精神在关涉人类社会整体性前途命运的维度上的展开，是人类生存伦理与发展价值观上的一次伟大变革。然而，在一个已然是"后共同体"的时代，正如共同体的瓦解不唯独是一种观念变迁的产物，还是现代社会基本结构持续分化的现实后果一样，命运共同体的出场也不仅仅局限于对一种合理化群际生活模式的应然性想象，还是对现实历史发展趋势的理性审视。学者睿智地发现，20世纪后期以来，伴随着现代技术经济的高速发展而来的交互融合生存状况，越来越预示着一种"领域融合"趋势的出现。"如果说工业社会的社会治理模式是建立在领域分化的基础上,那么,领域融合的趋势将会提出新的社会治理模式的要求。"① 治理范式的转换深蕴着文化价值观念的矫正与重置,置身由现代自反性反向塑造的"消极的"世界风险社会,如果工业-资本文明时期所日渐养成的绝对的个体主体性、放任的工具理性与弱肉强食的零和博弈行为模式依然支配着由"领域融合"趋势提出的新的生存与发展问题的话,这将意味着更多更大范围、更深层次生存性风险的出现。

与所有共同体的持存一样,命运共同体同样依赖一种可被共享的价值纽带的在场,以确保异质主体间对话与合作的深度开展。在"价值合一"与"价值分离"之间,命运共同体在维系更大范围的"类团结"的同时,要尽可能少地牺牲成员的合理自由权益。但是这种试图平衡"秩序"与"自由"的努力,意味着要以突破对"自由"与"秩序"的自由主义式理解为前提,赋予其契合全球现代性跨主体互依性生存需要的新内涵。谁有资格和权力决定何种理解能够契合当今时代的生存论诉求呢?显然,在一个"价值民主"的时代,这种资格只能是基于真诚的对话与开放的交往之上的商谈资格。种种迹象无不表明,价值共识——在多元异质价值主体的竞争性价值主张之间,围绕"共同生存"的现实困境,通过真诚的对话与开放的商谈达成某种反思性一致与重叠性共识——更加契合时代化的公共生存与持续发展的需要。其理由如下。

其一,"价值共识"理应成为分离化情境中一种值得珍视的价值原则。面对由僭越的个体主体性所导致的价值分裂、价值冲突,以及由此引发的实力对抗,"价值共识"不是在竞争

---

① 张康之:《为了人的共生共在》,人民出版社,2016,第129页。

性价值主张之间寻求妥协的权宜之策,"共识"本身理应成为被文明转型时期的人们所珍视的价值旨向。换言之,"共识"问题凸显背后的深层理据并不在于达成某种"共识"可能给人类的生存与发展带来何种工具性收益,而是在一个普遍价值个体化、市场化、工具化的世界里,"共识"是引领人们走出零和竞争逻辑,走向合作共赢的重要价值范式。以至于"价值共识"所强调的不只是多元价值间的某种宽容与平衡,而是这种宽容与平衡要建立在价值理性的基础上,而不是工具理性的基础上。之所以强调价值视界中的共识之生存论意义,原因在于就工具理性而言,现代社会并不缺乏共识。问题的关键在于,世俗的功利性原则(例如货币、资本、欲望、消费、偏好等)之上的"共识"并非一定是"善"的,虽然在现代市场(商品)社会的生存情景中,随处可见的是由"市场逻辑"组织起来的集体行动,然而,这种植根工具性共识之上的利益联合体对于自我本位的功利竞争性旨趣毫无限制的贪婪,最终使其走向了典范共同体伦理的反面。

其二,"价值共识"对以和平方式处置价值"多元-冲突"困境持有一种强烈的预期。价值共识表达的是一种对和平处置价值多元冲突困境的合理预期。在个人权利与民族国家主权得到普遍承认的当今世界,价值多元化既是一种基本的生存论事实,也是我们理性思考和言说价值的构成性场景。阿马蒂亚·森(又译阿玛蒂亚·森)认为存在两种看待多元文化主义的方式:(1)视"多样性"本身为一种值得珍视的价值而加以鼓励;(2)以"思考与决策的自由"为尺度权衡多元文化主义的意义及其限度,合理化的多元文化主义以人的"自由选择权利"的保障为前提[①]。这意味着,

---

① 〔印〕阿马蒂亚·森:《身份与暴力:命运的幻象》,李风华等译,中国人民大学出版社,2014,第120页。

人们对价值多元同样存有两种不同的辩护：一方面，多元本身就是一种值得珍视的价值，另一方面因为价值多元化促成了某种生存性期待，所以其值得被珍视。但无论如何我们都应该看到，价值多元化是一个充满内在张力的范式。理性的多元化为反抗"价值的僭政"（卡尔·施密特语）构筑了道德基础，有利于重塑权利与秩序间的反思性平衡，因此，是一种重要的建构性观念机制。与此相反，放任的非理性多元主义则打着"价值多元化"的旗号，为满足自我本位的功利最大化鼓吹并践履一种排他性、对抗性的交往伦理。放任的多元主义不但不利于个体权利的保障，而且可能瓦解公共生活的基本秩序，沦为一种纯粹排他性的狭隘的种族主义意识形态。当价值多元化作为现代性的基本生存论事实被认可以后，价值哲学的一个重要的实践命题便是，经由对"价值"本质及其特质的思考并在此思考中，为和平非暴力地处理多价值交往事务提供充分必要的、可批判检验的有效性根据，从而确立起一种适应全球现代性需要的面向共识的价值交往伦理。

其三，"价值共识"关涉共同体的当代命运。"个体的社会"造就了权利与责任的失序、自我与他者的疏离、财富与信仰的冲突、意义与价值的迷失等生存性焦虑，"共同体"作为一种承载着古典生存智慧和交往伦理的公共性范式，其在个人主义时代的出场，始终扮演着一种重要的补偿性思想资源的角色。正是在面向一种"民主共同体"的意义上，"价值共识"成为决定当代共同体命运的重要问题。一方面，价值共识以承认合理的价值多元化为前提，而价值多元化反向对传统的等级制的、封闭性的共同体的合法性提出了挑战；另一方面，价值共识用一种面向未来的价值立场取代指向过去的价值立场，从根本上破除"文明冲突论"所蕴含的"历史决定论"的价值观念基础，为现代共同体构筑起新的包容性"价值纽带"。就当今时代共同体及其所承载的共同体精神的实践与复兴而言，那些根深蒂固的自由主义式的"共同体忧虑"所传递出的，是对人类理性可能在自由与安全、权利与义务之间找到一种非零和性的动态平衡的不信任。这种不信任的本质恰恰体现了价值自由主义的基本预设：价值多元化是现代性的必然后果，是自由民主社会的必然景观。对于自由主义政治实践而言，虽然一种普遍的共识可以带来诸多的治理绩效，但公权力不能为了这种治理绩效而促成某种共识。全球现代性必然是一个多价值共同在场的世界，如何协同价值间的关系必然会成为全球社会共同面对的时代性的生存论问题。从某种意义上看，"文明意味着各种不同价值的平衡"[1]。

　　立足文明转型期因放任的价值分离逻辑所导致的愈益疏离化的生存情景，"价值共识"成为审视启蒙现代性分离化价值逻辑之弊病，建构全球现代性意义上的有机性的"命运共同体"的重要观念基础。"价值共识"的优先性集中体现在两个方面。(1) 从"无拘的自我"到"排他的族群"再到西方政客极力推行的竞争性的"价值观联盟"，作为"分离化"逻辑僭越导致的现实后果，种种疏离化、对抗化和排他化交往与生存价值观的强势登场，使得"价值分离的限度"问题，成为现代人与现代社会不得不严肃反思的生存性议题。在价值哲学的视域中，作为一种价值性的存在，价值的正当性通常以最大限度地提升人性境界，拓展生存论视界，厚植生命意义为理据。价值之所以是一种发乎灵魂的内在吁求，其根源在于时代性的价值规范所彰明的是特定时代价值主体合理化的生存取向和生存

---

[1] 刘小枫：《现代性社会理论绪论》，华东师范大学出版社，2018，第 224~225 页。

理想，优良的价值信念能最大限度地启迪心智、规范言行并赋予跨主体的交往与合作以道德理由，进而能在广义关系论，即人与自我、人与他者、人与自然之间建构起一种交互共契的有机性生存秩序。然而，当现代社会深陷价值多元-冲突困境，放任的价值分离逻辑反向助长和加剧冲突之激烈程度时，在一个个人至上主义与物欲至上主义并场的时代，如果现代人试图摆脱"一切人反对一切人"的生存困境，放任的价值分离将把人类社会引向何处？正是基于上述分析，"价值共识"是合理化限度内的"价值分离"原则的有效补偿方案。（2）面对镶嵌在放任的价值分离逻辑内部可能疏离化和潜在的对抗化后果，前现代的"价值合一"秩序虽然具有强烈的吸引力，但在已然高度现代性和个体化的今天并不具有再出场的可能性，"价值共识"将成为一种能够更大程度地契合全球化多元异质主体间交往与生存的新型价值原则，其必将在"命运共同体"的建构中发挥重要的引领与范导作用。除了对"价值分离"逻辑限度的理性反思和"命运共同体"规范性原则建构的考量之外，"价值共识"在促进"共同生存"的意义上扮演着重要的价值实践角色。

（三）价值与共在

20世纪晚些时候，法国哲学家阿兰·图海纳提出了一个在今天看来无疑具有划时代重大意义的生存论难题，即"我们能否共同生存——既彼此平等又互有差异"。在21世纪迈向第三个十年之际，全球性的生态危机、能源危机、粮食危机、交往危机、安全危机的叠加并场，俨然成为世界百年未有之大变局、文明大转型的时代症候，由此不仅确证了贝克等人早已预言的"世界风险社会"的到来，而且使得全球范围内的"共同生存"

困境更加凸显。

"共同生存"不仅意味着"各美其美"式的"孤立并存",而更是一种"美美与共"式的"共处一世"的艺术,是差异中的统一、多元中的秩序,是一种和而不同的丰盈生存景观。随着人类普遍脱域时代的到来,共同生存的广度与深度也将不断加深。正是在这种公共性生存情境中,围绕共同体所展开的省思,其核心旨趣指向对共同生存何以可能的理性辩究与价值考察。夸克认为:"体验共同体,就是承认他人是另一个自我。更确切地说,'他人'即是每个人身份特征的构成因素。"①阿伦特则在相同的意义上指出:"不在一个直接或间接地证明他人在场的世界里,就没有任何人的生活是可能的,甚至荒野隐士的生活也不可能。"② 现在看来,共同生存所亟须应对的"平等"与"差异"之间的张力难题,本质上是一个如何看待"他者"的问题,包括历史他者、文化他者、价值他者、制度他者……有关这一点,我们在图海纳关于共同生存两难处境的描述中能深刻地体会到,一方面要么就承认少数群体和社群享有充分的独立,只要能让其遵守游戏规则和让在利益、见解和信仰上持有不同立场的人和平共处。如此这般的代价是"我们之间就无法进行联系了,因为我们之间除了不禁止别人的自由,并与其一起参加一些纯工具性活动外,我们相互之间就不再有任何共同的东西了"③。另一方面,为了形成一种深度的"共同感",就必须要求主体间存在共同的价值观,问题在于,"共同

---

① 〔法〕让-马克·夸克:《合法性与政治》,佟心平、王远飞译,中央编译出版社,2002,第271页。
② 〔美〕汉娜·阿伦特:《人的境况》,王寅丽译,上海人民出版社,2009,第14页。
③ 〔法〕阿兰·图海纳:《我们能否共同生存:既彼此平等又互有差异》,狄玉明、李平沤译,商务印书馆,2003,第7~8页。

的价值观"在凝聚特定共同体内部"共同感"的同时,排斥对这种价值观的共同性持否定意见的人,越是强调所谓我们的"价值观"的普遍性,就越会在异质价值观间激起分歧、对抗乃至排斥。

在"平等"与"差异"的张力之间,现代人如何突围?可以探讨的维度纵然很多,但是较之诉诸纯粹工具理性的考量所表现出的漫不经心与漫无目的而言,共同生存首先涉及的是现代人如何定向自身的价值论问题。仅仅追问"我是谁"已经不够了,或者至少是已经不充分了,最应该首先被追问的是"我们是谁",或者是把"自我"放置在交互主体性的"我们"中加以考察,而一旦提及"我们",问题就不再是独白,而是对话,与他者的对话。"我们"的被自觉与"他者"的被尊重,意味着"命运共同体"由被迫性的"消极态"向主动性的"积极态"的转型,而这种转换提出了一种公共性的价值观变革诉求。正如有学者指出的,世界风险社会的高度复杂性和高度不确定性,使得"人的共生共在"的理念应当成为基本的社会价值共识,"每一个人都应当拥有为了人的共生共在而进行行为选择和开展一切活动的观念"[1]。问题的关键在于,现代人似乎从未真正尝试跨越价值视界的樊篱,以真诚的交往去走进与了解他者及其文化价值。"这个世界仍有很多对他者与他者的文化愚昧无知的人,他们心怀恐惧,不知如何自处,也不知如何面对他者,只能忙于制造仇恨,妄想以焚书之类的象征性动作阻绝或摧毁他者的文化,作为对他者的惩罚。"[2] 一旦他者的视域被开启,人们很快就会发现,"价值分离主义"在原子个体

---

[1] 张康之:《论风险社会中的价值选择》,《北京行政学院学报》2020年第5期。
[2] 李有成:《他者》,浙江大学出版社,2013,第18页。

的偏好和欲望的层面理解价值时，价值总是异质的、排他的，甚至是冲突的，价值间的分歧被视为现代社会无法摆脱的合理分歧。问题的核心在于，生活在全球交互性生存状态的现代人，究竟应当如何看待"价值分歧"，又应该如何对待新型"领域融合"？如果诉诸实力政治与暴力胁迫的路径伴随由核武器、生化武器与 AI 战争带来的无法补偿的毁灭性挑战而变得不合时宜时，命运共同体的建构与价值共识的培育更多地要求现代主体立足多元差异而面向并寻求共识。价值共识在这个持续多元化、个体化、世俗化的时代纵然很难，但是为了人类社会总体性的可持续共生，除了努力地探索出一条基于包容性共识之上的新文明秩序外，留给我们的还有其他的选择吗？

第二章
价值共识:时代症候与异化生存

我们今天所面临的危险并不像有人宣称的那样是文明的冲突,而是缺乏共享的价值。……今天比任何时候都有必要赞同一种以价值为基础的伦理,这些价值有助于建立一个更加公正和团结的世界,一个向所有人开放的世界,这个世界盛行自由、和平和非歧视,尊重多样性,承认各个文明的丰富性①。

现代性在深刻改变人类社会的基本结构及其制度构成的同时,也深刻改变现代人的心性秩序和价值视界,由此引发了影响深远的"价值现代性"转型,舍勒称其为"价值的颠覆"。现代人生活其中的世界,成为一个多元化、碎片化和异质化的后形而上学世界,差异主体间竞争性的价值主张与排他性的利益诉求,使得共同体的内部整合和秩序维系面临着严峻的系统性挑战,由此形塑了一种悖反性的共识境况:一方面,异质主

---

① 阿齐扎·贝纳尼:《导言》,载〔德〕热罗姆·班德主编《价值的未来》,周云帆译,社会科学文献出版社,2006,第3页。

体间在有关美好生活与优良生存信念的理解方面越发难以达成基本共识,而价值共识的缺失又反向侵蚀着共同体秩序的内在根基;另一方面,世俗个体依凭强大的市场理性在寻求功利最大化方面却有着超稳定的工具性共识基础,而这种基于个体性自我功利最大化考量的眼前的、功利的、欲望化的和占有型的工具性共识的幽灵般弥散又反向造成了共同体的异化。"价值性共识"与"工具性共识"之间难以消弭的现代性张力,以及由此所引发的社会的断裂与伦理价值的撕扯,使得考察"价值共识"的时代症候及其文化价值根源,审视优良价值共识何以是必需的以及何以可能等问题成为厘清当代共同体价值论基础的重要议题。

一 "价值共识"的理论内涵及其核心旨趣

作为一个时代性的问题域,"价值共识"主要包含以下三重追问:何谓"价值共识","价值共识"何以必需,"价值共识"何以可能。既有研究大多聚焦于对其可能性的辩究,却忽视了对其自身理论特质的把握,一定程度上遮蔽了"价值共识"的人学价值论深蕴。深刻阐释"价值共识"的构成性特质及其人学价值论旨趣,是走出价值分歧、价值冲突乃至价值对抗,形塑命运共同体内在秩序化的基础。

(一)"价值共识"的概念阐释与话语纷争

"价值共识"(Value Consensus)由"价值"和"共识"合成,作为价值言说与价值交往的目的,对"价值共识"的可能性与可欲性的阐释,建立在对其词义本身复杂性的清晰厘定基础上。

1. "共识"的概念内涵

按照雷蒙·威廉斯的概念史考察，共识（Consensus）一词可追溯的最早词源是拉丁文 con（意指"一起"）和 sentire（意指"感觉"）。从 16 世纪起，其基本含义指向"一个协定或一种共同情感"，18 世纪以后与 consensual 一词一起，意指"普遍一致"。进入 20 世纪以后，Consensus 开始变得较为普遍，且在 20 世纪中叶成为一个重要的政治用语。广义的"共识政治"（Consensus Politics）用以指称一种依据既有"共同意见"力图避免"意见分歧"而采取"折中立场"与"中间路线"的政策模式。从"共识政治"在寻求"共识"时所坚持的"折中立场"可以看出，其本身隐含着一种"负面意涵"，即为了达成某种共同的政治目的而将某些议题或彼此冲突的原则排除在公共讨论的范围之外[1]。

戴维·米勒（David Miller）等人认为，由于主体间的分歧、矛盾乃至冲突是人类基本生存状态中难以去除的特质，因而"共识"所传递的是人们对于"和平而有序"地协调分歧与冲突所持有的坚定预期。"共识"指向的是特定共同体成员所共享的一系列信念、价值观念与规范，其包含三个基本构成要素：共有的集体目标观念、对决策达成过程所共有的看法、对具体的公共政策的共同认可[2]。安德鲁·海伍德（Andrew Heywood）认为，共识是一种特殊的结束冲突的非暴力方式，是成熟的多元民主政治的特征之一，它可以分为"程序性共识"和"实质性共识"。前者特指诉诸磋商、讨价还价以做出

---

[1] 〔英〕雷蒙·威廉斯：《关键词：文化与社会的词汇》，刘建基译，生活·读书·新知三联书店，2016，第 82~84 页。

[2] 〔英〕戴维·米勒、韦农·波格丹诺主编《布莱克维尔政治学百科全书》，邓正来译，中国政法大学出版社，2002，第 166 页。

决定的意愿，后者表现为意识形态取向上的重叠和根本政策目标上的一致①。

相较于上述学者的研究，美国学者乔万尼·萨托利（Giovanni Sartori）对民主社会共识问题的专题化研究更具启示性。在《民主新论》一书中，萨托利认为"共识"所指向的并非每一个共同体成员对特定事件的"主动同意"，而是对某些"可能共有"或"可能一致"的对象的"消极接受"。称"共识"为一种"消极接受"，部分原因在于现代共识所指向的"接受"，只能是经过真诚的交往与开放的对话，在反复的讨价还价之后形成的"审慎接受"，它可能刚好是自我与他者理解视域间的一致，也可能是为了某种超个体的公共利益所做出的基于共同理由的"妥协"。总之，消极接受意义上的共识根本有别于那种先在地拥有共同立场或共同信念的人之间的"普遍同意"。按照共识所关涉的对象，萨利托将共识划分为终极价值层面的"基本共识"、游戏规则层面的"程序共识"和特定政府与政策层面的"政策共识"三种类型并指出，关涉终极价值（如自由与平等）的"基本共识"构成一个社会必要的信仰体系，决定着"既定社会是否从整体上分享同样的价值信仰和价值目标"②。"基本共识"虽然不是民主建构的必要条件，却是健全而成熟的民主不可或缺的"有利条件"，"基本共识"有利于"建立民主的正当性"。换言之，在价值多元主义的时代，有关民主、自由与平等的价值判断存在着复杂的异质性和竞争性，因而很难在异质价值主体间求得"共识"。但这并不意味着

---

① 〔英〕安德鲁·海伍德：《政治学核心概念》，吴勇译，天津人民出版社，2008，第21~22页。
② 〔美〕乔·萨托利：《民主新论》，冯克利、阎克文译，东方出版社，1998，第106页。

"价值共识"在民主实践中不重要。相反,对于那些可能在"终极价值"问题上自觉实现更高程度一致理解的社会而言,其民主本身的正当性及其民主质量都将因"基本共识"的在场而得到更大的发展。以至于萨托利指出,验证"成功的民主制度"的最好办法莫过于观察其共同体成员间是否存在基本共识,"缺乏或失去共识,即证明民主制度的衰落或失败"[①]。

基于上述阐释,所谓"共识"就是现代个体在彼此异质、竞争乃至冲突的观念或利益之间,经由理性商谈与开放协商求取一致的理解与共同的认可,以为维系观念秩序本身以及奠基于其上的公共秩序的融贯性、稳定性与合法性,进而为异质主体间的共同生存提供公共理由。正如袁祖社教授所指出的,究其本质而言"共识"指向对维系共同生活所必需的基本规范、权利与义务关系的"接受",基本共识的丧失意味着基本"共存合作意愿"的缺场,因而对于不意欲求取共识的群体而言,其群体生活仅仅是"偶然的萍聚而已,无足以构成公共生活"[②]。作为冲突社会的治理目标,"共识"预设了放任的多元主义以及无节制的价值冲突可能瓦解社会整合与主体间团结所需要的内在扭结的风险,共识的缺失为拒绝以真诚的对话与开放的协商处置分歧与冲突大开了方便之门。

2. "价值共识"的纷争

"价值共识"相应地指向对某种价值立场、价值原则、价值理想的一致理解与共同认可。正如有学者指出的,价值共识指向诸主体基于彼此沟通对某种价值所生成的基本一致的态度

---

① 〔美〕乔·萨托利:《民主新论》,冯克利、阎克文译,东方出版社,1998,第 106 页。
② 袁祖社:《市场经济与现代社会的公共理性研究》,中国社会科学出版社,2011,第 22 页。

或看法，而最终共识与否则是一个极具开放性的"生成推展"过程①。此外，也有学者以"价值判断"为切入点视价值共识为异质主体关于相同事物做出的相同的"价值判断"②。事实上，围绕某类价值的看法和态度上的"基本一致"与"相同的价值判断"一样，都是试图在差异化的价值理解之间求取某种相对的"共同性"。

之于价值共识，因为其所致力于求取共识的对象是有着鲜明主体特质的"价值"，因此，不对价值本身的独特性进行必要的阐释，仅仅在"共同性"上来界定价值共识便无法对其理论特质及深层困境做出合理化解释。西方价值哲学的发展，形成了"先验主义"、"经验主义"、"心灵主义"和"语言分析主义"等不同的价值理路，建构起差异化乃至竞争性的价值叙事。然而，在有关"何谓价值"的前提性问题上，人们依然深陷众说纷纭而难定一尊的尴尬境地。卡尔·施密特（Carl Schmitt）认为："价值并不存在，而是起着效用。"③ 价值哲学所指认的"价值"并不拥有存在（Sein），而是拥有效用（Geltung）。在施密特这里，"效用"指向的是一种强烈的"实现的冲动"，即"价值渴求成为现实"的冲动④。李凯尔特同样认为，对于"价值"来说，人们不能在实然层面上做出是否存在的实证式判定，而只能从应然层面做出是否有意义的人文性

---

① 张乐：《寻求价值共识》，《南昌大学学报》（人文社会科学版）2012年第4期。
② 韩东屏：《如何达成价值共识》，《河北学刊》2010年第1期。
③ 〔德〕卡尔·施密特：《政治的神学》，刘宗坤、吴增定译，上海人民出版社，2014，第240页。
④ 〔德〕卡尔·施密特：《政治的神学》，刘宗坤、吴增定译，上海人民出版社，2014，第240页。

评价①。事实上,认为"价值"难以被经验,并不意味着"价值"之于存在是无关紧要的。马克斯·韦伯就曾坚定地指出:"没有价值,我们便无法'生活'。"② 价值经由给行动主体提供行动与意志的具体方向,而内在于人的意向结构与行动逻辑之中。然而,就"价值共识"所力图达成某种一致的理解和共享的信念而言,"价值"的不可被经验的特质以及由此所隐含的主体性特征,决定了"价值共识"较之其他种种"共识"显现出更大的争议性。

人们追求关于某种"事物"的一致理解(共识)的可能性,取决于(1)观念在把握决定事物是其所是的内在规定性方面的深度和广度;(2)理解和认知关涉"对象"自身的确当性。换言之,"共识"的达成通常受双重变量的约束,即主体变量和客体变量。当且仅当主体变量与客体变量高度契合时,"共识"达成的条件才能被满足。之于"价值判断",其困难就在于作为"客体变量"的"价值"本身其实并不"客观",那种所谓"客观价值"或者"客观精神",其客观性只有在被作为价值主体的人观念性地预先承认并信仰的基础上才是现实的。而价值自身的主观性与客观性向来是一个难定一尊的纷争场域。

阿格尼丝·赫勒(Agnes Heller)认为,作为一种现代性的道德话语,从布伦塔诺经新康德主义、尼采、马克斯·韦伯,一直到舍勒,现代性意义上的"价值"(Value)范式,实际上是"善的分裂"概念,一种没有了"传统的目的论伦理等级体系"的概念。现代性所表达的"价值"直接导源于生活方式的

---

① 〔德〕李凯尔特:《文化科学和自然科学》,涂纪亮译,商务印书馆,1986年,第 21 页。
② 〔德〕马克斯·韦伯:《社会科学方法论》,韩水法译,中央编译出版社,1999年,第 8 页。

多样化、善的等级体系的个人化,以及对这些等级体系的持续变化、评价的市场化和二次编码①。在现代性的观念谱系中,伴随人类基本价值秩序由"价值合一"(善)向"价值分离"(价值)的转换,"价值"成为世俗语境中有关"善"的替代性词语,其本身就孕育着分化的趋势。让-马克·夸克正是在这层意义上赋予"价值"以"诠释的标准"和"行动的向导"双重规范性内涵,"当其中某一价值被赋予某种行为或是某个目标时,对于那些赞同这一价值的人来说,它就成为了一种评价的标准,因而应该据其采取行动"②。如此,一种价值能否充分发挥其规范性功能仍然是以诸如"被赞同"等主观性根据为评判尺度,由于所有的主观性都具有较强的私人性体验特质,当多种体验表现出竞争性时,就体验本身而言很难达成"价值性"的而非"工具性"的基本共识。

哈罗德·泰特斯(Harold H. Titus)等人在《老问题:西方哲学的经典议题》一书中对"价值"做了更进一步的考察。在他们看来,"价值"本身实际并不神秘,一旦有某种事物被"偏向"和"选择",便会有一种价值被阐明。换言之,"价值"不是对于单一客体物理特征的描述,其所表达的是价值主体(人)的一种"偏向"或"选择",诸种价值哲学所聚焦的核心任务在于揭示影响或决定人们"偏向"或"选择"某种"物体"、"行为方式"或"人",而非他者的深层次构成性机制。基于上述判定,泰特斯进一步明确提出了四种常见的"价值"解析:(1)以"诚实"为典范的作为"指导原则"

---

① 〔匈〕阿格尼丝·赫勒:《现代性理论》,李瑞华译,商务印书馆,2005,第288页。
② 〔法〕让-马克·夸克:《合法性与政治》,佟心平、王远飞译,中央编译出版社,2002,第19页。

（principle）的价值；（2）以"毅力"为取向的作为"品质"（quality）的价值；（3）以"幸福"为旨趣的作为"目标"（goal）的价值；（4）某物的艺术或金钱价值（worth）。可以说，价值散见于人类一切行动领域，"每当设立标准、建立规范、表达偏好或作出价值评估时，总有一种或多种价值被陈述"①。

据此，我们可以进一步指出，"价值共识"表达的是一种独特的现代性问题意识，在前现代"价值合一"的情境中，由于先在性主导价值秩序赋予个体与共同体以明确而稳定的共享性价值原则，因而"价值共识"很难成为一种普遍的时代性问题。只有当整全性的目的论伦理秩序式微和善的等级秩序解体以后，面对多元价值竞争性在场以及多元价值间不可公度性事实，在一种价值"多元-冲突"的背景中，"价值共识"的问题才真正成为一个无法回避的现代性困境。正如有学者指出的，价值共识完全是一个典型的"现代现象"②。依据对"价值"自身的不同理解，"价值共识"可以理解为对某条"指导原则"、某种"品质"、某个"目标"或某种"金钱价值"的共同理解或一致追求，而问题在于，面对理性共同体阶段"价值分离"的现实趋势，在一个价值论证已然丧失本体论担保的世俗时代，在一个"原则""品质""目标"多元竞争性的"价值民主"的生境中，"价值共识"何以可能？进而，在一个深受拜物教逻辑规制的功利主义时代，当原本崇高的一切原则、品质及目标最终都被置换为"金钱价值"时，真正意义上的

---

① 〔美〕哈罗德·泰特斯等著《老问题：西方哲学的经典议题》，李婷婷译，新华出版社，2014，第107页。
② 贺来：《"道德共识"与现代社会的命运》，《哲学研究》2001年第5期。

"价值性共识"何以可能？

至少在瓦蒂莫（Gianni Vattimo）的视域中这的确是一个极具张力又难以弥合的现代性困境。在瓦蒂莫看来，置身一个哲学虚无主义的现今时代，所有存在都被安置在普遍平等的权利秩序中，没有任何事物可以对自身的确当性做出绝对断言，不存在永恒的终极评价，整个世界从受先验秩序严格规制的状态摆脱出来，进入一个任何事物都处在有待"进一步重新估计"的待命状态[1]。面对一个"无限可解释的世界"，面对一个崇尚价值民主和价值平等的世界，面对一个对价值的经济学阐释占据主流的世界，"价值共识"虽然具有弥合断裂，重构共同生存规范的鲜明优势，但这种优势对于"无羁绊的自我"而言是否值得欲求，又在多大程度上能被接受并自觉践履则取决于现代人在多大程度上能摆脱个体偏好与市场功利逻辑的规制，在一个更加宽广的公共性生存论地平上，重估价值之于个体与共同体的重要性。这意味着命运共同体语境中的价值共识困境首先聚焦于对一种社会真价值的甄别与选择之上，核心指向在于对社会"真价值"的共同认可，作为价值理解的一种"求同存异"旨趣，价值共识内在地包含在异质主体所持有的价值认识论之中，并与诸价值主体现实的生存境况与发展权益高度关联。

（二）价值共识的构成性特质

价值共识的构成性特质主要是指"价值共识"区别于其他共识的独特性，这种独特性一方面取决于被共识对象，即"价值"的独特性；另一方面又取决于共识主体的构成性历史文化

---

[1] 〔意〕詹尼·瓦蒂莫：《现代性的终结》，李建盛译，商务印书馆，2013，第17页。

背景的独特性。价值性共识区别于工具性共识的关键，在于其所表达的是人的一种超越性的"内在吁求"，而非本能性的"外在欲求"；其所建构起的是一种基于内在"心性一致"的稳定的规范性秩序，而非一种基于外在"功利相投"的短暂的逐利性联合。具体而言，价值共识的构成性特质主要体现在以下三个方面。

其一，价值共识的主体性特质。一般认为，价值表达的是一种合目的性的主体期待或主体吁求。离开主体（人）来谈论价值，便失去了价值本身的意义。换言之，价值论所表达的善恶是非等价值范式，本质上是一种主体性建构，是主体基于对自身或共同体持存需要的考量所做出的规范性建构。但这并不意味着价值是一种纯粹主体性的"虚构"。迫使不同时代思想家珍视某种价值原则，而忽视其他价值原则的，除主体自身的生存性考量之外，还受历史文化传统和时代生存境况等多重客观因素的规约。正因此，当人们习以为常地把哲学视为时代精神的精华时，每一种哲学实际上都确证了某种时代性价值的优位性序列，并为这种价值何以优先提供了系统的论证与辩护。真正的时代精神集中绽现为经由哲学家的努力所最终证成的价值信念。

价值的主体性使得价值共识必然表现出相应的主体性特征，以至于"价值共识"的主要问题集中表现在：谁之价值、何种共识以及为谁之共识等本体性追问之中。正是现代人在"何谓价值"上持续而强烈的分歧，以及一种超个体的价值旨趣合法性的丧失，使得价值共识深陷"多元-冲突"的观念陷阱难以自拔。启蒙现代性预先将价值自治和价值民主确立为现代文明的核心指标，形而上学的式微使得在多元价值间寻求最大公约数的努力丧失先验可能性。面对一个"众神之争"的价值喧嚣世界，面对一个除了最大限度满足人性自发需要而表现出的为了怀疑而怀疑一切、为了解构而解构一切的价值无原则状态，面对一个因权利无序扩张而引发的"价值爆炸"所导致的愈益疏离化的生存情境，价值共识的主体性所表达的，是与共同体本身所意欲阐明的相同主题，即我们能否共同生存——既保持平等又互有差异。

其二，价值共识的生成性特质。价值的主体性决定了价值共识的主体性，同样，价值的生成性决定了价值共识的生成性特质。然而，尽管强调价值的生成性，进而强调价值共识的生成性，在破除启蒙现代性加诸现代观念的"多元-冲突"的刻板印象，破除"文明冲突"之后的"价值冲突"等价值叙事中的决定论与宿命论强制等方面具有明确的重要性。但是，对价值的生成性，进而对价值共识的生成性的辩护，潜隐着为那种以解构性、分离性和排他性为旨归，进而对"共同生存"之可能性存在明显的破坏性的价值相对主义提供合法性辩护的隐忧。

需要进一步指出的是，必要限度的生成性自觉并不必然指向无原则的价值相对主义，而恰恰是以是否有利于为更大范围异质主体间的共同生存创造条件为尺度。强调价值共识的生成性，核心理趣在于破除一切形式的冲突性、排他性乃至对抗性的价值决定论或价值宿命论的规制，通过引入必要的历史理性，还原人类价值世界本真的历史性变迁图景，凸显价值与情境之间的辩证性关联，为全球现代性异质主体间的共同生存构筑内在共识根基。对于两种异质文明或异质主体间的价值交往而言，价值共识的生成性所要阐明的是，如果把价值的可欲性建立在基于人文规制所表现出的"趋利避害"的生存性筹划的话，历史上的冲突并不必然意味着未来一定是冲突的，当下的冲突同样并不决定未来必然会冲突，进而诸如"文明的冲突"等论断是一种缺乏最低限度历史理性的观念性虚构。价值间的冲突还是和谐，取决于异质价值间的彼此了解、对话与沟通的程度，合理性的价值共识的达成，正是异质价值由陌生到熟知再到真知的生成性过程。从这个意义来看，当前人类社会所遭遇的共同生存困境，恰恰是把价值视界错误地定位在一种鼓励排他而非激励对话的决定论基础上所导致的共识危机。

其三，价值共识的生存论特质。置身全球现代性的生存与交往场域，合理限度内的价值多元化和价值相对论，具有反对文化帝国主义和价值霸权的重要功能。但是，无原则的价值多元主义以及破坏性的价值相对主义，因二者常常遮蔽或瓦解了价值共识的生存论特质而必须予以警惕。换言之，无原则的价值多元主义全然为了"价值多元"而主张"价值多元"，多元本身成为价值致思的最高旨趣，任何有损于价值多元的多元主张，都会被贴上独断论的标签而予以拒斥。多元至上主义的价值论从来不考量可能由其所引发的种种生存论后果，其出发点与归宿共同指向了"多元"本身，甚至"多元"成为衡量全球文化价值观念正当性的唯一标尺。因为这种价值多元论"对于交叉着不同观点的有条理的对话与混合着残章断篇的不和谐的杂烩都同样适用"[1]，因此，这种模棱两可的价值多元论在为世界范围内的正义反抗提供学理支撑的同时，也经常被极端种族主义和宗教极端主义用来为自身的极端行动提供辩护。极端的价值多元主义必然导致价值相对主义的产生，而在后者看来不存在能为人类社会所共识的价值信念，有多少文化就有多少道德规范。然而，无原则的相对主义所导致的后果却常常事与愿

---

[1] 〔美〕阿拉斯戴尔·麦金太尔：《追寻美德：道德理论研究》，宋继杰译，译林出版社，2011，第12页。

违,萨利姆·阿布进一步指出:"这无非是要求国家或民族将自身建构为封闭的社会,将个体还原为其社会存在,将他封闭于其文化的狭小范围内。"① 主张价值多元的本意是追求一个异质价值主体可以同台绽现自身价值的"开放社会",但放任的价值多元主义却塑造了一个拒斥对话与交往的"封闭社会"。在雷蒙·潘尼卡等学者看来,"多元论"早已超出社会学和形而上学的樊篱而进入"生存论领域",由于"多元论"更多地处理的是异质主体在诸多可能选择中如何自我决定、自我筹划等尖锐的生存论问题,可以说"多元论在当今是人类的一个生存问题……如今我们面对多元论,它成了全球人类共存的实际问题"②。作为一种时代症候的价值共识困境的出场,深深植根于价值多元主义的时代背景,当价值多元论越来越成为一个关涉异质主体间共同生存的生存论难题的时候,价值共识作为一种使共同生存得以可能的文化伦理努力,其从一开始就具有鲜明的生存论关切,即异质主体间为什么需要价值,以及为什么需要就某些价值达成必要的共识,这种共识的丧失会导致何种生存性后果,这种共识的出场又会带来何种不一样的生存性改变。总之,人们之所以需要价值共识,是因为价值承载的是人们对于美好生活和理想生存的预期。

二 价值现代性的"共识悖反"及其症候

价值共识的可欲性,在于一种可共识性的价值信念的持续

---

① 《第欧根尼》中文精选版编辑委员会编选《文化认同性的变形》,商务印书馆,2008,第19页。
② 〔西〕雷蒙·潘尼卡著,〔美〕哈里·詹姆斯·卡格斯编《看不见的和谐》,王志成、思竹译,江苏人民出版社,2001,第92页。

在场，既能有效规制工具理性宰制下的"群体迷失"与"定向危机"，也有益于培育跨主体的合作意愿和集体行动意志，而主体间的真诚合作与理性协作是现代共同体，特别是命运共同体建构所需要的重要文化资本。然而，伴随整全性价值本体论的式微，在价值现代性"理性多元"与"合理分歧"的文化场境中，"价值民主"以及由此被普遍推崇的生活模式与生存信念的自主选择与自我主张，使得日常生活层面的一般性共识的达成越发艰难，那些在善恶是非方面存在实质性立场的"价值性共识"，通常被判定为知性慵懒和理性不足的替代语汇，进而被祛魅、悬搁乃至拒斥。基于上述情景，价值现代性视域中的共识议题，存在着由价值的个体化、物役化和虚无化所引发的种种悖反性症候，这些对私人本位功利最大化的排他性追求，不但难以形成现代民主共同体所需要的基于共识的包容性合作秩序，而且从根本上瓦解了共同体本位生存信念赖以确立的价值土壤。

（一）价值个体化与价值异识

"个体本位"替代"群体本位"是现代性转型中影响深远的价值公共性事件之一，以至于卡洪认为："把一切委诸于个体自由是所有现代性的本质。"[①] 与大多数现代性思想家一样，吉登斯认为现代性并非仅仅是一种"外在的转型"，它事实上在从根本上变革了现代人的日常生活实质的同时，也对现代人生存经验中的最为"个人化"的方面产生至为深远的影响。然而，这并不意味着在个体性层面理解自我仅仅是一个比较晚近的现代性现象。正如伊恩·伯基特（Ian Burkitt）对西方"自

---

① 〔美〕劳伦斯·E.卡洪：《现代性的困境：哲学、文化和反文化》，王志宏译，商务印书馆，2008年，第24页。

我文化"的观念史考察所表明的,西方文化中"个体自我"的观念一直可以追溯到古希腊罗马社会的"人"的范畴与基督教的"灵魂"范畴两大源头[1]。即便如此,真正使得"个体性自我"观念在人的自我理解、自我认同以及共同体价值叙事中占据主导性地位,并不断成为西方道德政治致思与制度建构的第一伦理原则的仍然是一个典型的现代性事件。

启蒙运动以后,经由霍布斯、洛克、康德等思想家的系统论证和强势辩护,"个体性自我"成为现代西方知识-文化建构与道德-政治论证的第一前提,深刻影响并规制着包括价值论在内的西方现代性的核心问题域和反思视角。正如丹尼尔·贝尔(Daniel Bell)所指出的,作为启蒙现代性最为根本的前提,"个体性自我"对部落、行会或城市等共同体的替代,塑造了一种具有鲜明西方特质的新人学叙事。这种自16世纪以来贯穿西方文明的"新人"所直接指涉的是摆脱自然共同体规制的"自治的个人",作为自我意识与权利意识不断觉醒的一代,在新人们看来"自由"意味着"自助"与"自决"[2]。到19世纪,现代个体的"自我感"持续发育并一度开始占据有关人之自我理解的中心地位,个人被认为是具有非凡意志且独一无二的人学单元,"申扬个体生命本身变成一种价值观"[3],由此便形成了西方价值现代性最为鲜明的特质,即"价值的个体化"。这种价值的个人主义表达了一种现代性的道德预设,即作为道德主体的现代人,是不受任何先验伦理

---

[1] 〔英〕伊恩·伯基特:《社会性自我》,李康译,北京大学出版社,2012,第6页。
[2] 〔美〕丹尼尔·贝尔:《资本主义文化矛盾》,严蓓雯译,江苏人民出版社,2012,第14页。
[3] 〔美〕丹尼尔·贝尔:《资本主义文化矛盾》,严蓓雯译,江苏人民出版社,2012,第50页。

道德纽带束缚并能自主性地选择诸种生活目标的自由独立的"自我",桑德尔称其为"无羁绊的自我"。"无羁绊"意味着对启蒙以后的现代人而言,对人之行为具有约束力的规范性原则不再是源于"习俗、传统或继承",而是每一个个体的"自由选择"①。可以说,"价值现代性"首先意味着价值主体摆脱传统价值权威的规制,成为现代性意义上的"价值自治者"并推动基本价值致思由"他律"(外在权威)向"自律"(自我主张)转变。

当查尔斯·泰勒（Charles Taylor）颇具讽刺意味地冠以上述转变"现代文明的最高成就之名"时,一方面他试图强调对于现代人的日常生活世界而言,"价值现代性"意味着现代个体在生活样式的确定、宗教信仰的采纳上具有不容置疑的自由选择权,"原则上,人们不再受害于超越他们之上的所谓神圣秩序的要求"②。这种价值言说的自我主张是现代权利政治与自由叙事的重要构成维度,而且人们越是与所谓传统的"神圣秩序"划清界限,价值的个体化就越充分,一个社会的现代性程度乃至文明程度也就越高因而也就越值得肯定。据此,哈贝马斯曾借黑格尔之口指出:"现代性正是从自律的主体性概念中获得了其自由意识,即其自我意识、自我决定和自我实现所特有的规范内涵。"③ 另一方面,作为西方共同体主义的重要思想家,泰勒从一开始就对放任的个人主义抱有高度的警惕,并视其为首要的"现代性隐忧"。如果"价值现代性"意味着一种

---

① 〔美〕迈克尔·桑德尔:《公正:该如何做是好?》,朱慧玲译,中信出版社,2012,第243~244页。
② 〔加〕查尔斯·泰勒:《本真性的伦理》,程炼译,上海三联书店,2012年第2页。
③ 〔德〕于尔根·哈贝马斯:《后形而上学思想》,译林出版社,2001,第151页。

不受限制的"价值自律"文化的全面出场,意味着形而上学的"神圣秩序"在价值现代性的视界中的全面退场;如果现代自由的诞生以怀疑先在的"神圣秩序"为前提,显然在泰勒看来,"价值现代性"在助长价值个体化的同时,滋生了一种时代性的"价值平庸",即"人们不再有更高的目标感,不再感受到有某种值得以死相趋的东西"①,从而丧失了更大的共同体和宇宙视野。切断了与形而上学的内在联系,现代人在一个全面世俗化的价值自治的时代,在纯粹生理本能与眼前利害的驱动下,迷恋着一种"可怜的舒适"(尼采语)、一种"渺小和卑鄙的快乐"(托克维尔语)、一种"可怜的、有限的、自私的乐趣"(马克思语)。

从某种意义审视,价值现代性的意识形态依然是一种普泛式的"方法论个人主义",即"有关社会的所有说明,都必须以关于个体性倾向和行动的陈述为基础"②。进而,"所有关于社会国家现象的揭示都必须完全根据个体的事实来加以表达,否则就将遭到否定或拒斥"③。在启蒙现代性的文化价值观念中,方法论个人主义的合法性仍然建立在一种传统的自由主义式预设之上:唯一能被经验到的、最为真实的、最值得尊敬的"存在"只可能是"个体自我",至于伯基特试图建构的那种囊括家庭、社区、族群、国家乃至世界等超个人向度在内的"社

---

① 〔加〕查尔斯·泰勒:《本真性的伦理》,程炼译,上海三联书店,2012,第 4 页。
② 〔英〕伊恩·伯基特:《社会性自我》,李康译,北京大学出版社,2012,第 3~4 页。
③ Steven Lukes, "Methodological Individualism", in Derek Matravers and Jon Pike, eds., *Debates in Contemporary Political Philosophy*, London: Routledge, 2003, p. 12.

会性自我"[1]，究其本质不过是思想家们的一种"文化想象"或"观念建构"，甚或纯粹是一种服务于规训旨趣的意识形态"虚构"。也如夸克所指出的，有关善恶的价值评判从未如现代性所规定的那样，"依赖于个体期望获得公正的能力"，不存在任何一种"绝对的担保"赋予价值评判以正确方向[2]。泰勒则进一步揭示，个人主义在启蒙现代性文化价值观念中的普遍弥散本质上是以上帝为隐喻的存在巨链或神圣秩序退场之后，现代人转向自我关注所导致的自然后果。如果认为价值共识表达的是在价值差异中寻求某种共同的或共享的价值视界以维系异质主体间的秩序化生存的智识性努力的话，"上帝死了"以后"存在巨链"、"神圣秩序"以及"绝对担保"的衰微，意味着一种能够有效维系某种价值共识视界的文化图式的实质性缺场。以绝对的个体主体性为价值致思基点的启蒙现代性所构塑的时代，是一个哈贝马斯意义上的后形而上学时代，既是一个主张和崇尚"价值平等"的时代，也是一个"价值喧嚣"的时代，同时更是一个"价值性共识"极度稀缺的时代。因为人们不再愿意也不大可能把价值评价的尺度，寄托在一种共享的价值本体性之上，甚至根本不愿让渡专属于自己的价值权益，因而异

---

[1] 按照伊恩·伯基特（Ian Burkitt）的解释，作为一种社会化的观念建构，"现代自我"有着双重意蕴，即"个体性自我"与"社会性自我"。在启蒙现代性的语境中，"个体性自我"或自我构成的个体性维度得到了极大的重视和伸张，而自我建构的"社会性"维度被长期忽视和遮蔽，由此导致了一系列解构性的现代性后果。为了重塑一种整全性的生存伦理，特别是建构一种"包容性自我"意识，伯基特提出了"社会性自我"的论证框架，其中"社会性自我"意指"我们要想成为具有自身独有特性/身份/认同的个体自我，首先必须参与和他人共在的、由历史和文化塑造而成的世界"。参见〔英〕伊恩·伯基特《社会性自我》，李康译，北京大学出版社，2012，第2页。

[2] 〔法〕让-马克·夸克：《合法性与政治》，佟心平、王远飞译，中央编译出版社，2002，第267页。

质主体间的"价值异识"便成为价值现代性的根本趋势。恰如瓦蒂莫颇具马克思风格的论证所推断的那样,尼采宣布上帝之死后,便不再有任何价值先验地比其他的价值"更具权威",人们可以合法地说,所有价值的"真实本质"都是"交换价值"①。这或许正是对韦伯颇为悲观的祛魅以后的"诸神不合",以及以赛亚·伯林多元价值竞争性在场的"不可公度性"困境的本体论根由更加有力的揭示。在价值自由主义看来,价值多元化可能滋生的烦恼,较之自由民主的成就,实在是微不足道的。因此,信仰自由主义的学者通常视其为"理性多元"(罗尔斯语)或"合理分歧"(拉莫尔语)。问题的关键在于,作为一种不可逆转的历史趋势,随着个体主体性原则僭越对公共秩序和公共福祉冲击的不断强化,当一切贪婪、丑恶的排他性逻辑假借"价值平等"的旗号,大行违背基本人伦价值之事时,当放任的价值个体化为偏狭的"分离主义"逻辑提供隐蔽的学理辩护时,我们能否真如罗素那样坦然地把异质主体间的价值分歧仅仅视为"口味"的不同②。换言之,绝对的价值的"个人至上主义"将把人类社会引向何处?

(二) 价值物役化与虚假共识

作为世俗时代合乎逻辑的必然后果,价值的"物役化"不仅在现代社会的制度实践中,而且在大众文化和民众心灵秩序中有着更加全面、深入和持久的影响力。价值的物役化不仅意味着物质至上主义观念在公共价值秩序中所占比重的扩大,而

---

① 〔意〕詹尼·瓦蒂莫:《现代性的终结》,李建盛译,商务印书馆,2013,第17页。
② 〔英〕罗素:《宗教与科学》,徐奕春、林国夫译,商务印书馆,1982,第127页。

且越来越多的现代人视价值本身为物质财富、经济效益和交换价值的代名词,在经济利益最大化的贪婪中,陷入"拜物教",丧失人性的本真性与生命的整全性。考察"价值物役化"之于"价值共识"的效用,本质在于追问在一个拜物教逻辑盛行的时代"价值性共识"而非"工具性共识"之可能性。也正因此,马克思认为代替那个以"人的依赖"为轴心原则且充斥着普遍匮乏和等级秩序的"旧时代"的,是一个"以物的依赖性为基础的人的独立性"为特征的"新时代"。然而,在马克思看来,这种所谓"新时代"之"新",仅仅体现在其用一种普遍性的"拜物教"逻辑重置了人类的价值根基和价值秩序,使得原本受制于超验伦理与天理秩序的"经商牟利"和"发财致富"等"利己主义"市民德性成为资本现代性的价值"正统"。这就使得反思"物本逻辑"的生存论限度,检视"拜物教"逻辑的多维异化后果,成为马克思哲学革命的核心议题。

康德独特的伦理学主张对于深入理解物役化潜在的道德价值危机有着不可替代的重要性。在西方现代伦理思想史中,康德的义务论伦理学以绝对命令的"严苛性"饱受后世学者的批判,但从检视物本逻辑对价值理性的潜在破坏的意义上审视,"康德问题"恰恰从根本上揭示了现代社会正在遭遇的价值论困境,从而为我们审视当下价值共识的根本困境提供启示。换言之,当我们把价值评价的理据安置在占有型的物质主义原则之上时,在所谓"价值民主"背后,隐藏着的恰恰是"价值"普遍衰微的深层危机。康德一贯坚决地认为,道德价值的理据只可能是"自由意志"本身,那种在"善恶"与"幸福"之间建构起内在关联并以后者证成前者的尝试,虽因契合现代市民植根人性的逐利旨趣而显得更加诱人。但是,这种"诱人性"背后潜藏着瓦解价值自身根基的危险。因为,把道德价值的根基建构在个体的感性"吁求"或快乐"偏好"之上时,看似是为实践理性的唯一客体,即善和恶找到了一种可能更受现代人欢迎的世俗化的道德驱动力(幸福),事实上结果可能会适得其反,甚至当物本幸福被不假思索地接受而成为时代性的主流价值尺度时,"价值"本身将被"趋乐避害"的功利法则所替代,价值的衰微、道德的冷漠乃至人性的丧失将成为不可避免的时代病症。在《实践理性批判》中,康德认为在决定价值判断的理由不能被先天地加以确认的情况下,人的愉快与不快等情感体验将成为价值判断的标尺,其结果是"关于那直接是善的东西的概念就会仅仅针对着那与快乐的感觉直接结合着的东西,而关于那全然是恶的东西的概念则会必然仅仅与那直接引起痛苦的东西相关了"[①]。如此一来,"相信有必要把愉快的情感作为自己的实践评判的基础的哲学家,就会把作为达到快适的手段的东西称之为善的,而把作为不快适和痛苦的原因的东西称之为恶"[②]。最终,如果价值规范的合法来源仅仅是一种诸如快乐或痛苦的情感性功利体验的话,实际上当人们需要做出价值理性判断时,他们看似在不同的善恶标准面前深思熟虑,事实上在康德看来,他们唯一关心的只是何种选择更加契合"趋利避害"原则。其结果必然是"这种善任何时候都将只是有用的东西,而它所对之有用的东西则必定总是外在于意志而处于感觉中的"[③]。在康德看来,我们所寻求的"快乐",本质上并非"善"而是"福",因而它并不是一个"理性"范式

[①] 〔德〕康德:《实践理性批判》,邓晓芒译,人民出版社,2003,第79页。
[②] 〔德〕康德:《实践理性批判》,邓晓芒译,人民出版社,2003,第80页。
[③] 〔德〕康德:《实践理性批判》,邓晓芒译,人民出版社,2003,第80页。

而是一个纯粹"经验性"的概念。正如布伦塔诺指出的,在康德那里,伦理学的命令或道德规则的基础,不是源自"外在意志"的强制,而是一种"本然的优越性"[①]。

把价值理解的稳定根基安放在物质性的感觉对象的做法,无疑表达了一种现代版功利主义的价值取向。泰勒则认为这种被"理性有效"的科学认识论所决定的价值功利主义,是一场十足的现代性"伦理浩劫",因为它从根基处扭曲了现代人的"自我认识"[②]。换言之,当人们把自我认同与自我归属的全部筹码都压在"趋利避害"的工具性考量之上时,价值将因非功利视界的遮蔽而疏离于生命本身,进而日渐衰微。其最终的结局将是生命的"英雄维度"的失落,以及由"变态的和可悲的自我专注"所引起的生活世界的愈益"平庸化和狭隘化"。用拉莫尔的话就是,由物本逻辑驱动的价值功利主义压倒性地偏执于"效率",从而难以唤起人们关于"整体的更大利益"的"忠诚"[③]。

之于马克思,价值的物役化所揭示的便不仅仅是一个时代的实践理性(康德)或精神世界所遭遇的"物质纠缠"(黑格尔),还是一种与"现实的人"的生存与发展高度相关的生存论危机。因为当人们普遍把主导性的伦理信念和制度实践的价值根基建立在"物的依赖"之上,使得"物"本身从"手段"跃升为"目的",成为度量文明与否的终极尺度时,首先出现

[①] 〔德〕弗朗茨·布伦塔诺:《伦理知识的起源》,载冯平主编《现代西方价值哲学经典·心灵主义路向》,北京师范大学出版社,2009,第 32 页。

[②] 〔加〕查尔斯·泰勒:《善的多样性》,载〔印〕阿玛蒂亚·森、〔英〕伯纳姆·威廉姆斯主编《超越功利主义》,梁捷等译,复旦大学出版社,2011,第 137 页。

[③] 〔美〕查尔斯·拉莫尔:《现代性的教训》,刘擎、应奇译,东方出版社,2010,第 248 页。

的便是那些原本固定的、神圣的价值理性原则的消退与被亵渎。正如马克思所指出的,资本现代性用偏执于逐利取向的"交换价值"置换了原本决定人之为人的内在"尊严",并用更加无耻和露骨的剥削替换了原本由宗教-政治幻象所粉饰的剥削[①]。恩格斯同样认为资本现代性使得以"商业交往"为范本的物本逻辑成为个人或国家交往的主导范式,"财产、物升格为世界的统治者"[②]。显然,在马克思的价值叙事中,"物"所指向的既不是空洞的"抽象之物",也不是静态的"自然之物",而是一种严格受"拜物教"逻辑规制的物役化的社会关系。因此,所谓"物的依赖"是"拜物教"逻辑的另一种叙事,其所表达的是资本现代性所固有的物本主义的价值认识论。

从价值的物化到物役化的转换,揭示了价值现代性的一般趋势和内在困境。当这种以"物"视/释"价值"的阐释视界成为大众社会追捧的文化时尚时,在美国学者约翰·格拉夫(John de Graaf)、大卫·瓦恩(David Wann)和托马斯·内勒(Thomas H. Naylor)看来,它已然率先在资本-消费主义文化高度发达的美国社会引发了一种泛化的流行性精神病,即"流行性物欲症"。人们把个人价值的实现寄托在疯狂地获取、占有和消费"物质财富"时,"在渴望卖弄炫耀的刺激下,购物狂潮继续汹涌澎湃。美国人大概是得了一种意志力免疫缺乏综合症,心里想着要拒绝,行动上却恰好相反,购物狂潮的大浪打来,就统统拜倒在它脚下"[③]。他们不无调侃地指出,中世纪人的精神支柱是高耸入云的哥特式大教堂,而在当今"流行

[①] 《马克思恩格斯文集》第 2 卷,人民出版社,2009,第 34 页。
[②] 《马克思恩格斯全集》第 1 卷,人民出版社,2016,第 674 页。
[③] 〔美〕约翰·格拉夫等著《流行性物欲症》,闾佳译,中国人民大学出版社,2006,第 5 页。

性物欲症"的时代文化里,"唯一能和哥特式大教堂比肩的,便是超级购物中心"①。无独有偶,在《生命之爱》一书中,著名精神分析学家弗罗姆(又译弗洛姆)给出了同样的社会病理学诊断。在他看来,现代人对于"天堂"的非宗教叙事同样深受物本逻辑的规制,"他的幻想是一片那里什么都有的巨大商场,他总是有充足的钱可以从那里不仅买到所需的一切,而且还要拥有比邻居还要多的东西"②。这种视"商场"为"天堂"的价值时尚,潜移默化中形塑了一种"占有型"和"囤积性"的商业(市场)人格。弗罗姆认为"占有取向"是西方工业-资本现代性独有的人格特征,其终极旨趣在于对财富与权力的膜拜。在"占有型"生存取向规制的生存方式中,财产、商品乃至货币成为评判自我与他者关系的至上尺度,因而"占有"的生存论强制意义就在于一切事物(包括自我)都必须成为"我的财产"③。

如果价值的私人化意味着共同体公共价值丧失了对私人行动的绝对规制,使得超越私人的公共性价值视界隐而不彰,以至于价值共识由于共享视域的丧失而陷入困局。那么,价值的物役化则是在已然私人化的价值现代性场域中,试图通过更具诱人性的物本价值观的全面引入而形塑异质主体间市场-功利化生存的现代性策略。然而,正如康德所忧虑的那样,物本价值观的僭越使得人们的行动选择主要以对物本效用的工具性算计为旨趣,从而为黑格尔-马克思意义上的"市民社会"的彼

---

① 〔美〕约翰·格拉夫等著《流行性物欲症》,闾佳译,中国人民大学出版社,2006,第6页。
② 〔美〕埃里希·弗罗姆:《生命之爱》,王大鹏译,国际文化出版社,2007,第29页。
③ 〔美〕埃里希·弗罗姆:《生命之爱》,王大鹏译,国际文化出版社,2007,第13页。

此需要与交换秩序提供了世俗依托。换言之，价值物役化内在地彰显了一种符合现代性商品-消费主义文化价值观念气质的共识样态，即以现代人共同的物本价值需要为媒介的价值共识类型。问题就在于，物本逻辑之上的价值共识本质上是非价值或反价值的，特别是从价值的古典超越性意义审视，物本共识用以维系基本合作秩序的媒介仅仅是一种"趋利避害"的工具理性算计，由于利益分化以后现代人的功利诉求存在明显的竞争性，以至于当人们的占有型诉求无法得到普遍满足时，有关共同体抑或共同生存秩序的非工具性共识将难以达成。从寻求共识的基本旨趣在于为现代社会提供一种超功利的合作纽带的意义切入，物本逻辑之上的工具性共识本质上是一种虚假共识，因为这种"共识"虽然在一定狭小范围内能够促成主体间的消极合作，却难以应对更大范围、更深层次的"文明的冲突"。

（三）价值虚无化与共识的无根性

价值共识植根于一种面向共识的价值认识论的在场，然而从价值现代性个体化与物役化逻辑审视，人文理性意义上超功利的价值公共性视野日渐衰微，这种在个体-功利本位面向上视价值为纯粹私人偏见的表达与世俗功利最大化的占有的价值认识论，潜藏着"价值虚无化"的隐忧，进而使得价值现代性的共识诉求陷入无根性困境。有待进一步追问的是，丧失价值理性自觉的价值共识如果不是工具性逻辑在价值世界中的僭越又是什么呢？工具性共识虽在一定程度上能够发挥人际整合的世俗化功能，但是其是否能替代价值性共识之于命运共同体的重要性？在一个拒斥与反抗逻辑占据主导地位的人文价值场域中，价值共识是否可能？如何可能？

价值的虚无化是现代性人文伦理的基本症候，有学者指出所谓虚无主义是后传统社会总体性先验价值秩序崩塌以后产生的现代价值想象,其核心内蕴指向对原本被视为崇高、神圣、庄严的文化价值观念的总体性祛魅化指认①。极端的价值虚无主义表达的是一种绝对的价值拒斥立场,在其视界中一切超个体的神圣价值最终都被判定为虚假的意识形态辩词,因而可以说"以前被认为很崇高、很神圣、很庄严的那些价值,在现代化、世俗化、启蒙文化的背景下,逐渐被认为是虚假的、根基成问题的东西"②。价值虚无主义是启蒙现代性的自反性困境,如果沿用"传统与现代"之间惯常的"断裂论"框架的话,启蒙则通常意味着反传统。启蒙现代性对自由、平等与进步持之以恒的不懈追求以及在个体主体性的新基点上重新安顿现代道德-政治秩序的努力,无不是以破除与传统范式内在关联的非选择性的先在价值秩序为重点的。在启蒙主义的价值视域中,能为现代性所容纳的文明价值秩序一定是而且仅仅是能为现代个体所自由选择的价值秩序,甚至可以说价值在一定意义上以个体自由为合法性理据,没有自由就没有价值,只有一种值得欲求的价值,那就是能为人们所自由选择的价值。当价值以消极自由为前提时,寻求价值共识的努力也必然以如何在异质主体间竞争性的世俗需要之间寻求平衡为重点。面对原子式的竞争性个人主义以自我功利最大化满足与否来界定自由时,异质价值主体间的竞争乃至对抗将成为合乎逻辑的现代性后果。如果人们迈出寻求共识的第一步的前提是自我实利的满足,但基本的生存境况又一再说明那种为众人所一致向往的功利化、欲

---

① 刘森林:《虚无主义的历史流变与当代表现》,《人民论坛·学术前沿》2015年第10期。
② 刘尚明:《现代性的隐忧:价值虚无主义》,《深圳大学学报》(人文社会科学版)2014年第1期。

望化的生存目标是难以实现的。

从反思现代性的一般逻辑审视，康德之所以在道德与幸福之间竖起难以逾越的界碑，其用心之处便在于坚决抵制工具理性在伦理道德领域的全面僭越，谨防由这种僭越引发的价值虚无主义后果，从而捍卫现代性道德的纯粹性。康德以后的西方思想界对欧洲人文危机的诊断实际上并未能脱离或超越"康德问题"，拒斥工具性逻辑对价值理性的置换，抵制由这种置换可能导致的价值虚无化后果，捍卫人文价值理性的合法性与纯粹性是其一以贯之的主题。特别需要指出的是，马克思的资本现代性批判本质上是对以资本-工具化逻辑为至上尺度的多重拜物教逻辑规制下的价值虚无主义的检视。因为在马克思看来，资本现代性的根本性病症集中体现在一种属人的与人属的优良价值理性的制度性缺场所导致的群体迷失与共同体分裂。资本逻辑的全面宰制的现代市民社会本质上是一个阶级对抗日趋激化的竞争性生存场域，对于置身其中的现代市民而言，"经商牟利"与"发财致富"构成其主导性的市民德性，共识之于现代市民首先意味着压倒性的逐利性共识。至于那种从一开始就对自我-功利本位的逐利性共识构成挑战的，以人的自由全面发展为旨归的价值理性共识而言，既显得不合时宜又缺少现实的制度性支撑。马克思正是敏锐地洞察到了上述虚无化的价值事实，因而其在历史唯物主义的新地平上着力建构起一种以人与自然的双重复归为旨趣且面向人的自由全面发展的新价值理性叙事，从而为破除工具理性与价值理性断裂场域中的价值现代性共识危机打开了新的理论视域和现实可能性。

三 "共识的迷失"与"共同体的异化"

规范性意义上的优良价值理性既是人类集体行动的内在动

力，也是构筑共同体基本合作秩序的人文根基，一种可共识性的价值理性的在场是共同体良序演进与共同体成员精神成长的重要资源。启蒙现代性以后，价值的私人化、物役化与虚无化，一方面使异质主体间寻求基本价值共识的努力变得困难重重，另一方面基本价值共识的缺失既加剧了由工具理性僭越所导致的群体迷失，也增加了主体间的竞争与文明间的冲突，使得异质主体间共同生存的愿景陷入迷思。在以欲望-工具-技术经济为载体的共识逻辑中，现代共同体也朝着消费-市场-风险的方向不断异化。最终在价值现代性的"共识迷失"与现代性的"共同体异化"后果中，人类跨主体的共同体型的公共性生存诉求陷入多维复杂的现代性悖反。

（一）占有型共识与消费共同体

进入工业社会以来，人类社会所面临的主要生存性压力不断由"稀缺性压力"向"过剩性压力"转换。建立在技术理性之上的现代大工业秩序能否有效维系，很大程度上取决于被生产出的大量商品最终的命运，即被"消费"还是"堆积"。对于永无止境的工业化大生产而言，"堆积"意味着灾难，意味着工业-资本文明的终结，马克思恩格斯在《共产党宣言》中将这种现代性灾难称为"生产过剩的瘟疫"[①]。正是基于对"过剩性压力"的自觉与抵制，现代性社会的有效运转既取决于一个高效有序的生产性机制，又高度依赖一个自由而旺盛的消费市场。前者的创构通过技术-经济手段的革新加以实现；后者的建立则是一个关涉人性塑培的文化建构问题。当人的生物学需要被满足以后，消费的可持续性就会陷入困境，为了打破基

---

① 《马克思恩格斯文集》第 2 卷，人民出版社，2009，第 37 页。

本生存需要的边界，营造并传递一种消费主义的文化价值时尚，人们把自我理解与自我实现的重心有意识地建立在消费（符号消费）之上，在商品社会与大众传媒共同建构的文化价值场域中，现代社会的共同体生活被规约为一种由欲望化生存取向与消费意志共同主导的消费共同体，置身其中的现代个体被规训、建构和设定为解除道德伦理重负的"理性消费人"。正是在这层意义上，以个体欲望的满足与宣泄为旨趣的占有型共识成为凝聚消费共同体人际团结和基本秩序的重要依托。

对于现代性市场社会的可持续演进而言，唯有把"消费"从传统伦理道德的规制中解放出来，破除"天理"加之于"人欲"的伦理约束，瓦解现代人经由最大限度地占有而实现自我确证的观念性障碍，使得共同体主流文化不再视无节制的欲望化生存与炫耀型消费为有违公共伦理的失范行为，才能为破除生产与消费之间的现代性悖反提供出路。当一个时代的人们普遍认为"消费自由"不仅是现代权利谱系中不可或缺的构成性维度，而且越来越多的人心甘情愿地把生命的价值与存在的意义安放在消费实践，疯狂地吹捧"拜物教"，并将"我消费故我在""我买我幸福"等消费主义价值观视为人生的至上追求时，基于这种"占有型共识"，现代共同体的市场-商品属性越来越凸显，理想共同体被规约为"消费共同体"。在施密特看来，与"消费共同体"对价值所作的合乎个体消费欲望的市场化定向类似，现代性使得一种有关"价值"的"经济化"认知愈益凸显，在一次德国公法学研讨会上发表的题为《价值的僭政》的演讲中，施密特指出，百余年来加速发展的工业-市场化实践，使得德语中的"价值"一词越发从属于经济学的理解，在现代性主流的文化价值观念中，"价值"被赋予更多的商业化、市场化、经济化内涵，最终使"金钱"成为"一切东西普遍的、独自存在的价值",包括人在内的一切事物都丧失了其所固有的内在价值①。

迈克尔·桑德尔在《金钱不能买什么》这本系统反思"市场价值观"僭越所潜隐着的公共性生存焦虑的著作中进一步拓展了施密特的问题。面对当代美国社会泛市场价值观对民众公共生活的普遍侵入,桑德尔感慨当今时代真正进入了一个"市场必胜论的时代",一个任何东西皆可"待价而沽"的时代。市场价值观主宰了现代人的生活,"买卖的逻辑"跃升为大众文化的一般价值原则。人们用"买卖的逻辑"审视和打量我们周围的一切,包括那些本不应该由市场价值观加以评判的对象。对于"买卖者"而言,他们最为关注的莫过于何物可以经由货币为我所用,而这种以占有取向为底层逻辑的市场价值观的僭越,最终可能把现代社会塑造成一个典型的"市场社会"。桑德尔指出,作为一种生活方式,"市场社会"意味着"市场价值观渗透到人类活动的各个方面"②。桑德尔对市场社会的道德审查,一定程度上已经突破了单一的经济学或者哲学的抽象,而是直指占有型共识所带来的生存困境,在他看来市场问题最终关切的仍然是我们能否以及如何"共同生存"的问题。正如桑德尔反复追问的,人们真的意欲生活在一个"所有都待价而沽"的市场-消费共同体中吗?若相反,在我们的日常生活世界,是否存在一种无法由市场-消费逻辑所规制的"道德物品"呢?③除了在经济领域有着明显的表现之外,这种以占有型共识

---

① 〔德〕卡尔·施密特:《政治的神学》,刘宗坤译,上海人民出版社,2014,第227页。
② 〔美〕迈克尔·桑德尔:《金钱不能买什么》,邓正来译,中信出版社,2012,导言第XVIII页。
③ 〔美〕迈克尔·桑德尔:《金钱不能买什么》,邓正来译,中信出版社,2012,第240页。

为基点的消费共同体逻辑在政治领域同样产生了深远的影响。在夸克看来,受其影响现代人把"政治的意义"狭隘地理解为"权力游戏",政治表现为"领导者相对于道德的自治",其最终的观念后果是,政治被理解为对他者的取胜,它并不意欲寻求对"团体秩序"的和解,而是沦为竞争主体基于自我市场-消费利益最大化而展开的充满竞争、博弈乃至对抗的"好战的事业"①。

(二) 工具性共识与风险共同体

"工具性共识"体现的是基于工具理性的共识逻辑,这种共识逻辑是在一个普遍的技术主义时代,在一个经由工具理性不断祛魅的全面世俗化的生境中,对于"价值共识"困境做出的世俗主义式回应。在韦伯看来,"工具理性"是一种典型的现代性行动逻辑,其所表达的是视外在于自我的他者为"实现自己合乎理性所争取和考虑的作为成果的目的"的条件与手段的行动逻辑②。质言之,工具理性是一种为现代社会所普遍共识的"手段/工具驱动型"行为模式,其内在逻辑是以成本与收益间的核算为旨趣的功利化逻辑。韦伯的重要性不仅在于其基于现代性的事实,揭示了西方理性主义传统的二元分裂趋势,更在于其基于这种分裂对西方现代性的内在机理做出了深入透彻的审视。现代性本质上是理性失调的过程,工具理性的凯旋伴随着价值理性的衰落,在合理化的"祛魅"实践中,现代性不仅在文化价值观念层面以实用性、功利性置换了固有的伦理

---

① 〔法〕让-马克·夸克:《合法性与政治》,佟心平、王远飞译,中央编译出版社,2002,第211页。
② 〔德〕马克斯·韦伯:《经济与社会》(上卷),林荣远译,商务印书馆,1997,第56页。

道德规范，而且随着工具理性的制度化实践，特别是在现代市场体制、科层制和官僚体制中，由于价值理性的退出与工具理性的鼓胀，制度现代性散发出惊人的效率崇拜。

　　查尔斯·泰勒进一步拓展了"工具理性"的内涵，认为其所指称的是那种人们"在计算最经济地将手段应用于目的时所凭靠的合理性"①。在"工具理性"的框架内，"最大的效益、最佳的支出收获比率"构成行为"合理性"的评判尺度。在工具理性的逻辑中，要么对那种形而上学意义上的人文价值从一开始就予以坚决拒斥，拒斥的理由当然是其自身无法被精确地"算计"；要么基于工具理性的理由承认"价值"存在的必要性，而这种理由唯一的旨趣服从于"一切的价值都必须能被工具理性所把握、估值和算计"这一本体性先设。随着现代技术经济的高速发展，这种仅仅在"成本与收益"之间谋取功利最大化的市场-技术逻辑普遍侵入日常生活世界，造成了哈贝马斯所说的"系统世界"对"生活世界"的殖民。最终结果是，用工具理性的眼界审视价值本身成为主导性的现代性文化价值观念。吕克·费希更是一针见血地指出，技术世界本质上是一个"出于工具理由彻底放弃决定目的之'目标'的世界"，其代表性的实践特征在于只关心生产、效率和成绩，因而其终极旨趣就是"手段本身的强化"②。如果在古典目的论的伦理秩序中，价值被视为一种实质性的规范性"理念"或"图式"，对事物的发展和人的行为提出一种合伦理的内在要求的话；显然，在工具理性主宰的视界中，为现代人所欲求的合法的

---

① 〔加〕查尔斯·泰勒：《本真性的伦理》，程炼译，上海三联书店，2012，第5页。
② 〔法〕吕克·费希：《什么是好生活》，黄迪娜等译，吉林出版集团有限责任公司，2010，第13页。

"价值",只可能在狭隘的功利主义经济学的意义上被确证,其中"手段"成为价值的理由,目的本身则被悬置,现代世界因此沦为一个"对目标的考虑完全让位于工具本身的世界"①。

对于工具理性座架上的现代人而言,最值得欲求的并非价值理性本身,而是使得"实利"和"势力"最大化的手段或工具,以至于现代社会随处可见、一拍即合的"共识"很大程度上表现为"工具性共识",因其根本未触及择善与惩恶等价值理性本身,使得这种看似审慎的共识往往迷失在拜物教的诱惑之中,呈现出"伪价值共识"或"反价值共识"的真实面貌。正如泰勒所指出的,对于现代性而言,工具理性僭越以及由其所构塑的工具性共识的普遍在场所导致的令人担忧的后果在于,应当由伦理原则来评判的事情,全都被纳入"成本-收益"的工具性框架内考虑;本应用以范导、引领人们日常生活旨向的"独立目的",全都被"产出最大化"的功利-工具性要求所遮蔽②。正是在这层意义上,工具理性原则的僭越往往与现代性独有的群体性迷失内在关联,在工具理性僭越与价值理性衰落的二律背反中,启蒙现代性丧失了对由工具理性推动的进步主义发展实践的合目的性考量,现代性犹如一艘迷失航向的巨轮,随时有触礁与毁灭的风险。作为现代技术经济手段非反思性运用的副产品,现代人进入一种全景式的风险性生存场域,建基于以实用与效益为旨归的工具性共识之上的现代共同体随之异化为深受现代性自反性危机困扰的风险共同体。

---

① 〔法〕吕克·费希:《什么是好生活》,黄迪娜等译,吉林出版集团有限责任公司,2010,第12页。
② 〔加〕查尔斯·泰勒:《本真性的伦理》,程炼译,上海三联书店,2012,第6页。

优良的价值理性表达的是人之安全性生存的美好吁求，因而安全性而非风险性构成评判发展合理性的重要尺度。启蒙现代性以后，面对典范共同体的式微与价值理性的衰落，安全共同体越发远离现代人的日常生活世界，风险共同体以及风险性生存成为丧失价值理性规制的现代性社会的异化生存状态。由于内嵌于现代技术经济逻辑内部的现代性风险所具有的流动性、弥散性与毁灭性，如何有效规制现代风险从一开始就是一个极具生存公共性的难题。换言之，克服现代性风险的自反性，推动现代共同体质态由风险共同体走向安全共同体依赖异质价值主体间的基本生存性共识，没有跨主体性的人类合作与类本体意义上的共在存在论自觉，就没有安全共同体的生长与发育空间。

（三）身份共识与价值观联盟

作为一种社会性存在，人对"身份"有着自觉而执着的追求。"身份"是人之生存意义、生命归属与自我定向的重要来源，其深刻影响着人们在"我是谁"抑或"我们是谁"等自我认同问题上的确当性，同样，由于相同的身份归属存在较为强烈的生存共同感，因而就特定身份共同体内部而言共同的身份对于价值共识的凝聚有着重要的促进作用。一般看来，人所具有的"身份"存在自然身份与社会身份两种主要类型。自然身份是人与生俱来的归属类型，通过肤色、性别、语言、家园、信仰等先在性构成要素加以辨识。由于人从根本上无法决定自己的出身，因而自然身份通常是非选择性的。社会身份是人在持续的社会化过程中后天建构的归属类型，其通常以职业、地位、阶层、趣味等形式显现。总体而言，在前现代社会相对较少的流动性与相对明显的等级秩序中，人的自然身份与社会身份具有较强的稳定性。进入现代社会以后，随着时空界限的打破、社会总体性的跨地域、跨民族、跨信仰交往的增多以及愈益细化的社会分工体系的出现，特别对于流动现代性而言，人的身份表现出较大的流动性、多元性与建构性。人的身份意识的生成与其生存空间的拓展高度关联，在这一持续加剧并扩大的生存性交往中，人的身份归属经历了族裔—部落—种族—民族—国族的演变。从这一基本趋势不难看出，早期人类的族裔、部落与种族更多的是以自然身份为纽结的群体生活类型。而现代社会的民族乃至国族，用安德森的观点更多是建立在持续扩大的生存与交往需要之上的"想象的共同体"。

由于自然身份是与生俱来的，它在人的价值意识的生成中发挥着先在的构成性影响，因而自然身份意识的觉醒依赖历史文化传统的追忆。但是社会身份需要后天基于变化了的和变化着的人类生存需要付出努力而持久的建构，特别是对于全球现代性中的现实个体而言，一种合乎时代生存需要的理想身份必然指向"类身份"。困难在于，一方面，"类身份"是一种有待建构的潜在身份，但是相较于地域身份所先在地共享的丰富历史文化资源来讲，"类身份"的建构并不先在地存有其所需要的共同的历史文化传统；另一方面，"类身份"并不是对"民族-国家"身份的简单延伸，而是从根本上要超越那种偏狭的"民族-国家本位"的身份意识，这种身份超越虽植根日趋全球性的生存事实，但相较于深受原生性特质（语言、肤色、信仰）所规制的地域性身份而言，却存在着诸多挑战与困难。面对人类性生存与地方性居住的悖反，为实现一种彼此尊重、相互包容的全球有机生命共同体的期待，想象、培育并践履一种"类身份"自觉可能是突破人类可持续发展困境的重要出路。

事实经常与理论相违背，受个人主义与民族国家本位观念的规制,现代性的身份意识朝着自我本位的单向度持续强化,鲍曼所谓"风险全球化与政治地方化"的现代性悖反揭示的正是生存空间愈益全球化,身份意识却日益本土化的困境。在一个西方主导的并不平等的国际秩序中,"身份"被看作民族国家内部整合与民族国家之间外部竞争的重要依托,现代竞争从一种经济学意义上的市场-商品竞争,转向一种人类学意义上的身份-归属争夺。正如伊罗生所指出的,围绕"身份"归属,现代社会正在上演一场激烈的世界性"抢人行动",因为地缘现代性普遍认为"这种把人串联起来的大动作,可以改善、确保或扩大每个族群的力量或地盘,并使自己的族群更能免于其他力量的威胁或敌意"[1]。然而现代社会似乎遗忘了对自然身份排他性的崇拜,既与人类全球性生存的根本趋势相违背,也与人类和平性共生的愿景相冲突。在阿马蒂亚·森看来,身份认同不仅是骄傲、愉悦与归属的源泉,同时也是仇恨、冲突与对抗的温床,当前人类身份意识中存在一种根深蒂固的"单一性幻象",这种身份观并不认可现代人在身份归属问题上的开放性与多样性,相反固执地认为"他或她仅仅是某一特殊群体的成员,这个群体给了他或她唯一重要的身份"[2]。正是这种单一身份归类意识的强制,使得人类的总体命运深陷"身份与冲突"的悖谬。身份意识单一性强制之上的价值共识,一定意义上有利于共享身份归属的群体的内群团结,但这种内部共识是以外部对抗为先设的排他性共识,因而在协调群际关系中有着破坏性效应。其中,最为典型的例证是美国主导下的全球"价

---

[1] 〔美〕哈德罗·伊罗生:《群氓之族:群体认同与政治变迁》,邓伯宸译,广西师范大学出版社,2015,第20页。
[2] 〔印〕阿马蒂亚·森:《身份与暴力:命运的幻象》,李风华等译,中国人民大学出版社,2014,第37页。

值观联盟"。

  作为践行"美国优先"原则的价值策略,"价值观联盟"坚持以西方共同价值观为基础,构筑一个对内合作对外排他的伪多边主义框架,凭借这一排他性的政治框架,赋予异质价值观潜在威胁者污名,从而为其掠夺性的国际战略构筑价值合理性理由。究其根本,美国主导的"价值观联盟"的终极旨趣是"构建一个全方位的民主国家联盟以打击竞争对手"[1],从而在强大的技术经济手段威慑下重构契合西方利益最大化的全球经济与政治秩序。这种基于西方身份共识之上的价值联盟体系在持续强化人类身份归属上的西方中心主义的同时,加剧并极化西方与非西方国家间的价值断裂与价值分歧,给人类跨主体的合作秩序带来了根本上的挑战与冲击。

---

[1] 叶成城、王浩:《拜登政府价值观联盟战略初探》,《现代国际关系》2021年第9期。

第三章
多元社会的价值共识困境及其超越限度

人类的目标是多样的,它们并不都是可以公度的,而且它们相互间往往处于永久的敌对状态。假定所有的价值能够用一个尺度来衡量,以致稍加检视便可决定何者为最高,在我看来这违背了我们的人是自由主体的知识,把道德的决定看作是原则上由计算尺就可以完成的事情①。

"多元社会"是一个围绕文化、伦理以及良善生活的多样化而展开的异质性生存场域,但其最鲜明的特质和最根本的标识无疑是价值的多元化,即一个"价值评价体系非单一的社会"②。按照拉莫尔的理解,所谓"多元"首先意指与"一元论"相对立的"关于价值多重来源的学说"③。"多元社会"解

---

① 〔英〕以赛亚·伯林:《自由论》,胡传胜译,译林出版社,2011,第220页。
② 高兆明:《论多元社会的价值整合》,《江海学刊》2001年第5期。
③ 〔美〕查尔斯·拉莫尔:《现代性的教训》,刘擎、应奇译,东方出版社,2010,第171页。

构了一切形而上学式的先在性"价值大叙事"之合法性，否证了存在一种建基于绝对自明性之上的价值等级秩序的正当性，在丧失价值本体论担保的世俗语境中以承认、允诺并确证异质主体在价值、伦理、文化以及良善生活等方面的自由选择权为先设，在持续寻求"价值民主"的过程中不断确证现代个体的价值自治。如果价值多元化的核心旨趣在于促成个体主体性意义上"价值自律"意识的觉醒，显然"多元社会"从一开始就直面"善的私人化"与"规范的公共性"之间难以弥合的结构性张力。在一个申言异质价值平等和主体自由选择的现今时代，公共规范的在场是否意味着对"价值民主"原则的背叛？如果公共规范同样是"多元社会"秩序化持得以可能的必要前提，而作为自由民主实践根本特征的价值多元化无疑对规范之先验合法性构成了挑战。那么在价值多元化的框架内，一种能为自由公民普遍共识的公共规范何以可能、如何可能？亦即在一个各种价值信念竞相冲突的社会里，"如何能够成功地调停各种对立的正义理想，并为一个共同接受的政治秩序提供道德基础？"[①]

一 多元社会的价值共识张力

就其基本的文化价值构成而言，"多元社会"存在难以调和的共识张力。一方面在个体价值自律意义上，"多元社会"以承认价值差异、鼓励价值多元为道德政治建构的第一前提；另一方面在维系异质主体间公共生存秩序与共同体基本合作规范的面向上，"多元社会"又高度依赖最低限度的价值共识。虽然二者都以承认价值多元化为起点，但前者视价值多元为自

[①] 周濂：《现代政治的正当性基础》，生活·读书·新知三联书店，2008，第17页。

由民主社会的根本评判尺度,因此拒斥一切形式的价值整合;后者则希望经由某种合理整合形塑自由民主社会基本合作秩序所必需的最低限度的价值共识。面对多元社会在寻求共识途中存在的两难境遇,价值共识所涉及的核心问题便表现为:如何在个体与共同体、权利与责任、自由与秩序之间重构一种能被多元社会接纳的动态平衡。

(一)"强共识"与"弱共识"

总体而言,由"价值分离"持续扩大所造成的价值多元化彻底改变了现代社会审视价值间性的基本视域,围绕价值共识的旨趣、方式及其范围存在两种基本的价值共识类型,即"强共识"与"弱共识"。从共识旨趣来看,"强共识"追求超越差异的"普遍同意",而"弱共识"是以承认并保护差异为旨归的"有限共识";从价值共识得以可能的方式来看,"强共识"诉诸形而上学式先验论证或外在实力整合,而"弱共识"建基于理性异质主体间自由而审慎的交往、商谈、对话之上;从价值共识的范围来看,"强共识"所吁求的是一种最大限度的整全性共识,而"弱共识"所欲达致的是一种最低限度的重叠性共识。

"强共识"以价值多元为起点,但其以"同一"优于"差异"为基本信念,以追求绝对的同一性或普适的正当性为旨归,它以预先确立某种价值原则的优先性为前提,并经由一种独白式的形而上学先验论证为先在性价值原则的合法性提供辩护。正如何怀宏教授所指出的,"这种共识是一种全面的,不仅包括行为规范,也包括价值与信仰体系,两者并且相当有机地结合为一体的共识"[①]。"强共识"的达致要么诉

[①] 何怀宏:《寻求共识——从〈正义论〉到〈政治自由主义〉》,《读书》1996 年第 6 期。

诸本体式的先验论证，要么诉诸外在的实力整合。但不论选择何种路径，为了追求绝对的同一，"强共识"最终无不是以牺牲或遮蔽差异价值为代价的共识策略，其内在地隐含着排他性的价值等级与不合理的价值排序，进而为文化帝国主义预留了空间。

"弱共识"同样追求必要限度的价值共识，但受价值多元主义的挑战，其视"同一"与"差异"为自由民主实践同等重要的两种价值立场，因而"弱共识"常以承认并容纳价值分歧为特征，是"差别中的一致"（identity-in-difference）。"弱共识"是对"善的私人化"与"规范的公共性"张力的一种理性平衡，其以"最低限度"的价值共识为旨归，既防止因过分强调"共识"（秩序）而压制"差异"（自由），又避免因绝对主张"分歧"而瓦解公共"秩序"。较之"强共识"可能具有的排他性而言，"弱共识"无疑有着更强烈的包容性，这种对异质价值的包容态度既源自价值多元论的直接挑战，又是对价值多元化事实的理性回应。正如萨托利所言，多元论者坚信"多样性和异见都是价值，他们使个人以及他们的政体和社会变得丰富多彩"[1]。因此，"弱共识"的达成并不意味着诸价值主体在特定价值原则上采取的"一致赞同"。相反，也许是基于对更大公共福祉的"让步"，抑或是迫于当前生存性压力的"妥协"，即使在"价值分歧"仍然在场的情况下，通情达理的价值主体仍然能够合乎理性地要么暂时悬置自己的价值判断，要么暂时让渡自己的价值权利，以成全某种公共性的价值共识诉求。

---

[1] 〔美〕乔·萨托利：《民主：多元与宽容》，载刘军宁等编《直接民主与间接民主》，生活·读书·新知三联书店，1998，第53~54页。

（二）价值独断论与价值相对论

具体到价值论领域，价值独断论偏执于"强共识"一极，而价值相对论则滑向"祛共识"的另一极，由此构成了两种看待价值共识的激进立场。

一般而言，"独断"表达的是一种以自我为中心的看待世界的方式。有学者认为作为一种"有缺陷的认知方式"，独断论表达的是一种"理智恶习"①。"独断论者"虽然是一个有着多重称谓的复词，如真理独断论、理性独断论、价值独断论等。但总体而言独断论者皆以"真理垄断者"自居，在他们看来自己已然发现了打开真理大门的钥匙，占有了阐释价值正当性的公理，只要从独断论者所认为正当的价值立场出发并沿着其所预设的价值逻辑演进，就一定能够掌握"绝对真理"。这意味着独断论者往往否认价值叙事的"多元视角"，从根本上解构"对话、商谈和论辩的必要性"②。独断理性主义者认定凡不合乎自己观点的观点都必然是错的，于是无法听取不同的意见，无法承认"他人是我可错立场的潜在批判者"③这样一种开放性的价值立场。

"价值独断论"是独断论在价值论中的表现，其指涉的是那种对自己价值判断所赖以产生的立场及其限度缺乏最低限度自省便断然做出价值判定的价值主张。换言之，在价值独断主义者看来，其所给出的价值判断代表对事物本身的唯一正确的

---

① 王聚：《理解独断》，《社会科学》2022 年第 6 期。
② 卢风：《独断理性主义：对话的障碍与民主的大敌》，《社会科学论坛》2018 年第 2 期。
③ 〔德〕尤尔根·哈贝马斯：《对话伦理学与真理的问题》，沈清楷译，中国人民大学出版社，2005，第 14 页。

理解，其所秉持的基本立场是"我信赖的价值观念乃是宇宙的真理"①。在贺来教授看来，这种唯我独尊的价值独断主义预先设定了三重立场：(1)确信多元异质价值间存在一个决定其他价值原则合法性的终极评判尺度；(2)确信以上述终极价值尺度为根据必然能在多元异质价值间建构起一个等级明晰、尊卑有序的价值秩序；(3)在这一价值等级秩序中，为独断论者所认肯的价值原则被视为拥有超时空的普遍必然性，进而"构成现实生活中人们在一切实践和地点都应该遵循和服膺的思想和行为根据"②。正是基于对上述三重立场的偏执，价值独断主义本质上并不欲求以对话或商谈的方式达成基本的价值共识，而是在非批判性地确认自我本位价值立场之先验正当性的基础上，拒斥任何可能对价值的自我主张构成限制的价值对话与价值商谈。其理论局限集中体现在，独断论者总是诉诸排他性的价值交往方式以强化并坚守自我价值立场的绝对正当性，从而在根本上"无法正视和包容多元化的社会现实"③。

与价值独断论相互对照，价值相对论则以拒斥价值他者的独断论偏执为旨归，进而坚信所谓"价值"都是相对的，不存在康德意义上普遍必然性的价值真理的认识范式。费耶阿本德（Paul Feyerabend）认为，西方思想史中从前苏格拉底时期的诡辩派经由16、17世纪怀疑主义的洗礼直至今天，相对主义作为一个"反对专制的武器"，本质上传递着一种试图"理解文化多样性"的努力④。面对多元社会的生存境遇，一个名副其实

---

① 李德顺：《价值独断主义的终结》，《哲学研究》2017年第2期。
② 贺来：《实践观点与价值独断主义的终结》，《天津社会科学》2019年第6期。
③ 李德顺：《价值独断主义的终结》，《哲学研究》2017年第2期。
④ 〔美〕保罗·费耶阿本德：《告别理性》，陈健、柯哲、曹妍译，江苏人民出版社，2002，第20页。

的相对主义者必须"避免就现实、真理和知识的本质下断言"①。因而,相对主义通过主张"对一个文化是正确的东西无需对另一个也如此"②,即所有的价值原则都源于特定共同体的文化历史传统,因而并不存在具有普遍必然性的价值原则③,而为跨文化理解预留了前提。从列奥·施特劳斯(Leo Strauss)对价值相对论的经典定义来看,价值相对主义同样申言"存在着许许多多永恒不变的有关权利与善的原则,它们相互冲突而其中又没有任何一个能证明自己比别的更加优越"④。价值相对主义坚守"一切都可能是相对的"这样一种态度、立场和观点,宣称并不存在绝对的、确当的、普遍适用的实在、真理和道德标准,所有的价值原则只有当且仅当其契合了具体个人与共同体实际所处的历史时期、文化形态、地理环境以及由这些前置条件所规定的经验、知识、思想、信念或道德时才是有效的⑤。

并非所有的价值相对主义都一概非反思地拒斥普遍价值的可能性,否则"价值相对主义"自身的价值合理性也必将陷入"相对性陷阱"。菲利普·塞尔兹尼克把相对主义区分为"极端的相对主义"与"负责任的相对主义"两种。在塞尔兹尼克看来,前者在对人类精神世界存在必然统一性持坚决否定立场的

---

① 〔美〕保罗·费耶阿本德:《告别理性》,陈健、柯哲、曹妍译,江苏人民出版社,2002,第77页。
② 〔美〕保罗·费耶阿本德:《告别理性》,陈健、柯哲、曹妍译,江苏人民出版社,2002,第85页。
③ Louis P. Pojman, *Ethical Theory: Classical and Contemporary Readings*, Belmont: Wadsworth Publishing Company, 1995, p. 15.
④ 〔美〕列奥·施特劳斯:《自然权利与历史》,彭刚译,生活·读书·新知三联书店,2003,第38页。
⑤ 邸利平、袁祖社:《"相对主义"与"绝对价值"之争》,《人文杂志》2010年第1期。

同时，蔑视一切有关"文化的普遍性"的断言①。可以说，"极端的相对主义"以"拒斥"普遍价值为原则，本质上阐明的是一种为了拒斥而拒斥的去中心化的后现代价值主张。在"极端的相对主义"批判价值独断论排他性的合法性危机时，其自身同样存在滑向另一种解构性的价值独断论的隐忧。既然任何价值都是相对的，那么"极端的相对主义"本身同样是"相对的"。对于后者而言，所谓"负责任"就是主张尊重文化差异不仅是为了被这种文化滋养的人，而且是为了共同的人类文化。其之所以是"负责任"的，恰恰不在于通过反抗价值他者的独断论转而主张价值自我的独断论，而是试图从根本上超越一切价值自我与价值他者之间不合理的"中心-边缘"文化秩序，在价值人类学的意义上审视多元价值之于人类共同体成员的重要性。

（三）价值多元论与"弱共识"

价值独断论对"强共识"的偏执存在着极权主义的隐患，而极端的价值相对论在价值问题上不置可否的立场又隐匿着"祛共识"的后现代解构逻辑。面对独断论与相对论的两难，价值多元论对"弱共识"的寻求成为协同多元社会价值间关系的理想性策略。查尔斯·拉莫尔认为，多元主义内含一种"对世界祛魅的见识"，它抛弃了"在宇宙和谐或上帝天意的世界秩序之中，发现一种终极价值根源的慰藉"，因而多元主义是对"柏拉图式理想"，即对那种坚信存在一个普遍适用的绝对标准，存在一种洞察这一标准的唯一路径，所有关于真理的恰

---

① 〔美〕菲利普·塞尔兹尼克：《社群主义的说服力》，马洪、李清伟译，上海人民出版社，2009年，第76页。

当认识彼此兼容的理想的一种拒斥①。因此,可以说价值多元论的出场不仅改变了人类价值的一般秩序,使价值共识问题的重要性日益凸显,而且它从根本上翻转了现代人审视价值共识的"前视域",使得一种能够容纳异质价值与异域文化的"弱共识"成为价值共识致思的中心。这一转换的可能性始终与闵斯特伯格所揭示的价值现代性困境内在关联,如果异质价值享有追求同等权利的自由,那么便不存在一种作为其他价值本体的"根本价值",所以"我们必须或者放弃它们的统一性,或者认为它们全部都是由一个存在其背后的根本行为推演出来"②。

在乔治·克劳德看来,广义的"价值多元论"一直可以追溯到"亚里士多德的思想和一般的异教的多神教",在马基雅维利(Machiavelli)、蒙田(Montaigne)、休谟(Hume)、维科(Vico)、韦伯(Weber)、奥克肖特(Oakeshott)等现代性思想家那里就已经能寻觅到较为完整的价值多元论表述。尽管如此,克劳德仍然坚持认为只有经由以赛亚·伯林的系统阐发以后,"才有某种哲学家明确地把他们自己称作价值多元论者"③。在伯林的哲学论域中,价值多元主义是"人类困境的永久特征"与"理智上恼人的事实"。一方面,价值多元主义的困境并非仅是由价值分化所造成的多元异质价值并存的困境,其在根本上指涉的是广泛弥散在诸异质价值间日趋扩大的交往实践中难以调和的竞争性与不可公度性困境。伯林曾形象地指出,"狼

---

① 〔美〕查尔斯·拉莫尔:《现代性的教训》,刘擎、应奇译,东方出版社,2010,第171页。
② 〔德〕闵斯特伯格:《形而上学价值》,载冯平主编《现代西方价值哲学经典·先验主义路向》(下),北京师范大学出版社,2009,第632页。
③ 〔英〕乔治·克劳德:《自由主义与价值多元论》,应奇等译,江苏人民出版社,2008,第2页。

的自由往往是羊的末日"①,为着确证某一种"终极价值"的正当性而压制另一种"终极价值"的正当性需要,成为多元社会的构成性特征。威廉·盖尔斯顿(William A. Galston)进一步指出,伯林的价值多元主义本质上是反对"某些价值一劳永逸地优于其他价值的思想"②,不管在什么环境下,性质不同的价值绝不能被以某种价值为中心进行优先性排序,任何所谓"至善"都不可能拥有被全体成员所一致认可的合法的优位权,不存在一种"价值"具有超时空的绝对优先性,那种试图诉诸形而上学一元论的价值整合策略不过是一种关于世界本质的错误观点。价值的多元化与竞争性叠加的根本困境将集中表现为一种公共选择的困境,即"最困难的公共选择不是在善与恶之间的选择,而是在善与善之间的选择"③。面对竞争性的善好,异质主体间何以能达成理性共识?

作为寻求价值共识的认识论背景,价值多元化的在场决定了合理化共识的达成只能是基于理性异质主体间开放对话、理性商谈和讨价还价的结果。正如哈贝马斯所认为的,合理的"共识"要么源于理性的交往性应用,要么源于交往行为一致服从的可批判检验的共同有效性原则,共识只有被认可才能具有规范性功用,而共识要被异质主体所认可,其基础只能是"相互信服"而不是明显由"外界影响或暴力"强制的结果④。这种具有公认效力的共识,是由思想见解存在差异乃至竞争性

---

① 〔英〕以赛亚·伯林:《自由论》,胡传胜译,译林出版社,2011,第38页。
② 〔美〕威廉·盖尔斯顿:《自由多元主义》,佟志德译,江苏人民出版社,2008,第37页。
③ 〔英〕乔治·克劳德:《自由主义与价值多元论》,应奇等译,江苏人民出版社,2008,第6页。
④ 〔德〕尤尔根·哈贝马斯:《交往行为理论》(第一卷),上海人民出版社,2018,第363页。

的异质主体"经历过多次争吵、许多次反对和偶尔的对抗后的结果"①。因此,就此共识可能达致的广度与深度而言,较之价值一元论的"整全性共识",价值多元论所追求的合理的共识本质上是"重叠的"也是"弱的",就其所追求的共识旨趣在于最大限度地包容诸异质价值而言同样是"弱的"。

二 多元社会价值共识困境的超越

20世纪中后期的西方社会深陷由非反思的自由主义实践所造成的个人主义盛行、人际分裂、伦理道德缺失、国家中立性危机和社会公正失序等时代困境。这种现实困境的理论表现在于,多元社会需要一整套既能证成自由民主制度合法性又能兼容异质诉求的可共识性的新价值叙事。为此,以罗尔斯、桑德尔与汉斯·昆为代表的西方学者提出了理性主义、情境主义与世界伦理三种代表性的共识策略,为有效应对西方多元社会和多元世界的价值分歧,形塑一种能为价值多元化事实所兼容的共识模式展开了广泛而深入的研究。

(一) 理性主义与包容性共识的幻象

面对多元社会的价值共识困境,以罗尔斯与哈贝马斯为代表的西方学者在价值多元主义挑战下,通过"理性重构"开启了基于理性主义的"弱共识"(包容性共识)探寻。虽然二者最终所依靠的"理性"类型存在明显的差异,政治自由主义时期的罗尔斯诉诸"公共理性",而交往理论阶段的哈贝马斯则引入了"交往理性"。但就维系自由民主社会基本合作秩序和有效化解晚期

---

① 周濂:《政治社会、多元共同体与幸福生活》,《华东师范大学学报》(哲学社会科学版) 2009 年第 5 期。

资本主义所面临的复杂社会整合危机而言,二者有着为西方民主共同体公共规范提供基于共识的合法性理由的共同诉求。

1. 多元自由主义转向

当通情达理的人们在有关良善生活的模式及其路径选择上必然存在"合理的分歧"被政治自由主义作为一种基本的生存论事实予以承认以后,随之而来的问题是,面对一个终极价值空缺和本体论支离破碎的世界,没有任何的价值原则可以绝对地、一劳永逸地在人类规范性秩序中占据绝对的优先性,那些有着深度分歧的诸价值因为具有同等程度的合理性,以至于我们除了诉诸偏见与独断外,根本无法理性地做出价值判断与价值选择。特别是对于自由主义而言,除了恪守一种"不偏不倚"的中立态度外,任何的价值偏袒都将因背离自由主义普遍权利承诺而引发自由主义自身的合法性危机。

艾伦·沃尔夫(Alan Wolfe)认为,让尽可能多的人拥有关于生活方向的尽可能多的发言权,是自洛克以来就植根于自由主义深层信仰的价值承诺,这一承诺具体表现在对"独立"和"平等"两种价值目标的不懈追求。"独立"意味着自我主张、自我决定的生活是最好的生活,如果这种有关如何生活的"自我决定"对少数人而言是一件好事,那么对多数人来说也应当是好事,自由主义不但应当承认少数人的独立而且要励志为更多人甚至每一个人的独立而努力。无论哪一个社会,一旦其民众丧失了实现其所有才能的机会,或者对那些阻滞其成员才能发展预期的现实不平等不加干预地任由发展,这样的社会无论如何都算不上一个自由社会[①]。人们在良善生活的选择上

[①] 〔美〕艾伦·沃尔夫:《自由主义的未来》,甘会斌等译,译林出版社,2017,第10~11页。

所表现出的多元化，恰好体现了与自由主义式个人的"独立"与"平等"相同的权利主张，自由主义的权力（国家与政府）不应明显地偏袒一方而压制另一方，在竞争性的"善"中保持"中立"或许是自由主义在价值多元主义时代兑现其实质性承诺的最佳途径。甚至如拉莫尔所言，"中立性"本身体现的便是这样一种"道德要求"，即自由主义对中立性的强调意味着"对于找到可以作为合理一致对象的政治联合条件的道德承诺"①。

霍布豪斯（Hobhouse）曾明确指出，自由主义核心任务在于"破坏而不是建设，是去除阻碍人类前进的障碍而不是指出积极的努力方向或制造文明的框架"②。换言之，自由主义并不意欲为人的发展确立起某个绝对至上的目标，而是致力于破除摆在人的自由选择权利面前的障碍。但是，自由主义的这种自我定位，是以"自由"以及"自由"至上的权利叙事被视为理所当然地为现代人所推崇与追求为先设，然而，价值多元主义的到来对上述自由预设提出了根本性的挑战，它甚至要求自由主义者不可能再将"自由"的个人至上主义原则非选择性地确定下来，更不可能把自由主义的合法性建立在某种先验的形而上学之上。相反，当"自由"如同其他价值一样成为现代价值谱系中的一种有待被选择的特殊价值时，自由主义对价值多元主义挑战的应对本质上关涉其自身合法性的再证成。

面对价值多元主义加诸自由主义的合法性挑战，20世纪晚期西方自由主义世界掀起了一场范式转型。其核心问题意识是

---

① 〔美〕查尔斯·拉莫尔：《现代性的教训》，刘擎、应奇译，东方出版社，2010，第137页。
② 〔英〕霍布豪斯：《自由主义》，朱曾汶译，商务印书馆，2019，第7页。

在"合理分歧"永久性在场的价值多元情境中,自由主义如何在自身合法性与优先性之间保持平衡?杰拉德·高斯(Gerald Gaus)认为这预示着自由主义由先验的"启蒙自由主义"向一种认真对待理性多元主义问题的"后启蒙自由主义"的转换①。约翰·格雷(John Gray)曾形象地再现了转型前后自由主义的"两张面孔",他如同罗尔斯一样旗帜鲜明地拒斥蕴含着"原教旨主义霸权"的传统自由主义面孔,而主张用一种能有效回应价值多元论挑战的"权宜之计"的"多元自由主义"回应多元社会的挑战②。当然,在价值多元主义的倒逼下,诸如威廉·盖尔斯敦的"自由多元主义"、乔治·克劳德的"多元论自由主义"等新主张的出现,使得作为一种应对策略的新自由主义面孔之可能性呈现多元化情势。问题永远在于何者能在差异与同一、秩序与自由之间建构起一种新的平衡,以确保自由民主共同体所必需的规范性共识基础。

作为自由主义应对价值多元主义挑战的理论产物,以约翰·罗尔斯为代表的政治自由主义通过将康德-密尔意义上整全性形而上学的自由主义严格限定在民主社会的世俗政治领域的方式确证自由主义的可能性。正是在这种对典范自由主义的"政治性"再理解中,自由主义与价值多元论紧密勾连、彼此交融,形成了种种新自由主义主张。称其为"自由主义"是因为这种世俗化的政治的"自由主义"仍然承继了由霍布斯、洛克等早期自由主义思想家所确立的基本立场和价值旨趣,在权利优先于善的前提下,其仍然把保障个人的自由视为观念建构

---

① 〔美〕杰拉德·高斯:《当代自由主义理论》,张云龙等译,江苏人民出版社,2014,第221页。
② 〔英〕约翰·格雷:《自由主义的两张面孔》,顾爱彬等译,江苏人民出版社,2008,第1页。

的逻辑起点和道德政治构思的价值旨归,它认为自由主义仍然是一种值得捍卫的现代性模式,仍然是可能世界中最值得欲求的一种现代性筹划方案,虽然其本身正面临着价值多元主义的多重挑战。

称其为"政治的",则意味着面对"理性多元化"事实,自由主义的可欲性与合法性必须建立在某种"合理的限制"之上。只有把自由主义的基本论域严格限定在"政治情境"中,悬置整全性学说先在的价值多元化事实,"公共理性"的概念本身才可能成立,一种基于"公共理性"的"政治一致性"与"非政治多元性"间的新平衡秩序才是可能的。正因如此,"政治的"自由主义所追求的兼具可欲性与可能性的价值共识对象仅限于政治价值与政治原则,而排除了对整全性伦理共识的偏执;其所理解的共识目标是包容差异的"重叠共识",而非绝对普遍性的"整全共识"。正如莱斯诺夫所指认的,"政治自由主义"是一种"有限的自由主义",一种"局限于并且只适用于政治领域"的自由主义①。较之以康德和密尔为代表的形而上学的自由主义在"典型的善恶观"上所持的明确立场,罗尔斯的政治自由主义试图避开这些终极(整全)价值的纠缠,把理论的基本视域指向"权利"而非"善恶"。可预见未来"合理分歧"的永恒在场,打破了康德-密尔式普遍主义的形而上学论证策略的先验合法性,迫使自由主义不得不通过对其论域做出合理的限定来重构一种新的合法性。自由主义只有在承认"理性多元化"事实的基础上,扬弃对整全性形而上学的迷恋,放弃对"整全共识"的偏执,转而在世俗的政治领域中,在理性的公共运用、公共政治文化与共同生活方式中寻求一种民主

---

① 〔英〕迈克尔·H. 莱斯诺夫:《二十世纪的政治哲学家》,冯克利译,商务印书馆,2015,第 350 页。

政治共同体所必需的最低限度的"重叠共识",以有效应对价值多元论的挑战。至于政治以外的诸整全性的宗教、道德和哲学学说中存在的多元竞争性问题,政治自由主义应当恪守基本的"中立性"原则,以避免引起和激化整全性学说对政治性价值共识的侵扰。

2. "合理多元主义"与面向共识的差异

作为一种困境,价值多元主义使诸竞争性价值间的选择变得尤为困难,"多元-冲突"成为价值多元主义的理解框架。在罗尔斯看来,诸整全性学说间的分歧与冲突,是一种由特定共同体的历史文化传统所决定的先在性分歧,其本身并非公民自由选择的结果,因此也很难经由通情达理的人们的深思熟虑的再选择加以彻底消解。当然,价值多元主义除了诸整全性学说间的多元异质外,主要还存在五种"判断负担"[①],使得理性的人不能在自己日常的政治生活中正确地、真诚地行使自己的理性能力和判断力,由此造成了"理性的人"之"理性的不一致"悖反。(1)人们关于某事的"证据"(经验的和科学的)可能是冲突着的和复杂的,因而是"难以评估"的;(2)即使在"证据"上持有一般共识的地方,对某事"权重"的分歧也会导致结论上的不一致;(3)所有的概念都是"模糊不清"与"模棱两可"的,以至于人们必须依赖存在差异的自己的判断力和解释予以说明;(4)由于每个人的人生发展过程存在明显的差异,因而由具体人生发展过程所塑造的用以"评价证据"与"权衡价值"的方式存在明显的不同;(5)异质主体对同一个问题的思考侧重点总是存在差异,因而一种针对同一对象的

---

① 〔美〕约翰·罗尔斯:《作为公平的正义》,姚大志译,中国社会科学出版社,2011,第48页。

全面的评价很难被做出。

拉莫尔进一步提出四种可能的价值冲突类型：(1)诸"义务"间的可能冲突，如亲亲相隐与法不避亲；(2)诸"理想"间的可能冲突；(3)诸"整全性的善的观念"间的可能冲突；(4)"道德推理"的不同形式间可能的冲突。这四种冲突范式又体现着四种可能的价值冲突方式：(1)某些承诺（责任）可能存在逻辑上不兼容的情况，以至于不可能同步实施，在这种情况下，我们可能总是应该出于一致性的缘故来修正它们。(2)某些承诺（责任）可能是逻辑上兼容的，却在给定情景中指向不相兼容的指令。(3)对于某些此类冲突，或许没有现成的解决方案，这要么是由于我们还不具备解决它们所需的信息；要么是因为我们有正当的理由认为，对于如何解决这个问题我们不会再发现新的信息。但是无论如何，这两种情况下的价值冲突是真正不可解决的冲突。然而，(4)对于前面提到的那种"逻辑兼容的承诺"之间的冲突，或许有可行的解决办法，即在一个给定的情景中，我们能够将一种价值承诺所指示我们要做的事情，"合理地优先排在"其他价值承诺的命令之上。这种"价值排序"的重点在于"对价值所建议的特定行动过程的排序，而不在于对那些价值本身所做的排序"①。

从罗尔斯到拉莫尔，价值分歧与价值冲突不仅实质性地构成价值多元主义的内在特征，而且多重因素的共同作用使如何在"多元"中寻求一种"理性同一"问题变得更加困难。在费耶阿本德看来，谈到"价值"就是以一个迂回的方式描述一个人想过的生活或认为一个人应该过的生活。现在人们以种种不同的方式规划他们的生活。因此可以想见，"在一种文化中极

---

① 〔美〕查尔斯·拉莫尔：《现代性的教训》，刘擎、应奇译，东方出版社，2010，第172~173页。

为正常的行为却在另一种文化中遭受拒斥和谴责"①。他认为存在三种处理"价值之间张力"的方法，即"权力""理论"和冲突群体间的"开放与交流"。"权力方式"可谓"简单而普遍"，在那里"不存在争论，也不试图加以理解"，唯一被奉为典范的策略便是"拥有权力一方的生活方式强加它的规则并且消除异己的行为"②。"理论方法"更加"注重理解"，却是"自以为是、无知、浅薄、不完全和虚伪的"调节方式。说其是"自以为是"的，是因为这种方式"想当然地以为"只有知识分子才有值得一做的观念，以及唯有对和谐世界的阻碍才是他们的派系纷争；说其是"无知的"，是因为这种方式忽视和遮蔽了通过西方的虚伪行为取代第三世界国家的生态上合理的与精神上满足的生活方式的自足性所导致的诸如饥饿、人口过剩与精神腐败等后果。费耶阿本德进一步指出，理论方法以"贫乏和抽象的概念"取代了观念、洞察力、行为、态度和姿态的丰富和复杂性，使自身的"肤浅达到令人惊异的程度"。作为最后一种可能的解决价值冲突的方法，"冲突群体间的开放与交流"以承认"每个传统都可能对个人的和作为整体的社会的福利做出贡献"③ 为前提，为了使这一前提最大限度地实现，自由和民主的社会应给予所有传统以平等的机会。然而，这种可能策略中又夹杂着价值相对主义的隐忧。

总体来看，当罗尔斯用"理性多元化"、拉莫尔用"合理分歧"来指涉价值多元主义时，他们并非如费耶阿本德那样主

---

① 〔美〕保罗·费耶阿本德：《告别理性》，陈健、柯哲、曹妍译，江苏人民出版社，2002，第24页。
② 〔美〕保罗·费耶阿本德：《告别理性》，陈健、柯哲、曹妍译，江苏人民出版社，2002，第25页。
③ 〔美〕保罗·费耶阿本德：《告别理性》，陈健、柯哲、曹妍译，江苏人民出版社，2002，第36页。

张一种可能潜藏着"相对主义"风险的"价值民主"的立场,而是预示着能为政治自由主义所容纳的价值多元论只能是一种"合理的"(reasonable)多元论。所谓"合理的"意味着不能仅仅把"多元论"理解成"完备学说"的多元化,一种合理的多元论要求诸完备学说"对别人的学说持宽容的态度,愿意与持别家学说的人们作为平等者进行公平合作"[1]。换言之,"合理的多元化"赋予诸整全性学说一种规范性要求,在预先将价值多元主义确证为民主实践合乎逻辑的必然后果以后,"合理的"意味着它们在看待多元差异时应当持有一种"面向共识"的开放与宽容的品格,而不能利用多元-分歧强化一种封闭的、排他的和压迫性的文化立场。这就意味着政治自由主义所承认的多元并非一切多元,而仅仅是立足差异但面向共识的合乎理性期待的多元。只要诸整全性学说具有了这种跨文化意义上的开放品质与合作意愿,即使两种或两种以上的整全性学说就其内在价值立场或论证理由而言可能先在地冲突,但在"合理的"品质的范导下它们愿意以一种开放的心态来看待彼此的殊异,这种"愿意"本身为即使是最低限度的"重叠共识"开辟了可能。正如论者所认为的,当人们放弃了对"真理性政治知识"的狂热,转而寻求主体间的共识时,这一转向恰恰体现了一种意欲倾听与理解他者并对自我观点的可错性持有自觉意识的"积极的公民意识"和"良好的公民品德",因而这一转向从根本上阐扬了一种基于彼此宽容、相互尊重之上的和平共处的期待[2]。当然,这种期待对于自由政治实践而言,意味着政

---

[1] 童世骏:《关于"重叠共识"的"重叠共识"》,《中国社会科学》2008年第6期。
[2] 段元秀:《西方政治思想中的共识理论研究》,博士学位论文,天津师范大学,2015,第96页。

治权力必须以"不偏不倚"的中立态度来承认并容纳诸合理的整全性学说的合法性,这既是对"合理的多元化"事实的尊重,也是对自由主义普遍权利承诺的兑现。

3. 公共理性与重叠共识

整全性学说并非纯粹观念性的虚构,整全性学说之于政治性正义共识的重要性,在于它为作为政治共同体成员的理性公民的人格养成提供构成性的文化背景。这意味着整全性学说总是一定公民群体的学说,加诸整全性学说之上的"合理的"限制,即要求诸学说保持一种面向合作的开放与包容品格,实际上与其说这种限制针对的是整全性学说,毋宁说其本质上最终指向的是生活在特定整全性学说内部的现实的人,是加之于人之上的一种人性规范。罗尔斯确信这必将是一种"所有人都可能提出的要求"[1],因为有关作为公平的正义的共识,本质上是存在于不同整全性学说当中的异质主体间的共识。在罗尔斯看来,这种理想的人应当是处在社会合作秩序之中并能为更好地参与社会合作做出贡献的人。这样的人分有"两种道德能力",即"正义感"(sense of justice)与"善观念"(conception of the good)。前者是理解、应用和践行规定社会合作公平条款的政治正义原则的能力;后者是拥有、修正和合理地追求善观念的能力。罗尔斯认为这种"理想公民"属于一种政治的观念,而不是形而上学的或心理学的。这种有关人的政治自由主义式设计,主张从作为民主社会构成背景的公共政治文化基本政治文献以及对这些基本政治文献的阐释传统出发,理解和把握理想公民的范式。

有了这种对典范公民人格的政治自由主义定向以后,当正

---

[1] 〔美〕约翰·罗尔斯:《政治自由主义》,万俊人译,译林出版社,2011,第56页。

义共识摆脱整全性学说先在性的分歧与冲突,进而指向理性公民判断间的分歧与冲突时,"正义共识"的达致又将面对另外一种两难处境。一方面,就我们是"理性的和合理的"而言,人们的所有判断都有某种"内在道理",因而各自都有相应的合法性。另一方面,作为有限性的存在者,这种竞争性的"内在道理"常常是彼此"矛盾的"和相互"冲突的"。这就使得问题进一步表现为:如果要想实现在政治正义问题上达成理性的一致这个实践目标,这种判断中的一部分最终必须被修改、悬置或撤销。换言之,"合理的多元化"事实解构了一切独断论式的自我确信,使得理性公民在看待自我判断与他者判断时必然同样持有一种容纳进一步讨论与修正的开放态度,"重叠共识"恰恰是持续不断的"反思平衡"的产物。

罗尔斯区分了两种通往正义共识的"反思平衡"。在"狭义的反思平衡"(narrow reflective equilibrium)中,在达成基本共识的意义上有关正义的普遍信念与特殊判断之间要始终保持一致,就必然要以对共识主体"原初判断"持有面向共识的可修正立场为前提,但是由于这种"修正"并不指向共识主体"原初判断"以外但作为"原初判断"构成背景的其他正义观念以及与之相连的"论证力量",所以从主体看待"修正"的视域来看,其对"修正"本身所持的基于自我"原初判断"的限定体现的是一种"有限开放"的态度,这种态度便决定了狭义的反思平衡所意欲达到的共识,只能是基于个人原初判断的有限共识。显然,罗尔斯对于正义共识的寻求并不仅仅是以个体原初判断为旨趣,还要为自由社会的基本合作秩序提供公共理由。为此,罗尔斯提出了第二种"广义的反思平衡"(wide reflective equilibrium),这种反思平衡从一开始就把视域扩大到个人原初判断以外,"广义的反思平衡"是在充分考量包含在整全性学说中的政治正义观念的基础上所形成的有关正义的"普遍信念"与"特殊判断"之间的一致性,这种平衡的达成有赖"公共理性"的介入。

根据杰拉德·高斯的分析,"公共理性"表达的是自由主义的一种传统信仰,即坚信理性的力量既是"共同的"也是"普遍的",对理性的公共运用能够确保异质主体走向合作与团结,这种观念经由17、18世纪的科学研究逐渐成为一种启蒙共识。人们普遍认为(1)存在一种普遍适用于每个人的"相同真理",(2)"理性"是一种人所共有的"能力",以及(3)合理论证所服从的一般规范是"共同的"。据此,人们申言理性的公共运用使得对于世界的正确推理必然产生相同的结论。换言之,对于某人来说为真的前提P,对其他所有人来说都必然为真,"一个人推理的真与有效性结果因此对所有人都必然为真或者有效"[1]。当这种由共同理性推出普遍结论的方法论原则被引入道德价值论证时,由于正确的推理对于所有人来说都是相同的,因此"得到合理论证的道德信仰对每个人来说都是相同的"[2]。如果人们拒绝遵循这种普遍描述,其结果是"我们将面临失去理解主题和重要事情的危险"[3]。然而,经历了欧洲远洋航行与异质文化发现、科技哲学以及多元主义的系统挑战,当代自由主义已然放弃了这种具有强势普遍主义的"公共理性"认知。转而越发认为人类理性的自由训练同样会引导我们走向"争执",而非走向"共识"。但与此同时,当代自由主义又确

---

[1] 〔美〕杰拉德·高斯:《当代自由主义理论》,张云龙等译,江苏人民出版社,2014,第7页。
[2] 〔美〕杰拉德·高斯:《当代自由主义理论》,张云龙等译,江苏人民出版社,2014,第8~9页。
[3] 〔美〕杰拉德·高斯:《当代自由主义理论》,张云龙等译,江苏人民出版社,2014,第10页。

信人们能够恰当地处理理性的"分歧",因为"共同的理性会引导我们在自由主义的政治原则与政府上达成一致"①。

就"公共理性"作为一种加诸人性的规范性原则而言,罗尔斯仍然相信一种超越私人或社群的公共理性的在场,将引导异质主体就政治正义原则达成"重叠共识"。在罗尔斯那里,"公共理性"主要指一种公共政治理性,是一种在看待与民主政体的本质彼此相容的整全性学说上坚持"中立性"的公共的政治推理和论证方式②。与私人的和团体的非公共理性不同,公共理性是理想公民为促进公益所应当具备的基本品格,其核心旨趣在于"生成公共生活的基本规则与关于社会基本结构的正当性共识"③。如果说"理性多元化"是罗尔斯加诸各整全性学说的一种面向共识的规范性要求的话,显然,"公共理性"则是其加诸政治共同体成员的一种自觉的人性规范理想,即一种依据他者同样有理据认同的正义原则处理政治事务的理想④。这种民主的公民理想既要求普通公民意欲倾听他者的立场,并对自我原初判断持有自觉的可修正性原则;也要求普通公民以"立法者"的身份自觉关心、关注、追问有关公共政治的合法性基础。由"普通人"向"立法者"的身份转换,体现的正是基于公共理性的一种人性规范。当然,在罗尔斯这里公共理性加诸人的规范性要求,不是康德意义上的形而上学式的人性论预设,而是一种政治性的人性规定。这种人性规范对于破解"理性的人"与"理性的不一致"的共识悖反有着重要的现实意义。

---

① 〔美〕杰拉德·高斯:《当代自由主义理论》,张云龙等译,江苏人民出版社,2014,第24页。
② 〔美〕约翰·罗尔斯:《政治自由主义》,万俊人译,译林出版社,2011,第409页。
③ 李海青:《理想的公共生活如何可能》,《伦理学研究》2008年第3期。
④ 姚大志:《公共理性与合法性》,《江苏行政学院学报》2010年第2期。

理性多元化的事实瓦解了基于一种普遍主义的形而上学的强共识策略,转而在秩序良好的社会里寻求一种能被所有公民视为理性的"重叠共识"。罗尔斯说"重叠共识"是指一种政治的正义原则能为各种理性的却又对立着的整全性学说所支持的正义原则①。"公共理性"改变了诸整全性学说的拥护者的私人性偏执,使得"重叠共识"具有了可能性。童世骏教授从三个方面梳理了这种立基于"公共理性"之上的"重叠共识"之理论特质:首先,"重叠共识"表达的是一种看待"分歧"的理性态度,它指明观点彼此竞争的人们皆意欲以合理的态度看待分歧;其次,"重叠共识"是一种面向共识的规范,即人们在承认价值方面必然存有分歧的同时,坚信经由"面向共识"的开放性努力,在基本规范方面能够达成一种可被异质价值主体认可与遵循的共同规范;最后,"重叠共识"体现为一种"视域融合",即当下持有竞争性价值立场的异质主体在追求秩序良好的生存环境问题上经由平等的交往达成的"视域融合"②。

4. "包容性共识"的限度

从一定意义上讲,"包容他者"对自由理性主义的共识观构成了重大挑战。说到底,如何看待他者也就是如何看待多元与差异,如果所有的多元都值得被包容,公共性的秩序与公正的理由将不复存在。然而,为了追求公共秩序,即使是对最低限度的价值共识的寻求与证成,也必然涉及价值整合,即对价值他者提出相应的公共性规范要求。但是在自由至上主义者眼中,价值整合就意味着价值涵化,意味着没有对价值他者的权

---

① 〔美〕约翰·罗尔斯:《作为公平的正义》,姚大志译,中国社会科学出版社,2011,第44页。
② 童世骏:《关于"重叠共识"的"重叠共识"》,《中国社会科学》2008年第6期。

利予以同等尊重，意味着自由主义的背信弃义。在差异与共识之间，多元社会的价值共识陷入困境。以罗尔斯为代表的政治自由主义以多元社会的事实为前提，通过抽象理性主义的方法在公共理性的意义上证成了一种有关政治性正义价值的"重叠共识"的可能性。"重叠"就意味着"包容"，"共识"则是"包容"的限度，换言之，包容价值他者的最终目的并不是激化差异，而是在确保差异不被强制整合的前提下立足差异而寻求政治领域"有限一致"或"重叠共识"。可以说政治自由主义的"重叠共识"方案对看待和处理西方多元社会的价值共识困境有很大的启示意义。

问题在于可被包容的"价值他者"是谁？包容他者的限度何在？真正的包容何以可能？在这一问题上，金里卡讲得很清楚："功利主义者、自由主义的平等主义者以及自由至上主义者也许就正义的内容存在着分歧，但他们似乎都认为，由自己所偏爱的那种理论所提供的标准，是每一个社会都应该遵守的。"① 这就意味着异质价值主体只有在"接受"或者"并不直接反对"政治自由主义有关正义的基本预设的情况下才具有可包容性，例如罗尔斯反复强调"重叠共识"仅适用于"理性多元化"事实。按照罗尔斯的解释，一种多元化是否理性，取决于其看待"价值他者"时是否预期一种开放、宽容、合作、平等的取向。这显然仅仅是一种抽象的理性主义规定，现实价值世界的分歧与冲突之难以调和性并不仅仅是"应然性"的，而更是"实然性"的。

在价值多元主义（理性多元化）的重压之下，约翰·罗尔斯对"正义共识"的论证经历了由康德-密尔式形而上学所追

---

① 〔加〕威尔·金里卡：《当代政治哲学》，刘莘译，上海译文出版社，2015，第 268 页。

求的"整全共识"转向了基于"公共理性"的"重叠共识"。然而,罗尔斯对"正义共识"所做的政治自由主义式论证仍然是一种康德式的共和主义,仍旧处于西方理性法的传统之中,其对普遍有效性一以贯之的智性迷恋,决定了基于理性主义路轨的包容性共识必然沦为乌托邦幻象,也由此招来如以艾丽斯·M.杨(Iris Marion Young)为代表的"差异政治"和以卡罗尔·帕特曼(Carole Pateman)为代表的女性主义的挑战。哈贝马斯更是直接指出,罗尔斯未在"正当性论证"与"可接受性"之间做出足够明晰的区分,以至于"他似乎在追求其正义概念的中立性地位的同时放弃了这一概念对有效性的要求"①,罗尔斯的论证"缺少一个公共的道德视角、混淆了可接受性与实际接受的区别,以及误解了道德真理"②。

(二)情境主义与排他性共识的隐忧

如果说围绕作为公平的正义原则的可共识性问题所产生的来自自由-理性主义传统内部的批判,不过是以共享价值个人主义先设的自由主义"家族内部之争",那么以桑德尔、麦金泰尔和沃尔泽等为代表的社群主义者则将批判矛头直指新自由主义的立论之基。面对新自由主义在价值主体方面始终持守的"无羁绊的自我"立场所诱发的"善的私人化"对"规范的公共性"的冲击,社群主义通过强化"共同体"在价值现代性观念生成中所发挥的"构成性"功能,提出了一种基于"共同体

---

① 〔德〕J.哈贝马斯:《评罗尔斯的〈政治自由主义〉》,江绪林译,《哲学译丛》2001年第4期。
② 赵祥禄:《论哈贝马斯与罗尔斯对公共理性的争论》,《山西师大学报》(社会科学版)2007年第5期。

的共识"① 的情境主义共识范式,即通过确证价值的情境特殊性与社群构成性重构价值共识的本体视域。

1. "无羁绊的自我"与"善的私人化"

"任何一种价值观形态无不与人相关,要么就是人(以个人为主体)的价值观,要么就是由人的活动所引发而又为着人的。"② 思想史上有关价值主观性与客观性的争论,本质上是由价值范式鲜明的人学特质所引发的。作为人的自由意志的绽现,价值有别于事实的关键在于,其所意欲表达的始终是人的期待、人的困惑以及人的超越性诉求。正如韦伯所指出的,价值给予人们行动与意志以基本方向,丧失价值,人们便不复意欲和行动③。可以说,思想史中所谓"价值"皆因"人"而立,又因"人"而陷入纷争。究其根本,人文科学意义上的价值论是一种严肃的人学理论。不论新自由主义的价值论还是社群主义的价值论,其根本殊异无疑是两种竞争性人学立场间的对立。而不同的人学立论决定了各自在寻求共识时所诉诸的理路的不同。

政治自由主义阶段的罗尔斯虽然放弃了康德形而上学式的方法论范式,但其并未舍弃理性主义抽象人性论的人学立场,对人之本性作出一种先验设定无疑是"重叠共识"得以可能的立论前提。当罗尔斯赋予"理性人"以"有理性的和相互冷淡的"自由理性人形象时④,也就为其"作为公平的正义"之可

---

① 〔加〕威尔·金里卡:《当代政治哲学》,刘莘译,上海译文出版社,2015,第 268 页。
② 晏辉:《现代性语境下的价值与价值观》,北京师范大学出版社,2009,第 18 页。
③ 〔德〕马克斯·韦伯:《社会科学方法论》,韩水法译,中央编译出版社,1999,译者序第 8 页.
④ 〔美〕约翰·罗尔斯:《正义论》,何怀宏等译,中国社会科学出版社,2016,第 13 页。

共识性奠定了坚实的先验人性论基础。然而，正如内格尔所指出的，罗尔斯的理性价值主体预设"带有强烈的个人主义偏见"，在最理想的情况下，这种个人主义的观念仅仅希望个人不受阻碍地追求自己的目的①。桑德尔则称其为"无羁绊的自我"（unencumbered self），即一种"不受家庭、宗教、传统和环境的约束，能够毫无牵挂地作出决定"的人②。其正因是"无羁绊的"所以是"自由自主的"，而且从受害于共同体的羁绊到无所羁绊被视为人类个体实现自治的文明史事件，问题的关键在于，这种无羁绊的自我究竟是不是一个合格的"价值性自我"？罗尔斯给出的答案是肯定的。因为所谓"无羁绊"所表达的主要是对"未经审视"的历史文化传统先验性地加之于人性的伦理道德羁绊的消解，是对构成性共同体在价值观念习得上牢不可破的先在性影响的祛魅。罗尔斯坚信只要理性人的自由意志不受偶然因素限制，即使在"无知之幕"背后人们依然能合理性地就正义价值作出指向共识的选择。相反，麦金泰尔则对这种理性乐观主义持怀疑态度，在他看来价值问题上理性是缄默不语的，因而各种彼此竞争的价值之间的所表现出的分歧与冲突"不可能合乎理性地得到解决"③。

麦金泰尔进一步指出，这种缺乏任何非个人的客观价值评价标准、缺乏任何终极标准的"情感主义的自我"并不具有任何必然的社会身份，因而这种想象中的人可以在任何角色、观点中驰骋，"可以扮演任何角色、采纳任何观点，因为它本身

---

① Thomas Negel, "Rawls on Justice", in Norman Daniels, ed., *Reading Rawls*, Stanford, CA: Stanford University Press, 1989, pp. 9-10.
② 姚大志：《正义与善：社群主义研究》，人民出版社，2014，第 209 页。
③ 〔美〕阿拉斯戴尔·麦金太尔：《追寻美德：道德理论研究》，宋继杰译，译林出版社，2011，第 32 页。

什么也不是、什么目的也没有"①。他们不但视所有的价值判断为纯粹私人性的"偏好""态度"与"情感"的表达,而且从根本上拒斥"任何宣称客观的、非个人的道德标准",以至于在"情感主义的自我"的视界中,并不存在一种合理的方法使得异质主体在道德判断中达成共识,相反,道德判断只能诉诸对异质主体的情感与态度的非理性影响来确证自身的合法性,道德判断无关真假。当理想价值主体被还原为"无羁绊的自我"与"情感主义的自我",价值被理解为纯粹个人私欲的表达时,整个西方现代道德哲学则面临一场深刻的挑战,即由"善的私人化"(The Privatization of Good)所带来的挑战。"由于现代道德哲学把善理解为欲望或偏好的满足,而欲望或偏好又是因人而异的,所以在'什么是善'的问题上,人们之间充满了分歧,而且这种分歧是无法消除的。"② 当代道德论辩甚至一切评价性的论辩,最终都将且始终必将陷入"合理地无休无止"的分歧之中。

"理性多元化"与"合理分歧"的事实,使得多元社会放弃了以强制整合为策略的"强共识",转而追求一种能够容纳差异的包容性"弱共识"。然而,即使是最低限度的"弱共识"仍然依赖最低限度的公共价值理性的维系,"善的私人化"则将价值公共视域出场的可能性建立在极具偶然性的"趣味相投"之上,从而对罗尔斯普遍主义人性论之上的共识范式构成了挑战。

2. "构成性共同体"与价值情境主义

如果说使得"善的私人化"极具必然性的部分原因在于人们把理想价值主体的资质赋予"无羁绊的自我",并以情感主

---

① 〔美〕阿拉斯戴尔·麦金太尔:《追寻美德:道德理论研究》,宋继杰译,译林出版社,2011,第40页。
② 姚大志:《正义与善:社群主义研究》,人民出版社,2014,第209页。

义价值论为基础将价值简化为私人性偏好与欲求的表达,从而为价值分歧与价值冲突的永恒在场埋下伏笔。那么,要有效克服"善的私人化"带来的共识困境,就既需要提出一种替代性的价值主体观,进而在新价值主体基点上重新界定价值本身;又需要证成一种"共享的善"或"可共享的善",以克服"善的私人化"困局。前者涉及整全性自我的定向问题,后者涉及合理化价值视界的塑造问题,而上述双重任务都是在批判自由主义相关主题的基础上完成的。

贝尔指出:"自由主义学说膜拜一种理想化自在的主体,这个主体可以与历史和随之而来的特性与价值观相脱离。"[①] 私人在有关善的问题上所享有的优先性是自由主义式自治性主体逻辑在价值论中的再现。这种自治、自律、自我决定的主体观的摹本是康德的"超验的主体",即那种无法用经验认识且只存在于理智世界的超验主体。由于这种"主体"是不受经验性的任意与偶然纠缠的纯粹观念设定,因而它才能作为一种自由人的典范发挥引领共识的作用。当罗尔斯引入"原初状态"与"无知之幕"为"作为平等的正义"二原则的可共识性构筑理想的出场背景时,其所试图实现的主要论证目的,就是把人从经验性的规制中解放出来,成为一种"先验的主体",以确保最终被遴选出的正义原则的普遍共识性。由"经验人"向"先验人"的转换,同时也是一种价值认识论转换。它通过祛除人之经验性而确证其先验性成功翻转了个体与共同体、存在与价值之间的传统关系,进而确立了"存在先于价值"的现代性立场。自由主义反对那种认为人的善观念是由共同体先在地塑造的传统观点,而声言自由个体在有关"良善生活"上不容侵犯

---

① 〔美〕丹尼尔·贝尔:《社群主义及其批评者》,李琨译,生活·读书·新知三联书店,2002,第7页。

的自由选择权。即使共同体型生存是人无法摆脱的生存论事实,自由个体也不认为植根共同体历史传统中的先在性价值智识对"自由人"的构成性影响就是永恒正当的,进而不认为共同体之于个体价值观念的构成性是值得欲求的,甚至共同体自身的合法性仅仅是确证个体价值自治的工具合法性。在卡洪看来,正是"思维主体"与"对象性世界"之间的断裂,为哈贝马斯所指认的以"超验的萎缩"为特质的后形而上学的价值私人化提供了土壤,丧失了由先验实践理性所确立的基本道德法则,把"理性"仅仅理解成"个人意识属性"时,价值将被还原为现象域中的"物质对象性",而这种还原意味着"价值目标只能被设想为纯粹个人的,而因此不必接受理性的讨论、组织化,或者批评"[1]。不论是"强共识"还是"弱共识"的达成,能被多元社会所接纳的价值共识策略,无一不是以承认异质价值间的沟通、对话和协商为前提的,而放任的价值私人化在自我本位上对自我价值优先性所采取的排他性迷恋,不断挤压着价值对话的可能空间。以至于拉莫尔认为,"一些价值虽然不可公度却可比较"应当成为一种开放的价值立场并为多元社会的理性公民所坚信[2]。

在桑德尔看来自由主义所理解的这种价值主体,在不涉及价值问题本身的前提下,仅仅依靠作为自决个体能力的抽象理性是断然无法做出合理的价值判断,当然也就无从谈及有关"价值"的可共识性问题。为此,桑德尔主张正义原则应当植根于构成性的共同体历史文化传统中形成的"共同信奉"或

---

[1] 〔美〕劳伦斯·E.卡洪:《现代性的困境:哲学、文化与反文化》,王志宏译,商务印书馆,2008,第128页。
[2] 〔美〕查尔斯·拉莫尔:《现代性的教训》,刘擎、应奇译,东方出版社,2010,第174页。

"广泛分享"的价值中,不仅一种价值的优先性取决于其"隐含在传统或共同体的共享理解之中",而且,"权利的正当性依赖于它们所服务的那些目的的道德重要性"[①]。桑德尔列举了"保护宗教自由"的例子,他认为如果以"权利优先"这种空洞的自由至上主义先设为尺度考察宗教自由保护行为的合法性时,人们会遮蔽其深层价值意蕴。由于宗教信仰会产生"值得人们推崇和欣赏的存在与行为方式",进而由于这些存在与行为方式(1)"本身令人钦佩",(2)是"好公民的必备品质",因此宗教自由应当被保护。而自由主义式先验主体在这一问题上的局限在于,他们与共同体的构成性关联被打断,以至于他们根本不具备评价"钦佩""品质"与"好公民"的既有尺度。在《公正:该如何做是好?》一书中,桑德尔对罗尔斯"完美契约"的"道德局限"做出了同样的批评。在桑德尔看来,要使"原初契约"成为正义共识的立论根基就首先必须保证契约自身的道德正当性,即"他们所达成的契约是否公平"[②],但这无疑需要缔约双方事先具有独立于契约本身的价值评判能力,问题在于这些"与公平有关的独立的标准"从何而来?

自由主义者可能会否认寻求共识的双方事先必须就某种价值持有立场的可欲性,因为这种非选择的先在立场可能潜在地包含价值规制,在最好的情况下它以牺牲个体价值自律为代价换取共识;在最坏的情况下它可能会使异质价值间的对话与沟通显得多余。社群主义者则通过确立共同体(善)之于个体(权利)的优先性来捍卫共同体之于个体价值生成

---

① 〔美〕迈克尔·桑德尔:《自由主义与正义的局限》,万俊人等译,译林出版社,2011,第3~4页。
② 〔美〕迈克尔·桑德尔:《公正:该如何做是好?》,朱慧玲译,中信出版社,2012,第169页。

的构成性作用。用赫勒的观点来说,"人们并不追求人类、民主(如果已经有民主的话)或文化这些价值本身。但一个人对与价值相关的目标的选择可以受到人类、文化或民主这些普遍价值的规范"[1]。一切的价值评价都植根并依赖共同体及其历史文化传统,否定了共同体之于价值判断的构成性,人将因丧失评价某种价值之合理性的基本能力而在价值的世界寸步难行。因此,正如金里卡所指出的,在社群主义者看来,所谓"价值共识"本质上是"共同体的共识"[2],即基于对共同体历史文化传统的共同理解以及由其所塑造的共同理解的视域融合。这里就提出了一种应对普遍主义价值论挑战的情境主义价值论。在价值情境主义的视域中,正义不过是一种人们依据情境"人为建构和解释的东西",据此宣称存在唯一通往正义途径的做法是可疑的。如果存在一种合理的价值共识,也不可能是罗尔斯意义上脱离情境的"先验主体"合乎理性地选择的结果。恰恰相反,有关一种价值的共识,植根于由共同体构成性历史文化传统所影响的基本生存情境,价值共识就是生活在特定共同体中的人们由共同的历史文化情境所构成的"视域融合"。

3. 排他性共识的隐忧

对价值的共同体-情境主义理解是对价值多元主义挑战的回应,这种回应是以解构价值普遍主义的共识强制为切入点,重置了多元社会价值共识的逻辑秩序,即由先验论证转向功能性论证,以凸显共同体的价值构成性功能之于价值共识的基础性地

---

[1] 〔匈〕阿格尼丝·赫勒:《现代性理论》,李瑞华译,商务印书馆,2005,第290页。
[2] 〔加〕威尔·金里卡:《当代政治哲学》,刘莘译,上海译文出版社,2015,第268页。

位。这同时意味着现实的价值共识是基于"共同体"的视域融合,脱离人们实际置身其中的共同体及其文化价值传统,也就丧失了价值评判所必需的最低限度的价值智识。问题的关键在于,社群主义者对"共同体"范畴本身界定的模糊性,使得这种基于共同体的价值情境主义式的超越性努力从一开始就面临着滑向"价值相对主义"的可能,进而内嵌着"排他性共识"的隐忧。

"共同体"是社群主义的立论根基,也是社群主义价值共识论证的基础范畴,可以说"没有共同体,就没有社群主义"[1]。但事实上社群主义者从来没有就何谓"共同体"达成一致的看法。如桑德尔在哲学意义上视共同体为"构成性共同体",它不仅表明了共同体成员"拥有什么",而且界定了他们"是什么";不仅是对共同体成员"身份性质"的简单说明,而且是其身份的"构成因素"。这种共同体既可以是家庭、社区、邻里、街道等近身性关系,也可以是学校、企业、教会甚至民族、国家等更大的合作体系。但无论如何社群主义的共同体是一种"有界共同体",即有着严格的边界的"居间性"的"小共同体"。这种基于功能压力的边界划定,一方面在保障了埃齐欧尼(又译伊兹欧尼)所侧重的共同体之于其成员的"回应性"[2],另一方面又带来了"共同体间"价值共识何以可能的新

---

[1] 姚大志:《正义与善:社群主义研究》,人民出版社,2014,第14页。
[2] 在新共同体主义的代表性学者埃齐欧尼看来,现代"民主共同体"除了(1)需要一个人们之间能够彼此影响的"关系网";(2)需要信奉一系列共同价值、规范、意义,以及共同的历史与认同;还应当(3)具有较高的"回应性"。据此,埃齐欧尼认为现代典范共同体应当是"回应性共同体"(responsiveness community),即"只有一个能够回应其所有成员'真实需要'的共同体……才可以将秩序的惩罚措施与自主所面临的危险降到最低"(参见〔美〕阿米泰·伊兹欧尼《回应性共同体:一种共同体主义的视角》,载李义天主编《共同体与政治团结》,社会科学文献出版社,2011,第36页)。

困境。如果共同体都是一定范围内有着清晰边界的有界共同体，那么基于"共同体共识"的价值共识只可能是特定共同体内部基于共享的历史文化传统所形成的"有界共识"。这种"有界共识"在维系内部团结与内群忠诚的同时难以应对来自共同体以外的价值分歧困境，使得共同体间的价值共识陷入僵局。正如有学者所指出的，社群主义的论证基点是"共同体"而非"个体"，所有人的基本价值观念都深受共同体的影响，因而"共识只能在社群内达成"①。由于现实的共同体都是有边界的共同体，因而共同体总是指向对价值特殊性的强调，从而丧失了协同共同体间共识的可能。杜威进一步指出："断定各个道德的情境是一个独一无二而有其不能交换的善性的，似乎太笨而且荒谬……从而以普遍的目的和法则隶属于具体的情境，必然就会引起大混乱和无限的放纵。"②

据此，金里卡认为以沃尔泽为代表的情境主义价值论是一种文化相对主义。这种把"正义"界定为"共同体共识"的情境主义做法面临两大挑战：（1）有悖于最深层次的共识而自相矛盾。依照价值情境主义的观点，一个共同体之所以不赞成奴隶制，是因为奴隶制是错误的，亦即奴隶制违背了特定共同体先在的共识。但是这显然有违植根于常人的深层次共识，在一般人看来，即使奴隶制是错误的这种观念被事先确立下来，也不能确保竞争性主体之间必然会达成关于这一判断的共识。这一被事先确立的判定是推动人们谋求达成反对奴隶制共识的"理由"，而不是共识的"结果"。（2）价值多元主义的事实决定了基于"共同体的共识"的"正义共识"是不可能的，因为不仅多元社会的公民，而且诸共同体之间总是处在价值差异、

---

① 刘福宝：《价值共识论》，社会科学文献出版社，2020，第8页。
② 〔美〕杜威：《哲学的改造》，许崇清译，商务印书馆，2009，第97页。

价值分歧和价值冲突之中，而单独依赖某一特定共同体内部的共识显然无法有效平衡"共同体间"的分歧与冲突。因此，人们必须适度地摆脱共同体情境的规制，而依据一种更具普遍性的价值观念去评价并协同竞争性价值。"我们如沃尔泽建议的那样立足于共同体内部的共识，现存的分歧和我们自己的批判性反思也将驱使我们走向一个更具一般性和较少狭隘性的立场。"①

（三）全球主义伦理共识构想

宗教在共同价值的考察中扮演着重要的角色，正如闵斯特伯格所指出的，"宗教的价值一直就是人们争辩不休的主题"②。如果说文明意味着各种不同价值的平衡，显然在一个多价值、多宗教所共同构筑的多元世界格局中，异质宗教间的平衡本质上是异质宗教所持价值立场间的平衡，这种平衡在宗教仍然对人类社会的价值规范产生重要影响的今天无疑具有重要意义，以至于人们倾向于认为"没有宗教间的和平，则没有世界和平"③。多元世界塑造了"多元宗教时代"，从而使得"某一宗教的意义——价值理念的绝对性诉求，在现代型国际政治生态中受到限制"④。"世界主义伦理共识"就是要直面"多元宗教时代"的基本事实，通过由"世界宗教"向"全球伦理"、由"文明冲突"向"宗教对话"的范式转换，形塑一种面向合作

---

① 〔加〕威尔·金里卡：《当代政治哲学》，刘莘译，上海译文出版社，2015，第269页。
② 〔德〕闵斯特伯格：《永恒的价值》，载冯平主编《现代西方价值哲学经典·先验主义路向》（下），北京师范大学出版社，2009，第540页。
③ 〔瑞士〕汉斯·昆：《世界伦理构想》，周艺译，生活·读书·新知三联书店，2002，第3页。
④ 〔瑞士〕汉斯·昆：《世界伦理构想》，周艺译，生活·读书·新知三联书店，2002，第1页。

与共识的理性开放的宗教认同,以为世界伦理的构想找寻出路。这种"世界主义伦理共识的宗教构想"对于省思多元世界的价值共识有着重要的启示意义。

1. 由"世界宗教"走向"全球伦理"

在法国哲学家阿兰·图海纳看来,全球化时代最根本的挑战无疑是"我们能否共同生存"的困境,而这一困境的焦点又是"我们能否互相承认彼此都是主体"。由"主体性"走向"交互主体性",需要新的公共价值视界的介入,需要世界性的自我定向,总之,需要我们为适应全球化生存提出一种新的价值基础。而启蒙现代性的主导性价值主张却未能提出相应的供给。汉斯·昆坚定地认为西方乃至全球社会正面对一种由"思想意识上的价值与标准上的真空"所诱发的"定向危机"[①],"技术上最伟大的胜利与最大的困难几乎并行",新全球时代的人类陷入了新的群体性迷失,一种有关"我是谁"抑或"我们是谁"的自我定向危机。为此,昆直言,如果全球主体间没有一种最基本的价值共识,政治上的极端马基雅维利主义、交易场所的弱肉强食、私人生活中的贪婪将变得越发猖獗,最终的结果将是"符合人类尊严的个体生活则是不可能的"[②]。

上述挑战同时也是指向宗教自身的挑战。在一个"多元宗教时代",要么重构一种和平的"普世宗教",要么连人居住的地球也不复存在。为了世界的和平,宗教间必然首先摒弃那种试图使自己成为"世界宗教"或"终极真理"的"盲目的真理

---

① 〔瑞士〕汉斯·昆:《世界伦理构想》,周艺译,生活·读书·新知三联书店,2002,第12页。
② 〔瑞士〕汉斯·昆:《世界伦理构想》,周艺译,生活·读书·新知三联书店,2002,第36页。

狂热主义"①。因为在过往的教会史与宗教交往史中，正是这种极端的"一神论"偏执成为纷争与战乱的祸端。为了说明这一点，昆对既存的三种"真理策略"进行了考察：(1)"堡垒策略"，即那种想当然或自以为"只有自己的宗教才是真正的宗教"，将自己宗教的价值理念奉为绝对真理的策略。昆指出，这种真理策略伴随着"畏惧接触的、目光短浅的、排他性立场与优越感立场"②，因而从来只能是挑起事端而不是解决问题、是设置障碍与堡垒而不是化解隔阂与樊篱的办法。(2)"轻描淡写化策略"。该策略认为"真理"问题不存在，"每一种宗教都是真的、以自己的方式，或以相同的方式存在于自己的实质里"③，因而对围绕竞争性真理而产生的"致死的对抗"采取一种"轻描淡写"或"置之不顾"的态度。(3)"拥抱策略"。该策略认为"宗教间的'和平'最好通过结合别的宗教来实现"，通过"拥抱"实现"宽容"。昆认为面对多元宗教时代的基本生存事实，上述三种方案都不足以成为凝聚宗教间共识的理想策略。

"一个没有分裂的世界越来越需要一种没有分裂的伦理"，而"世界伦理"绝不是用一种宗教来压制另一种宗教、用一种真理观来排斥另一种真理观。在一个多中心、超越文化的、多宗教的世界里，并不存在一种为所有人都认可的"绝对真理"，确保使人们都以保障所有人的生存权益为自己行动的旨向。如果"多元宗教时代"意味着多种宗教应该同时存在的话，那么

---

① 〔瑞士〕汉斯·昆：《世界伦理构想》，周艺译，生活·读书·新知三联书店，2002，第101页。
② 〔瑞士〕汉斯·昆：《世界伦理构想》，周艺译，生活·读书·新知三联书店，2002，第102页。
③ 〔瑞士〕汉斯·昆：《世界伦理构想》，周艺译，生活·读书·新知三联书店，2002，第103页。

即使这一多元社会需要一种基本的意见一致,"所有世界观都应该对此作出贡献"①。文明间或宗教间的价值分歧是受地域化习俗与惯例规制的先在性分歧,是一种先于我们而在场的无法选择的分歧。这并不意味着先在的分歧必然是一种难以撼动的本体性分歧。那种试图用"文明的冲突"来简单界定文明间关系的论断在前一层意义上有其合理性,错误在于他们把这种"有限合理性"绝对化了。先在性并不必然就是永恒性,人类文明价值秩序始终是随历史变迁而不断变化的。"世界伦理"构想的出发点恰恰就在于,诸宗教既不能用历史决定论的眼光将先在分歧视作无法弥合的分歧,也不能在偏执于使自身成为唯一的"世界宗教"的同时激化诸宗教间的分歧。而要在承认分歧在场并拒斥外在压制性整合的前提下,为和平有序的世界共同体伦理基础的建构贡献自己的智慧。

2. 由"文明冲突"走向"宗教对话"

"文明冲突"与"世界伦理"是对多中心的、超越文化的、多宗教的多元世界之演进趋势的两种竞争性回应。二者在共同承认文明间、文化间、宗教间的先在性分歧的地平上,对文明的未来做出了截然不同的预见。前者用一种缺乏人类学事实的空洞历史决定论绝对化了文明间的冲突趋势,而后者则以对话者的姿态积极寻求一种服务和平与合作的世界伦理共识。当诸宗教放弃了成为"世界宗教"的偏执,转而以剧中人的身份积极参与建构"全球伦理"时,一种"对话的能力就是和平的能力"② 的"美德"便孕育而生。昆指出,不论在日常生活世界的私人领

---

① 〔瑞士〕汉斯·昆:《世界伦理构想》,周艺译,生活·读书·新知三联书店,2002,第36页。
② 〔瑞士〕汉斯·昆:《世界伦理构想》,周艺译,生活·读书·新知三联书店,2002,第136页。

域还是公共领域,只有对话开始的地方,才有谋求和平共处的希望,才会为经由真诚对话与理性协商达成共识的努力留足空间。相反,"只要是对话中断的地方就会爆发战争"[1]。

在汉斯·昆看来,这并不等于鼓吹一种"对话决定论"。因为"无原则对话"也可能会被滥用来为"放弃坚定信念""挥霍浪费"和"最无聊的赞美"辩护。有原则高度的"对话"首先是"自我对话"或"自我批评",这种对话与批评有别于"批评别人"的地方在于,它"不仅是通过注意和听从别人的批判来进行,而且还通过针对自己的根源采取措施来进行"[2]。换言之,"自我对话"是以开放的姿态看待他者批判并围绕"世界伦理"旨趣来审视自我局限完成的。经由这种自反性审视并在这一审视过程中实现自我扬弃,即放下真理独断论姿态,直面自身有限性,明确自我优长;在积极参与负责任的、有原则高度的"全球伦理"对话中实现自我升华。因此,这种有原则高度的"内在对话"不是全然放弃自我主张,也不是偏执于自我主张,而是在差异中寻求共识。"对话能力的美德需要立场稳定"[3] 以确保在面对一种"具体的诱惑或压力"时能够坚定不移。"无立场"的对话是一种"悬空的对话",一种仅仅愿意"超越一切""运用一切"进行对话,但自己却不在对话中实践本身的义务、立场以及立场的稳定性的"外在对话"。"真正有对话能力的人可能不是那些放弃一切的人,而是那些

---

[1] 〔瑞士〕汉斯·昆:《世界伦理构想》,周艺译,生活·读书·新知三联书店,2002,第137页。
[2] 〔瑞士〕汉斯·昆:《世界伦理构想》,周艺译,生活·读书·新知三联书店,2002,第110页。
[3] 〔瑞士〕汉斯·昆:《世界伦理构想》,周艺译,生活·读书·新知三联书店,2002,第132页。

还乐意坚持己方立场的真理的人。"①

3. "全球伦理"何以可能

汉斯·昆的全球伦理共识的世界宗教构想为应对多中心、多文化、多宗教并存的"多元宗教时代"的全球价值共识提供了全新的思考。从一定意义上来看，这种理论阐释无疑是对全球多元现代性的价值共识张力的一种有力回应。但事实上，汉斯·昆的世界伦理构想所诉诸的底层逻辑仍然是罗尔斯在多元整全性学说并存语境中寻求"正义共识"时所使用的论证方式，即对价值多元化进行"合理化"限定。罗尔斯并不认为在一种任意的多元化情境中非理性者能够就正义价值达成最低限度的"重叠共识"。相反，他的共识论证从一开始就依赖一种理想环境的先设，即"合理多元化"先设。"合理多元化"与"非合理多元化"的区别在于，前者以承认多元为起点但又以面向共识为取向，而后者未必如此。因而前者是一种开放的多元论，是对寻求"重叠共识"持有强烈预期的多元论，而后者则可能持有与前者相同的立场，当然也可能是相反的立场，即不愿意为寻求价值共识做出努力的封闭多元论。正是这种方法论的趋同才使得汉斯·昆的世界伦理构想与罗尔斯作为公平的正义的共识理路面临同样的挑战。

沃尔泽曾形象地指出，罗尔斯精心设计的"原初契约"与"无知之幕"为有关正义的共识构建起一个思想实验所必需的"理想状态"，如果处于"理想状态"中对自己的价值偏好一无所知的"理想人"在"正义"的要求下，面对一种被先验地设定的"抽象善"，他们必将做出与建构这种"理想状态"时所

---

① 〔瑞士〕汉斯·昆：《世界伦理构想》，周艺译，生活·读书·新知三联书店，2002，第123页。

希望实现的正义共识的选择。沃尔泽紧接着发出质问,如果把"理想的人"还原成"普通人",他们持有关于自我身份的牢靠认识,手中有自己实际拥有的物品,同样会遭受日常烦心事的纠缠,常人是否还会"反复重申他们的假设选择",甚或坚信"这一选择是他们自己做出的"[①]。沃尔泽所揭示的,实际是抽象理性主义传统所固有的理想性与现实性之间的悖反,这种悖论性同样适用于汉斯·昆的世界伦理构想。理想环境中我们可以设想诸异质宗教对通过"内在对话"构建"世界伦理"持有坚定的立场,但现实中没有任何具有普遍必然性的根基可以担保这种先设的现实性。这是因为全球社会所遭遇的价值共识困境,除了观念性分歧,还涉及实际利益的冲突,而后者往往指向对不合理的全球秩序的不满。正如人们所认为的,"每当问题不能以民主的手段解决时,多元论问题就产生了,因为对于那些对我们至关重要的价值,我们不能遵循多数裁定原则"[②]。虽然汉斯·昆的方案存在上述方法论局限,但从其试图经由一种理性思考激发全球宗教间面向共识的积极特异性而言,相较于"文明冲突论"可能激化与固化宗教冲突而言,其理论探索本身在多元时代仍然具有重要的启示意义。

三 多元社会价值共识危机超越限度的病理诊断

西方多元社会面临的一个重大挑战无疑是如何应对价值多元主义的问题,面对这一挑战思想家们表现出截然不同的态度。乐观者如罗尔斯等人坚信诉诸康德式的形式论证,在异质主体

[①] 〔美〕迈克尔·沃尔泽:《正义诸领域》,褚松燕译,译林出版社,2022,第4页。
[②] 〔西〕雷蒙·潘尼卡著,〔美〕哈里·詹姆斯·卡格斯编《看不见的和谐》,王志成、思竹译,江苏人民出版社,2001,第105页。

间达致一种有关正义价值的"重叠共识"是可能的；相反，悲观者如雷蒙·潘尼卡却深信"没有一个纯粹理论性的解决方案能胜任多元论问题的解决"①。事实也如后者所言，在启蒙现代性的价值框架内共识问题的化解陷入了僵局。多元社会原本就内嵌着价值共识的困境，启蒙现代性对"价值"支离破碎的阐释则使得这种困境更加尖锐。在面向人类跨主体交互共生的共在存在论意义上审视多元社会价值共识危机的深层病理以及既有应对方案的实际限度，从而为人类文明的良序演进与全球共同体成员和谐共生探寻新的可能路径，关涉文明人类可持续优存何以可能的总体命运。

(一) 启蒙现代性与价值的迷思

从其本体性旨向审视，价值理性所意欲表达的是合乎本真人性期待的理想性生存追求与超越性发展愿景，因而典范意义上的价值理性指向人对自然必然性与自身有限性的双重超越。经由这一超越并在这一超越性努力当中，人由"自然人"走向"价值人"，人类社会也由"野蛮社会"迈入"文明社会"，使得人类第一次以高度自觉的伦理意识反身规制植根人性的拙劣欲求，努力在一种优良价值理性的引领与范导下超越由纯粹本能驱动的欲望化生存，从而在对一种有价值的生存方式的艰难找寻中实现人性的净化与生存视界的展开。正是在这层意义上，所谓文明人类的进化史本质上是人的价值意识的自觉生成与持续发展的历史。在有关价值的古典阐释中，"价值人"总是与更具包容性的公共性生存视界内在关联，一种有价值的生活之本然形态绽现为不受纯粹私人功利欲求与工具算计宰制的合公

---

① 〔西〕雷蒙·潘尼卡著，〔美〕哈里·詹姆斯·卡格斯编《看不见的和谐》，王志成、思竹译，江苏人民出版社，2001，第91页。

共伦理的生活状态。可以说，本真性的价值共识的寻求从一开始就蕴含着对一种超功利的公共性生存原则与包容性的生存信念的不懈追寻与坚定持守。

启蒙现代性以后，西方世界的主流价值认知发生了系统而深刻的格式塔转换，私人化、功利化、欲望化成为价值致思的本体性先设，价值本应持有的公共性关切衰微，在围绕逐利旨趣所展开的私人间排他性的殊死斗争中，价值沦落为纯粹私欲的满足与个体偏见的表达，现代性由于丧失了优良价值理性的有效范导而陷入非价值、伪价值甚至反价值的进步主义迷途。对于文明人类的生存世界而言，价值理性的退场意味着一个群体性迷失时代的到来，价值现代性的自我放逐同样意味着现代人丧失了弥合主体间疏离、竞争乃至对抗的非功利的价值理性智识，工具理性之上的适应性选择成为人际和谐与群际合作的唯一依托。正是基于上述情境，以罗尔斯为代表的抽象理性主义试图通过告别康德-密尔式的形而上学自由主义，建构一种专注于现实政治的权宜之计的自由主义的方式回应价值多元主义提出的共识挑战。当罗尔斯以上帝视角对多元论及其现实价值主体施以"合理性"规定时，与一般抽象理性主义的先验人性论一样，这种植根人性的合理性规定，幻想每一个专注于自我功利最大化的现代个体都能合乎公共理性地追求一种维系自由民主共同体基本合作秩序正当性的重叠共识。罗尔斯的共识困境在于，一方面作为人们价值意识生成不可或缺的构成性背景，整全性的哲学、宗教以及道德学说不可能如其所愿地全然外在于人的政治考量，相反，人们有关政治的价值评价得以可能的基本前提深受整全性学说的影响；另一方面现实的人的价值评价与选择不可能如其所规定的那样，在事先遮蔽或遗忘自身偏好的理想环境中做出，相反，现实生存处境中的生存性压力才是推动人们意欲寻求价值共识的真正根据。由此可见，以罗尔斯为代表的理性主义为一种契合理性多元化事实的包容性"重叠共识"提供了政治自由主义式的方案，然而，面对一个价值的现代性阐释愈益私人化与功利化的竞争性场境，现实生存世界在多大程度上能为这一应然性展望提供其所必需的出场条件呢？这就是卡洪所指出的，纵然一种合乎理性的"确定性"能够从"论证的逻辑一贯性"中获得，但是由于论证所依赖的基本前提很大程度上都是个体的意愿与偏见，因而基于逻辑融贯性的"结论"并不像其所预想的那样具有确定性[1]。

桑德尔等人正是基于对上述方案在方法论上所持有的抽象理性主义与先验人性论局限的批判性检视，提出了一种植根特定共同体历史文化传统的情境主义共识观。价值共识的达成以人的价值意识的生成为前提，共识与否本质上是价值主体基于价值自评价的具身性价值选择。不论是康德意义上的"先验的人"，还是新自由主义的"无羁绊的个体"，都不是合格的价值共识主体，因为其在拒斥共同体历史文化传统之于人的价值意识生成的构成性作用的同时，主张一种基于自由选择权的价值自律与自治取向，由此造就了"善的私人化"的现代性后果。在其看来，拒斥共同体就是主张价值的抽象理性主义，承认价值的预成性而否定价值的生成性。现实世界价值意识的生长以特定共同体的文化情境为前提，因此一种值得欲求的价值共识必然指向植根共同体构成性传统的情境主义共识。可以说，这种方法论共同体主义之上的价值共识理路在复兴古典伦理智慧、培育超越私人功利旨趣的价值理性视界以及关注公共福祉的意义上有着重要的启示意义。然而，困境在于如何在历史文化传

---

[1] 〔美〕劳伦斯·E.卡洪：《现代性的困境：哲学、文化与反文化》，王志宏译，商务印书馆，2008，第28页。

统明显存在竞争性的异质共同体之间寻求价值共识。正如韩震教授指出的，社群主义最大的困境就在于"强调传统的理论却要首先反传统"①。

面对价值多元主义带来的共识挑战，在启蒙现代性的框架内寻求突围的努力陷入了个体与共同体二元对立的两难处境。这种困境之所以始终难以有效克服，症结在于一旦价值的公共性与超越性向度衰微以后，在一个深受"善的私人化"与"拜物教"逻辑规制的世俗时代，并不预先存在一种可以弥合个体与共同体、自由与秩序、权利与义务之间张力的形而上学方案。因此，寻求价值共识意味着在对那种鼓励竞争、放大分歧、制造冲突的非共识性生存信念所可能导致的共同生存困境给予深入检视的同时，凭靠一种契合全球现代性交互共生现实的新公共价值哲学的有效介入，唤醒现代自我的公共性生存视界与开放性的自我认同。究其根本，价值共识关涉的是现代自我本真价值理性意识的觉醒与主流价值旨趣的共在存在论复归。

(二) 价值还是生存：多元主义的困境

"休谟问题"是启蒙现代性文化价值致思的元问题域，在坚信事实与价值截然二分的前提下，寻求价值共识的希望被寄托在合乎工具理性的基点上，以至于对多元主义的观念性阐释占据了主导地位。在纯粹观念论的框架内，人们似乎认为多元社会人类所面临的根本挑战源于众多竞争性价值的不可公度性所带来的共识困境。就其内在构成而言，多元社会是一个持续分化与分离的异质性社会。与传统社会对统一秩序的逻各斯中心主义崇拜不同，多元社会在关涉共同体基本合作秩序的同时，

---

① 韩震：《思考的痕迹：文化碰撞中的思想生成》，北京师范大学出版社，2006，第332页。

主张给予异质性以足够的关注与开放的包容。在现代性人学秩序中,"异质性"不是一种抽象的哲学范畴,其自身蕴含着丰富的哲学人类学意旨,其所指认的是现实个体或边缘群体与生俱来的自然权利,由于这些自然权利较之超个人的强势群体所持有的规训权力具有明显的脆弱性,因而对异质性可能遭遇的人为遮蔽保持足够的警惕并给予相应的保障,体现的正是现代性对于自由平等人权的普遍承诺。因此,多元社会之"多元"首先体现的是对每一个合法民众基本生存权益的认肯与确证,所谓文化-价值层面愈益加重的多元化趋势不过是现实利益分化与竞争日趋激烈的象征性转述。

在20世纪60年代末70年代初,"多元主义"(Pluralism)成为西方学术界的重要论题。多元主义虽然存在极为复杂的价值实践内涵,但其从一开始就与"文化"(文化差异、文化承认与文化权益)有着内在关联,以至于人们通常以探讨"多元文化主义"来解释"多元社会"的实质与困境。值得注意的是,多元主义在西方的兴起并不仅仅是一个"文化事件",而是有着深层次的利益关切和权利旨趣。用米歇尔·韦维尔卡(Michel Wieviorka)的话说,"多元主义"在西方社会的凸显是"文化差异和社会不平等"共同作用的结果[1],是对那种因狭隘的种族主义观念或政策所导致的社会不公的一种反抗。戴维·戈德伯格(David Theo Goldberg)同样认为,多元主义是对"美国霸权文化——主张白人、欧洲人的文化具有普遍性——挑战的回应"[2]。"文化差异"赋予这种"反抗"与"挑战"以合法

---

[1] 米歇尔·韦维尔卡:《多元文化主义是解决办法吗?》,载李丽红编《多元文化主义》,浙江大学出版社,2011,第37页。
[2] 转引自米歇尔·韦维尔卡《多元文化主义是解决办法吗?》,载李丽红编《多元文化主义》,浙江大学出版社,2011,第16页。

性,因为从自由主义的普遍权利预设出发,没有任何一种"文化差异"理应被忽视或者被强行涵化。卢克·拉斯特（Luke Eric Lassiter）在文化人类学的意义上把文化理解为一整套人们经由习得的知识而传承并通过"阐释经验"与"产生行为"被加以实践的"共享与协同的意义系统",在其看来,文化是人的构成性生存场境,是"我们看待这个世界的镜头",文化"造就了我们这个世界中的人类差异"①。因此,对文化差异最大限度的承认、包容和尊重,并将这种承认落实到制度性的利益分配机制当中,是对自由主义政治"权利承诺"的兑现与检验。相反,如果"文化差异"未能得到妥善的对待,自由主义政治将因背离权利承诺而沦为一种虚伪政治。正如雷蒙·潘尼卡所认为的,不能把多元论仅仅看成陈旧教科书上关于"一和多"的纯粹观念性问题,特别是人类社会进入互不相容的诸多世界观和哲学的相遇成为常态的异质社会以后,多元主义从根本上关涉"全球人类共存"的公共生存论问题②。

对于多元主义本身的生存论定向意味着多元社会的价值共识困境,绝不仅仅是意识哲学论域中的观念纷争,其核心关切指向对由全球现代性加速推进所引发的跨主体交互共生的现实生存性难题的实质性超越。面对当今时代愈益尖锐的国际局势,在一个后发现代化国家的基本发展权益与合法利益动辄遭遇侵扰的"弱肉强食"的制度框架内,所谓"文明冲突"本质上说来不过是更深层次"权益冲突"的观念表达。一个崇尚弱肉强食丛林法则的世界等级秩序根本没有为凝聚价值共识提供最低

---

① 〔美〕卢克·拉斯特:《人类学的邀请》,王媛译,北京大学出版社,2021,第46页。
② 〔西〕雷蒙·潘尼卡著,〔美〕哈里·詹姆斯·卡格斯编《看不见的和谐》,王志成、思竹译,江苏人民出版社,2001,第92页。

限度的支撑。正如有学者所指出的，全球伦理的构塑，既需要在强化全球意识的同时培育责任伦理，还需要植根全球多元治理实践，在致力于化解全球性生存性困境的进程中促进"正义伦理"的形成①。可以说没有平权主体基本生存权上的正义，就不会有关于抽象正义的一般共识。在这层意义上看，寻求异质主体间的价值共识意味着重构人类社会对经由和平方式推动全球秩序向着更加公平正义的方向发展的基本信念，意味着一种合乎共在存在论的新文明秩序的全面出场。

（三）回到马克思：价值共识的视界转换

面对世界风险社会的在场性压力，寻求建构命运共同体价值共识基础的努力在启蒙现代性的观念秩序中陷入了困境。转型时代的人类社会一方面面临着基本生产方式与生存方式的合生态化转型，另一方面又面临着文化价值观念的合公共性的转换。从时代精神的精华角度来审视哲学，转型时代对一种能够切中时代弊病的新哲学范式的寻求显得重要而紧迫。正如李普曼所指出的，"在这个多元化和分化的社会中，一种具有共同和约束性原则的公共哲学比以往任何时候都更加需要"②。

19世纪中叶，面对资本现代性所造成的种种生存性危机，马克思立足历史唯物主义的新理论地平，秉持"改变世界"的实践哲学立场，以高度自觉的实践价值论关切对青年黑格尔派的"词句斗争"与费尔巴哈的"消极直观"所隐含的生存论限度予以系统而深刻的批判性检视。在这一以"有生命的个人"

---

① 李蕊：《全球治理中的全球伦理：何以需要？何以可能？》，《学习与探索》2017年第4期。
② 〔美〕沃尔特·李普曼：《公共哲学》，任晓译，上海译文出版社，2020，第117页。

的自由全面发展和全人类的最终解放为终极旨趣的哲学变革实践中，马克思把对价值的哲学人类学思考与对人的现实生存境遇的历史现象学考察紧密结合，推动西方哲学价值论面向生活世界的生存论回归。由于马克思的价值哲学具有鲜明的人学关切、实践立场、超越性旨趣和类本体视界，这一卓越的价值论智识成为后启蒙时代人类理想共同体建构与价值性共识构塑的重要学理资源。

第四章
合理性价值共识与"自由人联合体"

我们的时代需要有一种全新的哲学。仅仅堆积事实,已经不能再使我们满足了;这个世界已经厌倦了毫不追问意义……厌倦了亦步亦趋紧随技术进步和自然主义知识发展的怀疑主义和相对主义哲学。这个世界渴望一种全新的对生活和现实之意义的表达①。

作为"19世纪现代性的两个最突出的声音"(伯曼语)与现代性理论卓有成就的"三个奠基人"(赫勒语)之一,马克思对启蒙现代性主导性价值原则、价值立场以及由其所导致的价值异化等问题所作的奠基性检视,以及这一批判性事业对后世思想家持久而重要的理论影响,从根本上决定了"马克思哲学变革在实质上是一种价值基础的变革"②,以至于"价值共

---

① 闵斯特伯格:《永恒的价值》,载冯平主编《现代西方价值哲学经典·先验主义路向》(下),北京师范大学出版社,2009,第542页。
② 贺来:《马克思哲学与现代哲学变革》,中央编译出版社,2018,第330页。

识"问题始终处在马克思理论视野之内。在马克思的价值视野中,"价值共识"何以可能首先取决于对资本现代性的"价值"自身展开"历史现象学"考察、重估与定向。这既意味着经由这种历史现象学考察并在这一考察进程中,与"价值共识"深度关联又被持续遮蔽的"生存性共识"将浮出水面;同时也意味着传统"价值共识"先验论证的式微与一种新价值视域的全面出场。

一 资本现代性与虚幻的共同体

所谓"资本现代性",是以"资本"为轴心原则和总根据的现代性。在"资本现代性"中"资本"所体现的不是"物",而是隐含在"物与物"关系背后的"人与人"的关系,是对社会关系的总规定,构成生活在资本现代性中的人看待世界、认识自我、理解价值的总视域。"资本"在现代性发育与演进中所发挥的本体性作用,使其同样成为现代性价值观念与价值秩序出场的本体根据。在"资本"原则的裹挟与规制下,本真"价值"的"属人性"与"人属性"旨趣被市民"价值"的私人功利最大化逻辑所置换,"资本现代性"沦为伪价值、祛价值、反价值的现代性。"价值"的颠倒与衰微引发了群体性迷失,进而形塑出一种建基于资本逐利逻辑之上的排他性"虚幻共同体"。这一切既意味着"价值"崩塌之后的"人之死",同时也意味着"价值"共识的无根性与无关紧要性。为此,人类社会将生活在一个除了"拜物教"外,没有给诸如团结、利他、友谊、忠诚等公共性价值信念留有地盘的"一切人反对一切人"的分裂、对抗、压迫的资本世界。

(一)价值异化与拜物教

"价值"表达的是人的超越性追求,承载着现实的人对美好生活、美好未来的内在期待。一部人类发展史同时也是公共价值的发现、证成与发展史。在人类演进的历史与现实中,文明人类所确立的基本信念无疑是在一种优良价值信念的持续化育与滋养下,人之超越性品格得到极大的发挥,人性得到不断的净化与提升,最终人将基于一种本真的人性自律而摆脱纯粹"自然人"的自发状态,进入一种自觉自为的"价值人"境界。究其本质,价值是"人的对象性活动及其产物对于自身生存和发展的意义,是人通过自己的活动而使对象对于人自身生存和发展的肯定"[1]。由此可见,能用"价值"标示的理应是一种关涉人、确证人、提升人,并为人的优良心性秩序的养成和特定共同体公序良俗的化育提供坚实的内在根由的"属人的"和"人属的"存在。

资本现代性以降,人类社会的公共价值秩序发生了整体性颠倒,"资本"跃升为"价值"叙事的至上原则,成为一切价值阐释的强制性视界,蜕变为市民社会的世俗上帝,构成价值评判的主导性尺度,市民社会"经商牟利"和"发财致富"的"利己主义"价值取向成为资本现代性的意识形态。马克思指出,在"资本世界"对"价值世界"的殖民进程中,资本不断将一切价值转换为资本逐利逻辑,而且更是从根基处将"人的尊严"置换为资本逻辑规制下的"交换价值",进而在资本逻辑的掩饰下使得现实的剥削与压迫表现出极大的公开性、直接性、露骨性[2]。正如恩格斯所看到的,在资本现代性的价值异化场域中,包括个人和国家在内的一切人类交往实践最终都被熔化进商业与市场交往中,其最终后果便是"财产、物升格为

---

[1] 张曙光:《马克思关于"价值"的研究及相关问题》,《河北学刊》2011年第1期。
[2] 《马克思恩格斯文集》第2卷,人民出版社,2009,第34页。

世界的统治者"①。换言之，在资本现代性的价值秩序中，价值的"人属性"与"属人性"旨趣被资本逐利欲求所替代，人类自此坠入了一个"价值异化"②的生存境遇。

依弗罗姆之见，在马克思和黑格尔那里，"异化"一词与传统先知们所指认的偶像崇拜思想完全等同，意指一种"物对自我的征服"，一种"内在的自我的丧失"与"自由的丧失"，一种由物的征服所造成的"自我偏见"。他指出在人们的日常生活世界，正是由于太阳神的丧失，人们似乎才丧失了偶像，才从偶像崇拜者的身份标签中超脱出来。然而，现代人却忽视

---

① 《马克思恩格斯全集》第 1 卷，人民出版社，2016，第 674 页。
② "异化"（Alienatio）概念是马克思用于分析资本现代性自反性的一个重要概念，在其既有文本中并没有"价值异化"这个概念，这并不意味着马克思没有关于"价值异化"的思考与关切。从其"异化"概念的使用对象来看，马克思在人与自然、人与人、人与自我等多重向度上使用"异化"，历经"自然的异化""政治的异化"到"经济的异化"的基本发展逻辑（侯才：《有关"异化"概念的几点辨析》，《哲学研究》2001 年第 10 期）。从其"异化"概念的论证方式来看，经历了从"道德评价优先"到"历史评价优先"的转换（俞吾金：《从"道德评价优先"到"历史评价优先"——马克思异化理论发展中的视角转换》，《中国社会科学》2003 年第 2 期）。总体而言，"异化"揭示了资本现代性的内在悖反，即原本"属人的"事物成为压制人、反抗人的事物。这种压制最直接也是最鲜明地体现在人的日常生活、政治生活和经济生活的具体现实当中，但是这种压制之所以是难以察觉的隐蔽的"抽象统治"，就在于存在一种使得这种异化现实"合法化"的价值叙事，经由先在正当的政治经济学或思辨哲学的辩护，异化成为一种有待理性审视和系统反思的"合理压制"。正是在这层意义上，"价值异化"意指对"现实异化"价值根基的哲学反思，是对使"现实异化"显得"合理化"的那种看似"属人"实则"属物"的资本现代性价值观念对人之自由自觉的生命力压制的价值论反思。因此，在马克思那里"异化"同时意味着"价值的颠倒"，这种"颠倒"不仅表现为"财富的私人占有"，而且表现在"人的生命活动和五官感受的抽象化、片面化、粗俗化、愚钝化"（张曙光：《马克思关于"价值"的研究及其相关问题》，《河北学刊》2011 年第 1 期）。

了由世俗的偶像崇拜所诱发的新异化,"我们太容易忘记了,我们的偶像还有别的一些名称……财产、权力、物质生产、消费品、荣誉、声望以及其他近来人们所崇拜并受其奴役的所有事物"①。当然,正如马塞罗·默斯托(Marcello Musto)所指明的,在马克思那里"异化"一词更多的是被用来揭示特定经济形式中隐含着的奴役现象,即"雇佣劳动以及劳动生产转化为与生产者相对立的对象"②。在《巴黎手稿》中,马克思指出私有制基础上的雇佣劳动体制,使原本由劳动者创造的劳动产品成为一种不依赖劳动者并与其对立的"异己的存在",反向压制与限定劳动者的发展诉求。这种原本由人所创造并以服务于人的生存与发展为旨归的事物,反向变异为压制和限制人的事物的现象就是异化现象。

沿着马克思及其后世思想家所开辟的理论路线,可以说"异化"所揭示的是资本现代性市场(商品)化生存所独有的一种更加隐蔽的世俗化规训机制,其总体上表达的是原本由社会历史主体合目的地创造的用以服务人的合理化生存与发展需要的诸事物经由不加批判的盲目崇拜所导致的反人性后果。由此,"价值异化"便合乎逻辑地指向原本由人所建构的"属人的"价值观念,在资本现代性中成为独立于人并与人相对立的异己性力量。"价值异化"是资本现代性种种异化中更为深入的异化,是一种与外在压制不同的内在观念操控。"价值异化"最终演变为"拜物教"经历了两次转换:(1)由"自然经济"进入"商品经济"所导致的"使用价值"对"内在价值"的

---

① 〔美〕埃里希·弗罗姆:《生命之爱》,王大鹏译,国际文化出版社,2007,第151页。
② 〔意〕马塞罗·默斯托:《另一个马克思:从早期手稿到国际个人协会》,孙亮译,中国人民大学出版社,2022,第36页。

替代;(2)"商品经济"发展到资本现代性阶段所引发的"交换价值"对"使用价值"的再次置换。

首先,"使用价值"对"内在价值"的替换,本质上是"效用"对"意义"的替换,其后果是价值本身的物役化与超越性价值的式微。所谓"内在价值"就是使得某物成其所是的内在规定性,是一种不依赖他者的自本自根性。总体来看,任何事物的价值都有其自足性,而且正是这种自足性的在场使得事物与事物间表现出差异性,世界因此才具有了丰富性。资本现代性首先瓦解了事物的"内在价值",在市场(商品)共同体中一切价值都以"有用性",特别是以能否满足人的需要的偏狭意义上所体现出的"有用性"为尺度。一切宗法田园般的关系由于无法兑换为直接"效用",最终都被"赤裸裸的利害关系"与冷酷无情的"现金交易"所替代。"有用性"作为价值的终极尺度并不意欲确证事物自身的内在价值与有关生存的长远价值,眼前的和当下的功利最大化考量成为"有用性"原则的终极旨趣,所有那些需要更加漫长的积累与更加艰巨的努力才能得到的结果,最终都被"有用性"原则所遮蔽。"有用性"原本是用以评估某物市场价值的一种经济视角,如今成为资本现代性价值理解的总规定,甚至包括人自身也只有在契合了"有用性"的意义上才能确证自身价值。当然,"有用性"对于人的规定不仅意味着人以是否对其有用的尺度来评价物,而且意味着是否有用成为人看待人的至上视角,这就是所谓雇佣工人只有满足资本逐利要求,符合资本扩展本性时,才能持有雇佣工人的身份。这不仅意味着内在价值的式微,同时也预示着自然的衰落与人的衰落。马克思说:"现实的人只有以利己的个体形式出现才可予以承认"①,换言之,在深受资本逻辑全面宰制的现代市民社会中,人唯有依照"效用原则"并以"效用原则"为尺度使自己成为"利己的个体"时,人之生命价值才能在经济学意义上得以确证。否则,在"效用至上"的语境中,拒绝成为"利己的个体"也就意味着"自我放逐",亦即"人本身被设定为私有财产的规定"②。在《巴黎手稿》中马克思指出,对于自由的一无所有的雇佣工人而言,存在意味着最大限度地迎合资本逻辑的强制性"效用"旨趣,也就是说雇佣工人只有在"劳动力转化为商品"以后,把自己当作资本性存在而非自由自觉的生命个体看待时,其自身价值才能在狭隘的资本框架中被确认,"资本的存在以一种对他来说无所谓的方式规定他的生活的内容"③,只存在一种所谓"良善生活",那就是最大限度地满足资本需要,并依据这一需要使自我资本化的生活样态。

其次,"交换价值"对"使用价值"的二次替换,意味着"货币"对"效用"的进一步规制,尤其在资本逐利本性的推动下,"货币"最终会转化为"资本",从而在进一步固化市民价值观主导性地位的同时加剧人之价值的衰落。如果说"使用价值"对"内在价值"的替代至少还以"效用"的形式保留了一种世俗化的功利价值的话,那么"交换价值"(货币)对"使用价值"(效用)的替换则瓦解了一切稳定的价值根基。因为,当货币转换为资本之后,流动性而非稳定性成为资本逻辑最为鲜明的特质,正如马克思恩格斯在《共产党宣言》中深刻揭示的,资本至上的价值论对"交换价值"表现出的近乎疯狂

---

① 《马克思恩格斯文集》第 1 卷,人民出版社,2009,第 46 页。
② 《马克思恩格斯文集》第 1 卷,人民出版社,2009,第 179 页。
③ 《马克思恩格斯文集》第 1 卷,人民出版社,2009,第 171 页。

的膜拜，最终使整个资本现代性的生产与生活坠入永久性的变革、动荡与不安定之中。人们也将最终看到，资本现代性丧失了对非功利的价值理性的趣味，没有什么值得永久注释、永恒坚守，除了麻木、冷漠与贪婪之外，资本现代性中的人们用一种"冷静的眼光"传递着自己并不意欲任何超功利的价值理性目标。所谓"冷静的眼光"就是一种"金钱的眼光"，即用金钱审视与评判价值的拜物教眼光。当然，从一开始"金钱"所表征的世俗价值观念就不仅仅针对物的世界，更直指人的生活世界与人本身。为此，经典作家指出，"金钱"祛除了原本居于"金钱"之上的一切"神"的鬼魅化，使其沦为商品谱系中的普通一员，"金钱"瓦解了所有事物本身具有的内在价值，最终，金钱"剥夺了整个世界——人的世界和自然界——固有的价值"[①]，使世界彻底沦为"金钱的世界"。

在"金钱的世界"中，决定一个事物是其所是的将既不是自足的"内在价值"（意义），也不再仅仅是"使用价值"（效用），而是"交换价值"（货币），甚至说只有能转化为"交换价值"的"内在价值"或"使用价值"才是"真正"的价值，那些无法被货币法则估值，进而无法满足资本逐利要求的"价值"，都将成为伪价值。马克思指出，由于"货币"被尊奉为"至善"，因而，对于货币的持有者而言，不论其人性品格好与坏，在资本现代性中都被视为"善"的，这就是所谓"货币是最高的善，因此，它的占有者也是善的"[②]。质言之，能被资本现代性所认可的"善"，只能是契合"货币"需要的"善"，不再有什么事物是先在的、内在的、绝对的"善"的，这无异于从根本上瓦解了"善"本身，导致了一种拜物教规制下彻底

[①] 《马克思恩格斯文集》第1卷，人民出版社，2009，第52页。
[②] 《马克思恩格斯全集》第3卷，人民出版社，2002，第362页。

的价值虚无主义后果。一个人是什么或者可能是什么，将不再取决于自身特质与人生取向，而是取决于由"交换价值"所规定的实际"金钱"的占有量。一个人可能是内心邪恶、外表丑陋甚至毫无德性操守的有缺陷的存在，然而这些评价尺度并不重要，在资本现代性中只要你能服从资本旨趣地用金钱兑现自己的"交换价值"，你就是成功并受人尊敬的。至于究竟是何种"尊敬"并不植根在你自身的人性品格中，而是因为"货币是受尊敬的"，因此，"它的占有者也受尊敬"①。"从货币占有者的观点看来，货币能把任何特性和任何对象同其他任何即使与它相矛盾的特性和对象相交换，货币能使冰炭化为胶漆，能迫使仇敌互相亲吻。"② 当然，不论是"使用价值"还是"交换价值"，一旦它们超越市场的边界而僭越为一种泛性的公共价值视界时，"拜物教"将成为主导性的价值语法。施密特曾不无感慨地指出，难以遏制的"经济化"使包括人的劳动在内的一切都变成资本现代性的伴生物，这意味着在资本现代性中货币与资本成为一切事物的终极价值，"资本主义剥夺了其他所有事物，人和自然的'固有价值'"③。正是在这一意义上，袁祖社教授认为"现代性的凯歌"最终沦落为"价值的悲歌"④。

（二）物本逻辑与人学空场

在归根结底的意义上，"价值的悲歌"便是"人的悲歌"。

---

① 《马克思恩格斯文集》第 1 卷，人民出版社，2009，第 245 页。
② 《马克思恩格斯文集》第 1 卷，人民出版社，2009，第 247 页。
③ 〔德〕卡尔·施密特：《政治的神学》，刘宗坤等译，上海人民出版社，2014，第 227 页。
④ 袁祖社：《思入价值问题的理论深处：思想史研究方法的启示》，《江汉论坛》2017 年第 4 期。

人性化的优良价值理性的退场,使资本现代性丧失了公共性的人本视界,在由"物本共识"所建构起的市民共同体中,存在着"物的世界增值"与"人的世界贬值"成正比的生存论悖谬。马克思对于"人的世界贬值"的论证与作为现实的人的安身立命之基的"劳动"范式紧密关联,正如贺来教授指出的,资本之于价值的瓦解意义本质上就是"资本对劳动的奴役和统治"①。在马克思看来,劳动并不向来就是商品,相反,在最一般意义上"劳动"所指向的是"实践的人的活动"②,是现实的人的"生命活动"③,是"自由的有意识的活动"④。总之,劳动作为人之自由自觉的创造性活动,原本是人之为人的内在规定性,体现着人性本真的超越性诉求与自由自觉的类旨向。然而,在资本现代性围绕逐利与增值所建构起的"物本共识"中,劳动成为由"雇佣工人出卖给资本的一种商品"⑤,"劳动"的"商品化"意味着劳动的异化,意味着人及其生命的商品化,意味着资本对劳动的宰制与异化。在异化劳动中,劳动本身之于人的建构性价值被瓦解,劳动由肯定性逻辑滑向否定性逻辑,劳动者诉诸异化劳动所获得的不是幸福而是由压迫所产生的不幸,异化劳动不是劳动者体力与智力的自由发挥,而是肉体受到折磨、精神遭摧残。劳动不但无法确证人的内在价值,反而成为一种限制人的否定性力量,甚至连人的劳动/生命本身也被视作一种特殊的商品。

"物本共识"是以"物的依赖"为生存论取向所达成的工

---

① 贺来:《马克思哲学与现代哲学变革》,中央编译出版社,2018,第325页。
② 《马克思恩格斯文集》第1卷,人民出版社,2009,第160页。
③ 《马克思恩格斯文集》第1卷,人民出版社,2009,第162页。
④ 《马克思恩格斯全集》第3卷,人民出版社,2002,第273页。
⑤ 《马克思恩格斯文集》第1卷,人民出版社,2009,第715页。

具性共识，就其本性而言，"物本共识"与"人学空场"内在关联。其中再清晰不过的道理在于，围绕商品、货币与资本所展开的市民共同体是见"物"不见"人"，进而以"物"奴"人"的异化共同体。对于置身其中的有生命的个人而言，他们虽然现实地存在着，却并不占有自己的本质，用马克思的话就是他们根本无法作为一个"总体的人"以一种全面的方式"占有自己的全面的本质"。相反，他们只有在使用其基本的动物性本能的意义上才能确证自我持存的现实境况，一旦用自由自觉的人的类本质来审视现代市民的生存现实，他们立马会觉得"自己只不过是动物"而已①。

（三）虚幻共同体的共识悖谬

典范意义上的"共同体"是一种建立在实质性优良共享价值理性之上的"价值共同体"，生活于其中的人们出于"本能的中意"与共享价值培育的"默契一致"而彼此尊重、接纳与共生。滕尼斯说共同体的生活本质上是主体间的交互"占有"与"享受"，其所绽现的是一种情同手足的"保护和捍卫的意志"②。作为"人的意志完善的统一体"，真正意义上理想共同体中的人们不是一方对另一方的占有，而是相互占有；不是一方独享另一方的劳动成果，而是彼此分享与相互成就。

资本现代性恰恰是以瓦解这种由人际"相互习惯"与"相互肯定"维系的"持久关系"为前提，在"一切坚固的东西都已烟消云散"的资本场境中，"自然共同体"的"共享价值"纽带被斩断，"拜物教"逻辑又强化了"交换价值"的本体地

---

① 马克思：《1844年经济学哲学手稿》，人民出版社，2000，第55页。
② 〔德〕斐迪南·滕尼斯：《共同体与社会：纯粹社会学的基本概念》，林荣远译，北京大学出版社，2010，第62页。

位。这意味着资本现代性中只存在一种"共识",即对剩余价值最大化的共识。而使得这种逐利性共识成为可能的将不再是互主体性的情感纽带,而是彼此需要意义上的交换媒介。"货币"作为交换价值与剩余价值的直接表现,就成为承担维系"人际团结"与"社会整合"的共同媒介。为此,马克思指出作为资本现代性中所有人赖以生存的"一般实体",作为所有人劳动的共同产物,"货币直接是现实的共同体"[1],"货币本身就是共同体"[2],"凡是在货币本身不是共同体的地方,货币必然使共同体瓦解"[3]。换言之,当资本现代性破除前现代自然共同体赖以维持自身的情感纽带以后,资本现代性并不意欲在竞争性的市民之间构建起新的情感性的人际纽带,而是依靠"货币"这样一种天然的现代人际媒介来强化人际整合。货币之所以"直接是"共同体,"因为它是一切人赖以生存的一般实体;同时又是一切人的共同产物"[4]。对于生活在彼此依赖并相互需要的市民社会中的人而言,需要的满足离不开货币,因而货币是人们生活得以可能的共同媒介,同时货币的生产与再生产把所有人的劳动整合在一起。"货币共同体"的现实性就体现在它契合资本现代性的一般法则并迎合市民社会的现实需要。但是,"货币共同体"违背了"典范共同体"有机共生的一般价值原则,这种共同体虽然以外在联合的形式呈现,但是这种外在联合是以内在的竞争与对抗的尖锐化为前提的联合,因而并不是真正意义上"人"的联合,而是"少数人"的联合。这实际意味着一种选择上的"两难"处境,一则对于商品社会的人

---

[1] 《马克思恩格斯全集》第46卷上册,人民出版社,2016,第176页。
[2] 《马克思恩格斯全集》第46卷上册,人民出版社,2016,第172页。
[3] 《马克思恩格斯全集》第46卷上册,人民出版社,2016,第174页。
[4] 《马克思恩格斯全集》第46卷上册,人民出版社,2016,第176页。

而言，货币作为交换得以可能的必需载体，具有现实的人际整合功能，因而能够承担起市民共同体建构所必需的共享性媒介功能；但是，货币的资本化转换使得货币本身成为利己性竞争的代名词，这种基于货币的共同生活因而也是一种充满对抗、压迫和宰制的"非共同体"或"反共同体"生活，进而在马克思看来是"虚幻的共同体"。

马克思之所以把建立在"货币"之上的共同体称为"虚幻的共同体"，就在于在货币共同体中，社会主导性的关系是"资本关系"，而主体间最现实的交往关系仅仅表现为"经济价值关系"①。因而，货币共同体在以货币整合人际交往的同时，造成了全部社会关系的资本-经济化颠倒，从而使得货币共同体的本然形态以"私有者同私有者的联盟"的异化共同体形式呈现。在归根结底的意义上，货币共同体不过是私有者之间为了功利最大化旨趣而形成的"相互依赖"与"彼此需要"的关系类型，其本质上体现的是私有财产围绕价值增殖所展开的"相互外化"与"彼此让渡"，当私有财产经由这种外化与让渡并在这一外化与让渡的过程中丧失本然的私人性规定以后，便会成为一种"互通互约"的人际整合媒介②。由此可以判定"货币共同体"对于私有者、有产者和资本家而言是现实的、可能的、可欲的。问题就在于，一旦站在私有者之外审视不能依靠资本与地租实现价值增殖而只能依靠雇佣劳动谋生的无产者的处境时，货币共同体的虚幻性就显露无遗。"这种由私人财产权和现代社会契约包裹起来的共同体缺乏普遍性，没有广

---

① 徐宁：《马克思共同体思想的哲学研究》，光明日报出版社，2020，第130页。
② 张曙光：《马克思关于"价值"的研究及相关问题》，《河北学刊》2011年第1期。

泛的适用范围,体现为一种受资本驱动的政治关系或经济关系,对无产阶级来说,在现实性上几乎等于无。"① 此外,货币并非仅仅是用于交换的现实载体,它同样表达着一种市场价值观,货币价值观本质上是对共同体价值的瓦解。马克思指出,货币共同体不是给人一种共同体的温馨、归属与安全,而是以一种"利己主义"与"自私自利"的市民需要置换了人际的"类联系"。在货币共同体的持续扩张中,人的世界不是朝着一个相互包容与彼此成就的有机共同体方向发展,而是越发被分解为"原子式的相互敌对的个人的世界"②。伴随资本现代性的持续发展,交换关系最终成为资本现代性更加隐蔽的权力规训机制,受资本-货币规制的权力,本质上是一种外在于且不依赖于"生产者"的异化权力,因此,正如马克思所指出的,这种以货币为纽带的共同体由于存在难以消解的阶级对抗,因而对于外在于"私有者同盟"的雇佣工人、无产者而言完全是"虚幻的"进而表现为一种"新的桎梏"③。

二 价值复归与共识前提重构

"资本对价值的毁灭首先体现在它把一切'价值'都还原和等同于市场'价格',结果'价格'完全取代了'价值'并最终导致了'价值'的隐退和丧失。"④ 纵然多元社会所追求的价值共识是一种基于对话、沟通和商谈的"重叠共识",然而,在"价值"被误置乃至缺场的资本语境中,一切商谈与对话只

---

① 臧峰宇:《马克思政治哲学引论》,中国人民大学出版社,2020,第87页。
② 《马克思恩格斯文集》第1卷,人民出版社,2009,第54页。
③ 《马克思恩格斯选集》第1卷,人民出版社,2012,第199页。
④ 贺来:《马克思哲学与现代哲学变革》,中央编译出版社,2018,第322页。

可能是发生在私有者之间的功利博弈，基于此种工具性共识的也将是一种排他性的"私有者联盟"。马克思正是看到了资本现代性的上述价值困境，因而在他看来"价值复归"是"价值共识"的前提，只有当"共识"建立在对"价值"本真内蕴真正的现实的理解之上时，这种"价值共识"才能成为人之实践合理性的内在规范，也才能为"属人的"与"人属的"共同体构筑起坚实的合法性根基。

（一）马克思"价值"范式的转换

如同哲学的合法性所面临的最大挑战在于难以给"何为哲学"一个公认的清晰定义一样，"价值哲学"最大的合法性危机同样是由无法给"价值"一个普遍必然性的界定所引起的。这一点从西方持续百余年的现代价值论争中形成的先验主义、心灵主义、经验主义、实用主义等多元理路竞争性在场的阐释格局就能得到验证。然而，"价值"在马克思的理解史中的分歧与复杂性远远超出了人们的想象，可以说，在马克思那里"价值"更是一种"说不清、道不明"的纷争范式。这种众说纷纭、莫衷一是的阐释僵局源自对马克思前后期思想的一种"断裂论"解读。

1. "断裂论"与"价值特殊"

一般认为，在马克思思想形成的不同历史时期存在一个明显的范式转换，即青年马克思对"异化生存"的人本形而上学批判与成熟马克思对"异化生存"的政治经济学批判。可以说，这一判断是对马克思早期和中后期思想建构的方法论转型的客观阐释，而且这一判断几乎成为理解马克思思想发展史的阐释学"前见"。问题在于，能否据此合乎逻辑地认为马克思早期和中后期思想由于依凭了"人本主义"与"政治经济学"

两种不同的批判理路就必然是内在矛盾或完全异质的呢？这一问题随着 20 世纪 30 年代大量马克思早期遗著的发现与陆续发表（特别是 1932 年《1844 年经济学哲学手稿》的发表）而显得更加突出。总体而言，一种代表性观点认为，马克思前后期思想存在着明显的"断裂"，并以确证某一时期的思想来批判另一时期思想的合法性，用以法国学者吕贝尔（Maximilien Rubel）为首的"马克思学"的主张来说就是"马克思批判马克思主义"。当然，这种"断裂论"在法国思想家阿尔都塞的"症候式"阅读中以"认识论断裂"[①]的形式得到了更为"完整"的表达。据此阿尔都塞判定，以《关于费尔巴哈的提纲》（1848 年 4 月）为界，形成"两个马克思"，即人本主义批判的青年马克思与创立了科学唯物史观的马克思主义者的马克思。20 世纪 80 年代，"两个马克思"的思想传入国内，特别是在《1844 年经济学哲学手稿》研究热潮的推动下，如何看待马克思前后思想的关系以及如何理解马克思思想的总体性等问题成为国内学者关注的热点问题。

由于这一问题涉及的是马克思整个思想范式转向的逻辑自洽性和阐释正当性问题，因而它就构成了理解马克思的总论题。特别是上述分歧的长期在场，使得国内学界在发掘与建构马克思价值哲学时必然面对如何平衡青年马克思的哲学"价值"（如自由、公正等）与成熟时期马克思的政治经济学"价值"（劳动价值、使用价值、交换价值、剩余价值等）关系的问题[②]。或者，在马克思的思想谱系中是否存在"休谟问题"，即

---

① 〔法〕阿尔都塞：《保卫马克思》，顾良译，商务印书馆，2010，第 16 页。
② 朱立元、张瑜：《不应制造"两个马克思"对立的新神话》，《社会科学战线》2010 年第 1 期。

"价值"与"事实"之间的"断裂"。进而,马克思是在何种意义上谈论"价值"?其所探讨的"价值"是什么?其有没有一个能够融贯两个思想形成阶段的"价值一般"范式?在国内马克思主义价值哲学的拓荒阶段,"价值"通常是在政治经济学意义上被确定为"需求满足说","价值"实际上被等同于"效用"(使用价值)。有学者认为哲学所指向的"价值"虽然不同于商品的"价值","却可以相当于商品的或物的'使用价值'"①。这种价值理解从一开始就面临着双重挑战:一方面是否存在不依赖"效用"而自足存在的"内在价值"?更为重要的是如果价值是由满足主体需要所体现出的某种"效用"的话,应该如何理解人的内在价值呢?换言之,人作为价值创造者与价值承担者的双重角色使得人自身的价值在满足"谁之需要"以及"何种需要"的意义上才能被加以确证?又如研究者所进一步追问的,价值的哲学本质不能以"客体对主体需要的满足"这一纯粹事实性的判断来理解,因为哲学所关注与追问的价值对上述事实性判断提出了双重超越:(1)哲学所关注的价值应当是人的基本生存需要满足以后形成的"价值体验"和"价值感",因而哲学对价值的考察是"后需要"的,是对纯粹受"需要"宰制的物役化价值范式的超越;(2)作为一种"规范性"的探寻,哲学意义上的"价值"还涉及对满足需要的方式、需要满足的结构及其性质等的"持续性评价"和"实践性反思"②。

这种理解上的局限就使得如何理解马克思的价值,特别是

---

① 陈依元:《关于价值、价值认识和价值真理的哲学探讨》,《国内哲学动态》1984 年第 6 期。
② 袁祖社:《思入价值问题的理论深处:思想史研究方法的启示》,《江汉论坛》2017 年第 4 期。

在超越"物的依赖"的意义上寻求一种哲学人类学的价值范式，成为马克思价值哲学研究的元问题。在半个世纪的持续论争中，继"需求满足说"之后出现了"意义说""属性说""劳动说""关系说""效应说"等多维界定，但问题本身似乎至今仍然存在。总的来说，每一种价值主张要确证自身的合法性，特别是要在马克思的思想地平上获得合法性，大都取决于其在马克思思想张力中的融贯性。

2. "总体论"与"价值一般"

按照一般的理解，马克思的思想历程大致可划分为三个"跨越性批判"阶段。(1) 第一阶段主要以《莱茵报》时期青年马克思在物质利益难题的困扰中对以黑格尔为典范的德国古典形而上学展开立足费尔巴哈人本主义的哲学批判。在柄谷行人看来，费尔巴哈的"宗教批判"对马克思的"黑格尔批判"产生了重要影响，费尔巴哈认为宗教是人的"类人类本质"的异化，作为现实历史主体的人应当重回历史真实从而复归自我，青年马克思则对这一批判所针对的对象进行了拓展，即将"自我异化论"由"宗教扩展到货币、国家"[①]。在对现实的国家制度、法律以及货币制度进行考察时，马克思所诉诸的基本方法论视域是先验的"应有"与"现有"间的伦理对立，即 S 应该是 P[②]。这意味着对于这一时期的马克思而言，价值这个概念仍然是在古典伦理规范性的意义上被予以确证的，其所意欲表达的同样是一种应然性的合目的性展望。(2) 第二阶段当马克思对青年黑格尔派诉诸纯粹"词句的斗争"表现出极度不满时，

---

① 〔日〕柄谷行人：《跨越性批判：康德与马克思》，赵京华译，中央编译出版社，2018，第179页。
② 张一兵：《回到马克思——经济学语境中的哲学话语》，江苏人民出版社，2013，第22页。

其也意识到了费尔巴哈抽象人本主义具有与之相类似的理论局限。因此，这一阶段随着唯物史观的系统建构，马克思的批判逻辑也由纯粹的"应当"转向"能有"与"现有"之间彼此博弈的客观矛盾分析法①。在深刻把握人类历史演进的一般规律的基础上，马克思在充分肯定工业化大生产所具有的无限生产力的同时，把人类社会解放的可能性由主观性的应当转向了客观性的唯物史观考察。正是在这一时期，价值概念在马克思这里才真正摆脱了意识哲学与消极直观的纠缠，而在唯物史观的框架内获得了基于实践合理性的新定向。(3)第三阶段的马克思在唯物史观的地平上将其主要的理论反思视域集中在政治经济学的批判性研究当中，通过对资本现代性内在矛盾的政治经济学诊断，为人类解放的现实趋势进行了科学的展望。在这一阶段的思想构境中，马克思的理论逻辑集中表现为过去的 S_1 发展为今天的 S_2，并正在走向 S_3……S_n，即历史发展中客观存在的"先有"、"现有"与"后有"的历史矛盾分析②。对于价值概念的界定而言，这一时期马克思主要是在资本现代性的经济现实中考察诸如使用价值、交换价值、剩余价值以及劳动价值论等特殊价值概念的生存论后果。

从马克思的思想发展历程不难看出，至少在理论所直接诉诸的方法论原则以及理论所关注的具体研究对象上的确存在较为明显的转换。然而这种视域转换并不意味着在马克思那里没有一个统一的价值一般范式，至少从贯穿马克思思想始终的寻求人的自由全面发展的主题来看，其总的问题域并未发生过断

---

① 张一兵：《回到马克思——经济学语境中的哲学话语》，江苏人民出版社，2013，第23页。

② 张一兵：《回到马克思——经济学语境中的哲学话语》，江苏人民出版社，2013，第24页。

裂。如果说第一阶段的马克思基于"物质利益的难题"以及黑格尔法哲学的实践悖谬,最终确立了一种人本学意义上的实质性价值立场,即人的自由自觉的类本质的话,后面两个阶段实际是利用更加锐利的唯物史观与政治经济学武器解剖市民社会的机体,从而深刻揭示使得人的自由全面发展成为可能的制度性阻滞及其现实性出路。如此,有关"哲学价值"与"政治经济学价值"之间的张力问题,以及马克思是否存在一种整全性的价值哲学的质疑,也将因共同指向人的自由生存论问题而得到解答。因为马克思对政治经济学意义上的诸价值的考察,恰恰是以揭示这种价值的拜物教式僭越所诱发的"群体性迷失"与"异化性生存"的内在机理为理趣,进而为本真人学价值论的复归提供现实空间。由此看来,马克思对价值的思考既有别于黑格尔式的普遍范畴化推演,也有别于费尔巴哈式的消极直观,其在唯物史观的框架内发起了"重估一切价值"的新价值哲学革命。

"我们的发展在一步步远离价值的真理,我们迷惑在各种虚假的价值现象的世界里,我们以为自己在追求、创造、实现着各种价值,却根本没有意识到:真正的价值正渐行渐远,我们在追求价值中却失去了价值。"[1] 面对如此不堪的"价值的非价值"情境,系统性地检视拜物教逻辑的价值异化后果,批判性地反思先验理性主义的价值论限度,并在唯物史观的新观念地平上推动本真价值致思的回归,真正以"价值"的名义赋予现实的人的感性生活以内在关切,成为马克思价值哲学变革的核心旨趣。这一围绕"价值的未来"与人的自由全面发展所展开的新哲学变革从价值本体论、价值目的论、价值方法论三个

---

[1] 袁祖社:《思入价值问题的理论深处:思想史研究方法的启示》,《江汉论坛》2017年第4期。

面向实现了观念的突破和话语范式的创新,从而为一种面向现实的人的生存与发展实践的价值共识论打开了新视界。

(二)价值本体论重置:由"理性的人"走向"现实的人"

价值基点的重构无疑是马克思价值哲学变革的最为根本的标志。价值哲学本质上是一种严肃的人学,它提出了一种对人的本质的价值性认定。从某种意义上说,有什么样的人学立场就必然会有与之相适应的价值哲学理论。脱离了对人的现实性理解、反思与审视,在一个高度的人学空场中,哲学所理解的"价值"将丧失其存在的合法性与正当性。这也就是思想史上有关价值主观性与价值客观性纷争无法有效平息的根由,也是国内价值哲学界在效用说、关系说等问题上难定一尊的症结。因为不同的价值叙事表达着特定学者基于属己性的立场、视角乃至旨趣之上的有限人学认知。说"价值哲学"是一种"人学",并不意味着客观价值一定不存在,更不意味着价值总是因人而异的相对主义。如何基于对人的合理化认知来证成一种能为异质主体所共享的具有可共识性的价值叙事,一直是思想家努力要达到的理论抱负。

在西方理论传统中,围绕如何理解人的问题形成了多元而丰富的理论视角,人被观念地、先验地在"政治的"(亚里士多德语)、"理性的"(笛卡尔语)、"经济的"(亚当·斯密语)、"先验的"(康德语)、"符号的"(卡西尔语)乃至"消费的"(鲍德里亚语)维度上加以规定。显然,思想家所意欲表达的"人"无疑是一种被特定观念所预先设定的"理想人",这种所谓理想"人"可以是"任何人",但唯独不能是"现实人",以至于这种人性画像要么过于抽象而与人的现实相互疏离,要么过于直观而与人的理想彼此抵牾。对此,德国哲学家卡西尔的分析可谓一语中的,"哲学家没有自己创造人的权利,他们必须描述一个实在的人。任何所谓关于人的定义,如果没有基于人的经验并为这种经验所证实,都不过是缺乏根据的猜想而已"①。面对理想与现实之间难以弥合的张力,"人"因性质迥异的观念原则间的竞争性而陷入有关"我是谁"抑或"我们是谁"的自我认同危机。

马克思生活于其中的时代占主导地位的人学理论无疑是黑格尔的思辨人学。在黑格尔看来,"抽象理性"是世界的最高原则,世界受理性规制,世界历史是抽象理性展现自身的舞台。相较于"实体理性"本身的普遍必然性,黑格尔断言:"其余一切东西都是属于它的东西,都是它的工具。"②换言之,在黑格尔的思辨人学中,人被先在地设定为思考着的理性或行走着的绝对精神。这表达的无疑是18世纪以来西方"抽象理性主义"的一般精神,这种理性主义认为理性是文明与现代的最高标志,经由理性启蒙的人能够凭靠自身的理性能力揭露并战胜落后、不公与压制,从而在理性的推动下使人的世界日臻完满。抽象理性主义申言理性的社会化与制度化运用能帮助人摆脱愚昧的压制,"把人们从匮乏、灾难中解放出来,使人获得自由和幸福"③。然而,抽象理性主义的普遍性是以遮蔽世俗世界的特殊性为前提的,由于其从一开始就仅仅存在于研究者的"思想实验"中,因为现实的、恼人的"物质的纠缠"总是外在于其视野的,因而确保了其在意识哲学中的普遍必然性。理性既是人的一种能力,也是普遍人性的根据,基于理性主义的人学

---

① 〔德〕卡西尔:《人论》,李化梅译,西苑出版社,2009,第18页。
② 〔德〕黑格尔:《法哲学原理》,范扬等译,商务印书馆,1979,第354页。
③ 贺来:《马克思哲学与现代哲学变革》,中央编译出版社,2018,第318页。

预设,只要人们自觉地视"理性人"为现代人格之典范,并按照合乎理性的方式思考与行动,人们最终会在理性的公共运用中达致对某种事物的共识性理解。如前文所述,作为西方哲学的思想传统,抽象理性主义在罗尔斯有关正义价值的"重叠共识"以及哈贝马斯基于"交往理性"的"话语共识"的论证中发挥着基础性作用。问题在于纯粹理性能否为某种价值的基于正当性的可共识性提供根据?

卡洪并不认为能从纯粹抽象的理性设定必然得出价值共识。在其看来,虽然理性的抽象运用与纯逻辑推演能够获得一种基于"逻辑—惯性"的"确定性",但是这种论证所赖以展开的前提则无法经由纯逻辑的融贯性而获得同样的"确定性",因为抽象理性主义所依赖的"前提"不过是纯私人性的"意愿、偏见、观点和个体选择的结果"①。在有关犹太人解放的早期文本中,马克思指出在拜物教成为市民社会的主导性价值信念的地方,人并不如抽象理性主义者所设想的那样是理性而自由的主体。相反,在现实的市民社会中,人总是以"自私的个体"或"抽象的公民"显现自身。这种有关人的应然性与实然性之间的悖反以及这种悖反被意识形态家们有意无意的遮蔽,推动着马克思寻求一种以感性的、现实的、有生命的人为本体关切的新价值本体基点。

在马克思的理论视野中,抽象理性主义所关心的仅仅是如何"解释世界",即给世界赋予一整套自洽的先验秩序。因而,思辨哲学家所理解的人"都不是具体的东西,而是抽象的东西,即观念、精神等等"②。马克思哲学革命所要做的不是放弃

---

① 〔美〕劳伦斯·E. 卡洪:《现代性的困境:哲学、文化与反文化》,王志宏译,商务印书馆,2008,第 28 页。
② 《马克思恩格斯文集》第 1 卷,人民出版社,2009,第 265 页。

理性主义，而是通过重构理性主义的前提来促成一种立足"此岸世界"的"现实理性主义"。在"现实理性主义"看来，人并非全然外在于人的世界的抽象蛰居者，究其本质，人就是"人的世界，就是国家，社会"①。人既是持有理性的"理性人"，但同时也是活生生的、感性的、有生命的"现实的人"。其现实性就在于他是深受主体间生产、生活实践凝结的"社会关系"所现实地影响着的人。在《德意志意识形态》中，经典作家反复强调既不能仅仅以设想与想象的为元点，也不能将仅从口头说的、思考出来的、设想出来的"人"作为历史理解的第一前提，相反，唯物史观对于历史的科学理解以从事实际历史活动的现实的人为起点。

"现实人"对"理性人"的替代，不仅打开了人类历史的本真奥秘，而且从根本上扭转了价值哲学的基本视域。一种价值的正当性并不由其先验合法性所确证，当且仅当一种价值实际地契合了"现实的人"的基本生存需要和发展诉求时，这种价值才是现实地为有生命的个人所欲求的。那些仅仅由于先验地合乎抽象理性法则设定而显得有价值的价值的合法性，只有在对其合法性"前提"做出历史现象学考察以后才能最终被确定，否则它很可能会沦为一种遮蔽历史本真的宰制性意识形态。在马克思看来，事实并不像国民经济学家所认为的那样，由于"私有财产"契合了资本现代性的逐利逻辑，因而把"交换价值"（货币）看作一切价值评价的终极尺度的拜物教价值观念就一定是不容置疑的"历史事实"。国民经济学家并未对"私有财产"的生存论后果做出一般历史性的考察，而仅仅把私有制形成的现实"物质过程"打包塞进"一般的、抽象的公式，

---

① 《马克思恩格斯文集》第 1 卷，人民出版社，2009，第 3 页。

然后把这些公式当做规律"①,才在非反思性的意义上将资本现代性视为不容置疑的前提,并最终得出以下论证逻辑:由于作为"前提"的"私有财产"是不容置疑的事实,那么围绕私有财产最大化所展开的拜物教价值秩序的合法性当然同样不容否认。在这一论证框架内,论证得以展开的第一前提被安放在一个想象出来的"虚构的原始状态",可是这种做法不但什么具体的生存性焦虑也说明不了,反而使现实的生存性难题陷入"云里雾里",因而整个国民经济学赖以形成的第一前提同时也包含着异化生存的全部诱因。

(三)价值方法论重置:由"形而上学"走向"具体的抽象"

由"理性人"向"现实的人"的价值基点转换,相应地引发了价值方法论的转换,即人们在看待与论证价值时所诉诸的一般方法论原则的转换。马克思的价值叙事的起点是"现实的人"而非抽象的"理性人",这就使得一种有别于抽象理性主义的价值方法论的在场成为马克思现实化其一般价值前提的重要工具。事实上,青年马克思对资本现代性的人本主义批判本质上仍然是一种抽象的形而上学批判,其与抽象理性主义一样,都是从一种先验前提出发。二者的不同只是研究对象的不同,在马克思那里不是"先验的人"而是深受异化劳动摧残的雇佣工人。正因为在"物质利益的难题"面前这种抽象人本主义的价值方法论的软弱性,马克思最终选择走向一种更具现实关涉性的政治经济学批判。问题的关键在于,马克思的政治经济学批判究竟在何种意义上开辟出了一种新的价值方法论?

---

① 《马克思恩格斯文集》第1卷,人民出版社,2009,第155页。

在《1857—1858年经济学手稿》中，马克思考察了"从具体到抽象"和"从抽象到具体"两种不同的经济学研究方法后，认为后者是一种"在思维行程中导致具体的再现"的科学方法①。这里的"抽象"在黑格尔那里是一种纯范畴的抽象，在古典政治经济学家那里是一种对眼前既有经济事实的非反思性确认。总之，这些"抽象"本质上都是"一种无历史性的存在方式"②。马克思则赋予"抽象"一种面向"现实历史"的本质规定性③。这种"现实历史的抽象"在马克思关于"现代人"的发生学考察中得到了集中体现。马克思认为"人"是一个历史生成性的范式，"人"的自我意识及其社会化图式随历史情境的变迁而不断改变。在最初意义上，个人被裹挟在家庭与氏族的关系网络中，因而并不具有选择性的自我意识。随着交往关系的不断扩大，人的自我意识开始突破家庭与氏族的边界进入形式各异的"公社"中，但个人从现实性上来看仍然处在"人的依赖"状态。只有当人类历史进入18世纪以后，在巨大的工业商品化浪潮推动形成的现代市民社会中，现代人的自我意识才开始将各种社会关联视为达到其"私人目的的手段"，进而视其为一种"外在的必然性"④。这一包含历史理性的人学判定足以说明资本现代性中自私自利的市民形象并非人之本真状态，其所表达的是18世纪以后的现代性人学想象。人不是从来就是"利己的个人"，那种视共同体为达成"私人目的的手段"的"经济人"只是18世纪的历史性异化定在，其合理性在于它摆脱了自然共同体的规制，而成为一个自足的权利

---

① 《马克思恩格斯文集》第8卷，人民出版社，2009，第25页。
② 夏莹：《试论马克思对物的追问方式及其激进维度》，《现代哲学》2015年第3期。
③ 张一兵：《回到马克思》，江苏人民出版社，2013，第586页。
④ 《马克思恩格斯文集》第8卷，人民出版社，2009，第6页。

主体；其非合理性在于这种在工具与手段意义上理解的人，本质上不过是本真人性丧失以后的"工具人"，是一种处在非整全态的"单面人"。由此可见，只有把对人的理解建立在这种"现实历史的抽象"之上，人之现实处境才可能得到科学揭示，进而才能对这种现实的人的生存处境的合理性做出合理的价值评判。否则，仅仅停留在"概念的抽象"或"当下的抽象"都因未对人的现实生存状况做出科学考察而沦为"非人"。

英国学者阿尔弗雷多·萨德-费洛在《马克思的价值：当代资本主义政治经济学批判》一书中，引入"智力的概括"与"具体的抽象"的范畴组合对马克思的价值方法论进行了深入系统的考察。在他看来，马克思的价值方法论与洛克—康德—密尔传统中的"智力的概括"或"形而上学"的方法论有着本质性的区分。"形而上学"的方法把"具体性"看作"本体上相互依赖的诸因素的堆积"，其只是与外部世界"偶然地"发生联系，而"本质性"才是契合形而上学旨趣的真实存在。"形而上学"的方法通常依照"智力的概括"来建构具体性间的联系，其理论基础在于："武断地选择某种关系或共同性质，例如经济学中的'劳动'、'需求'、'市场'或'效用'，作为进一步分析的基础。"[①] "智力的概括"在科学归纳中普遍适用，但在涉及"意义阐释"的价值评价问题上却存在着明显的局限：（1）断言特定因素存在一切事物中，因为唯有具备这种属性的事物才能纳入分析范畴；（2）可以表达客观事实，也可以只表达主观假象，想把这两者区分开着实不易；（3）它们很可能表达感兴趣的那些现象的极为不同的各个方面。这就使"智

---

① 〔英〕阿尔弗雷多·萨德-费洛：《马克思的价值：当代资本主义政治经济学批判》，周丹、孔祥润译，社会科学文献出版社，2021，第13页。

力的概括"所获得的结论并不具有普遍必然性。萨德-费洛认为能够替代"智力的概括"的是"真正的抽象"或"具体性抽象"(real or concrete abstractions)。二者的区别在于"智力的概括"以观察者选取的"外部关系"为基础,而"真正的抽象"则以"物质现实"为基础,其所揭示的是"个别事物的本质中蕴含的具体的普遍性"[①]。

"智力的概括"对构成个别事物在逻辑上、历史上的决定性特征的"本质"通常做出如下理解:(1)本质是一个逻辑范畴,它有助于在智力中重构具体性;(2)它就是个别事物由以展开的现实的(而非单纯理论的、理想的)本源;(3)它是在历史中形成的。"本质作为由规定而来的例外产生了,它逐渐脱离先前的具体的普遍性,成为历史进程中只能付诸具体分析的、一系列新现象的本质。"[②] 因而,"本质"被看成"总是一个隐藏在现象背后的独立的实体,唯有揭开它的面纱才能认识它"。在马克思"具体的抽象"中,"本质"通常存在于"现象"当中,而且只能通过"现象"而存在。"现象不仅仅是本质的表现形式,它更是本质的存在方式。"完全脱离"现象"的"本质"是一种先验的"本质",因而也是一种既无法也无须做出"评价"的自明性"本质"。总之,在萨德-费洛看来,"唯物辩证法审视具体性,以便弄清楚决定现实的物质结构,尤其是弄清楚所要研究的现象背后的本质,弄清楚现象与本质的中间环节。对本质及其发展的系统性分析阐明了个体之间的

---

① 〔英〕阿尔弗雷多·萨德-费洛:《马克思的价值:当代资本主义政治经济学批判》,周丹、孔祥润译,社会科学文献出版社,2021,第15页。

② 〔英〕阿尔弗雷多·萨德-费洛:《马克思的价值:当代资本主义政治经济学批判》,周丹、孔祥润译,社会科学文献出版社,2021,第16页。

联系,并用概念表达它们的这种联系,想在智力中重构这种具体性必须如此"①。基于这种全新的方法论视域,"使用价值"对"内在价值"、"交换价值"对"使用价值"所表现出的优先性,虽然在契合资本现代性拜物教诉求的同时也符合主流政治经济学的理论预设,但这并不意味着这种价值秩序的颠倒必然是合法且正当的。这种"替代"的合理性不能由这种未经考察的"历史优先性"所证成,相反,只要把理论的视野指向更具现实性的人类生产史、生活史、工商业史和市民社会史,人们一定会发现这种"历史优先性"是以人的价值的丧失为代价的因而也是必然被扬弃的。

马克思在《资本论》第一卷第二版跋中进一步指出,研究必须建立在对材料的丰富占有与分析之上,否则将无法恰当地表述现实运动。但是,研究工作也不能止于对材料的实证主义式占有,而是要建构一个统摄具体研究的"先验的结构"②。所谓"先验的结构"是一种"从具体到抽象"的研究路径,但并不是研究的终结而是真正研究的开始,是由"抽象"回归"具体"的开端。因此可以说"现实历史抽象"是现实的、历史的抽象,而不是先验的或非历史的抽象。它不是理论考察的"结束",而是真正批判性考察的开始,不是为了获得一个论证前提而抽象,而是为了解释历史现象的合理性而抽象。经由这种抽象所得到的结论,所追求的不是先验合法性,而是历史正当性。因而,所有经由"现实历史抽象"所得到的论证前提,唯有在进一步经历了由"抽象到具体"的检验以后,才能得出有

---

① 〔英〕阿尔弗雷多·萨德-费洛:《马克思的价值:当代资本主义政治经济学批判》,周丹、孔祥润译,社会科学文献出版社,2021,第16页。
② 《马克思恩格斯全集》第23卷,人民出版社,2016,第23~24页。

关其自身合法性的确定判断。因此,马克思用以考察价值问题的这种"现实历史抽象",内在地包含着从"历史具体"走向"观念抽象",再由"观念抽象"回归"历史具体"的辩证统一过程。可以说,这种对于"价值"问题的历史现象学考察,既克服了抽象理性主义价值论遮蔽历史具体的纯逻辑论证的缺陷;也超越了"历史决定论"的挑战,"历史"作为人的生存情境并不是先验地决定着人的价值观念,而是现实地影响着价值观念的变迁。

人们的价值观念是历史地生成并发展的,但并不能说某种价值观念是"历史的",因而就是"合理的"。例如在资本现代性中"效用"原则是价值的本体性规定,这是由市民社会彼此需要的交换体系这一现代生存方式所决定的。但这并不意味着把所有价值仅仅理解成效用价值就是正当的,特别是当人的生命同样被放置在效用原则下考察时,其反人性的非合理性无疑是鲜明的。当然,更不能认为一种价值观念具有了"历史合理性",就必然具有绝对排他的优先性。"价值"不是历史性的直观表达,而是超越性再现。以历史性为对象所生成的"价值",仅仅是对历史具体的一种价值性抽象,至于这种抽象是否合理、正当,还需要让"抽象"回归"具体",在经历"物的纠缠"与"世俗纷争"以后,"价值"的合法性与可欲性才最终被确证。这同时也意味着在有关价值的历史现象学考察中不存在"绝对价值"与"普世价值",因为这两者都试图在意识哲学所构筑起的形而上学世界主张一种超历史的或非历史的本体性价值。历史的无限敞开使得基于历史的抽象同样是一个无穷无尽的发展过程,价值的历史合理性也就必然表现为一个持续扬弃的辩证统一过程。抛开植根历史的发展性而主张一种超历史的所谓普世价值,只可能是一种先验的价值独断。

（四）价值目的论转换：由"物本价值"走向"人本价值"

"现实历史的抽象"究竟是何种抽象呢？这取决于对"历史"本身的理解。在马克思那里"历史"既不是抽象的概念史，也不是僵死的史料史，而是"有生命的个人"的生产生活史。因而这种植根现实的社会历史主体生产与生活世界的"现实史"所关注的是"有生命的个人"的生命及其生产活动得以展开的物质生活条件。因此，"现实历史抽象"本质上是基于对现实的人的生产生活史做出理性考察之上的具体抽象，它本身是对实证主义式的"纯粹理论抽象"的历史性再评价。马克思政治经济学批判中所确立的价值方法论并不是对早期价值立场的背离，而是经由"现实历史抽象"的一种展开，使一种"大写的价值"在其思想构境中始终在场。而这一"大写的价值"所追求的旨归就是使价值目的论摆脱"物本"逻辑的宰制进而面向"人本"逻辑的复归。换言之，就是通过"现实历史的抽象"把握"现实的人"的异化生存处境，进而以"现实的人"的自由全面发展这一实质性的价值立场作为审视"物本"价值论正当性的现实尺度，最终达成在资本现代性的"人学空场"中打捞"人"之内在价值的变革期待。正如有学者所指出的，这种方法论的最终诉求就是使得一种"让当事人出场说话"[①]的真实价值语境成为可能，只有赋予资本家、雇佣工人、职业病医生以及工厂观察员以同等的话语权，对其所遭遇的处境与困境进行实事求是的表达与辩论之后，一种聚焦"微观和感性"的经济事实最终将还原一种真实的生存处境与现实的价

---

① 宫敬才：《论马克思〈资本论〉中让当事人出场说话的方法》，《人文杂志》2018年第4期。

值反思场域,从而为重估价值打开历史性空间。

资本现代性本质上是"物本价值"霸权的现代性,而马克思所要追求的就是经由系统而深入的检视,为"人本价值"的出场提供现实条件。从《莱茵报》时期面对"物质利益的难题"开始,"现实的人"的权益、解放和发展问题就构成马克思一生理论研究与实践探索的旨归。唯物史观和剩余价值的两大发现,并未消解青年马克思对本真"价值"的总体性思考。相反,从《论犹太人问题》到《资本论》,马克思始终持有一种实质性的人学价值论立场。在《巴黎手稿》中,经典作家们把这一价值理想概括为现实的人以一种整全的方式占有自己全部的本质;这一指向人性复归的价值旨趣在《共产党宣言》中被集中表述为"每个人的自由发展是一切人的自由发展的条件"[①]。从马克思价值哲学完整的思想历程来看,即使在成熟时期的政治经济学批判中,这种指向"有生命的个人"的自由全面发展的实质性人学价值论原则不但没有退场,而且依凭政治经济学批判的媒介以一种历史现象学的方式得到了更加具体的呈现。

"自由"与"正义"等价值观念不是马克思的首创,但无疑在马克思那里得到了新的价值定向。自由与正义如果脱离了现实的人的现实生活,迷失在"物本"逻辑的幻境而丧失基本的"人本"旨趣,脱离了"有生命的个人"的生产生活史,就会蜕变为一种抽象的"解释世界"的先验价值原则。从先验价值出发,人们能够合乎逻辑地赋予世界一种价值秩序,但无法现实地促成一种合乎价值的生存处境。因而在马克思那里,"自由只能是一种特别的生活或生存状态,即自由生活或生存

---

① 《马克思恩格斯文集》第 2 卷,人民出版社,2009,第 53 页。

状态"①。同样，在有关"自然正义"的论述中，马克思指出资本现代性中生产者间经济交易的正当性是由私有财产为原则的资本化生产关系决定的，对于交易双方而言其都以承认这一经济交易的正当性为前提，因而体现交易双方"共同意志"的资本主义经济交易便成为受法律承认与保护的"自然正义"。然而，对市民社会经济交易的正义性的自然主义论证凭靠的方法论原则，本质上是一种为庸俗的唯物主义所偏执的"历史决定论"，其之所以是历史的决定论就在于，只要与当下资本化的生产方式相适应的就必然是正义的，因为资本化的生产方式是人类基本经济样态由"自然经济"过渡到"商品经济"的必然结果。在这种对正义所做的庸俗决定论阐释中，"奴隶制"与"弄虚作假"因为背离于资本现代性的一般逐利要求，因而被判定为非正义的。仅从表现来看，这种判断无疑具有一定的"合理性"。然而，悖谬就在于，极端的"劳动力商品化"，即那种把人的劳动和生命视为商品，视为资本逐利工具的做法，却由于契合了市场（商品）社会的功利最大化原则被视为"正义"的。之所以会形成这种悖谬，就在于促使资产阶级用抽象的"正义"为这种现代版的"奴隶制"提供辩护的原因无疑是"资本的条件是雇佣劳动"②。如果说资本现代性的来临是一种难以抗拒的必然趋势，悖谬出场的原因就只能是"物的依赖"成为人们审视"正义"原则的本体性先设。然而，正如马克思在其人学价值论的立场上所指出的那样，仅从"物本"逻辑审视，"雇佣劳动"不仅具有"历史合理性"同时也具有"时代正当性"，因为其满足了物本逻辑所追求的拜物教旨趣。一旦

---

① 王南湜：《马克思的自由观及其当代意义》，《现代哲学》2004年第2期。
② 《马克思恩格斯文集》第2卷，人民出版社，2009，第43页。

从"人本"逻辑审视，私有制基础上的"雇佣劳动"的全部合理性都将因遗忘了人的基本生存与发展需要而丧失，马克思直截了当地宣称"雇佣劳动制度是奴隶制度，而且劳动的社会生产力越发展，这种奴隶制度就越残酷"①。

自启蒙以来，"自由"成为人类文明的一般性价值共识，于是成为一个自我主张的"自由人"就成为现代人格的典范。然而，在马克思看来，资本现代性仍然是以"物本"逻辑来审视和理解"自由"，以至于在表现为"贪欲以及贪欲者之间的战争"与"资本的现实发展"的自由竞争中，唯一自由的"并不是个人，而是资本"，因而这种"自由"并不是对人的类本质的确证，而是类本质的全面丧失。从人类社会围绕"自由"所展开的历史与现实中，"自由"之可贵，不在于被人们仅仅写入法条、当作抽象的"应当"，而是落定在"有生命的个人"的日常生活实践，并实质性地促成一种没有外在奴役与压迫的"自由生活"。纵然在洛克-康德传统中"自由"被赋予丰富而系统的价值内蕴，然而，一旦"自由"由纯粹的意识哲学走向日常生活世界，面对一个已经为文明国家所普遍认可的"自由人"预设，对于那些自由的一无所有的雇佣工人而言，他们能实际持有的仅仅是自由地出卖自我的"自由"。显然，这不是作为社会真价值的"自由"，而是丧失人本关切的"异化自由"。

三 优良价值共识与自由人联合体

现代性所遭遇的价值共识困境是人们狭隘地理解的"价值"本身所导致的生存性困境。当价值被简化为先验教条或功利原则时，本真性的价值视野也就被遮蔽了。在这种扭曲的价

---

① 《马克思恩格斯文集》第3卷，人民出版社，2009，第441页。

值观念之上，异质主体间基于工具性共识的共同体，只可能是一种利益主体间的排他性"功利联合体"。当"价值"本质上是"反价值"时，除了货币共识与资本共识外，也就不再具有达致"价值共识"的可能性。马克思的价值变革从根本上翻转了价值现代性的视域，特别是基于历史现象学的价值考察为我们理解价值分歧与价值冲突的本质，构建一种契合人性本真性期待的优良价值共识打开了全新的理论与实践视域。经由对马克思价值哲学变革的三重内蕴的把握，一种既有别于抽象理性主义，又有别于庸俗唯物主义和政治经济学的新价值论登场了。这里虽然没有直接谈论"价值共识"的主题，但为我们理解"价值共识"的根本困境打开了新的视域。基于对"价值"本身的历史现象学定向，"价值共识"在马克思这里已然超出了一般观念论的范围，而在与有生命的个人的现实生活高度关联的意义上具体地表现出"生存性共识"、"历史性共识"和"超越性共识"三重面向。

（一）生存性共识

"意识在任何时候都只能是被意识到了的存在，而人们的存在就是他们的现实生活过程。"[①] 这等于说"价值"虽然常以人所自觉建构的"意识态"呈现，但并不意味着"价值"仅是一种纯粹的观念性虚构。相反，"价值"总是被人所意识到了的"存在"，是人的"现实生活过程"的超越性表达，因而价值总是与人的生存、人的生活现实地内在地相互关联。价值之为价值者，在于其对人的不合理生存处境的规制以及对合理化生存境遇的范导。在马克思那里，一种值得欲求的"价值共

[①] 《马克思恩格斯文集》第1卷，人民出版社，2009，第525页。

识"本质上是基于人的合理化生存关切得到公正满足之后所形成的生存性共识,这首先意味着寻求"价值共识"也就是探寻一种合乎人性本真期待的"属人的"与"人属的"生存方式。也因此,在马克思的理论构境中,诸如"自由""平等"与"正义"等价值原则,既不是在认识论意义上使用,也不是在政治学意义上阐释,而是"生存论"意义上的展开①。

当唯物史观把人类历史的首个前提确定为"有生命的个人"的存在时,现实的历史也就绽现出新的图景。可以说,由人所创构的一切体力和智力成果,最终只有在服务于"有生命的个人"的现实存在的意义上才能确定自身的合法性。正如卢卡奇所指出的,抛开加诸马克思思想的偏见不论,马克思哲学的本体性关涉无疑指向"关于存在的论述"②。关注资本现代性中人的生存问题,特别是用现实的人的生存处境来评判先在价值的合理性,是马克思价值哲学的鲜明特征。马克思生活于其中的时代,受资本逻辑、工具理性与拜物教价值观念的宰制呈现出一种总体性的异化生存病症。"物本逻辑"对"人本逻辑"的替代,拜物教对人性的总体性压制,物的世界的增值与人的世界的贬值,共同造成雇佣工人生存的边缘化。以资本逻辑为核心原则的私有制强化并加剧了无产者的悲惨处境,社会围绕财富占有率愈益分化为两大对立阶级。如何维系资本主义社会的内在秩序,进而如何确保生产力的资本主义式应用的可持续性,成为那个时代的头等大事。社会的分化、阶级的对立最终体现为生存价值的深度分离与持续对抗。对于持有资本权力且占据统治地位的资产阶级而言,货币进而资本无疑是凝聚价值

---

① 刘同舫:《马克思的哲学主题》,人民出版社,2017,第109页。
② 〔匈〕卢卡奇:《关于社会存在的本体论》(上册),李秋林等译,重庆出版社,1993,第637页。

共识，实现社会整合最为便捷的媒介。然而对于边缘化的无产阶级而言，面对贫困带来的生存性压力，共识于货币与资本的价值至上性也就意味着放弃自我持存的可能。资本家偏好的是剩余价值（富裕），雇佣工人则期待物质资料（生存），价值的分歧体现的是深层次的生存处境、生存现状和生存理想的根本对立。由于这种对立是由贪婪的私有制与奴隶般的雇佣劳动制度所引发的结构性对立，因而在引起对立产生的制度前提没有实质性改变的前提下，一种有利于社会合作的真正价值共识绝然无法达成。

在生存利益制度性地对立的前提下，一切崇高的价值最终都沦为资本霸权的意识形态。正如马克思所指出的，在资产阶级有关"永恒正义"的司法阐释中，平等不过是资产阶级的平等，唯一被伸张的"人权"是专属于资产阶级的私人所有权，甚至卢梭社会契约论所揭示的"共和国"也不过是"资产阶级的民主共和国"[1]。在这种资产阶级的生存利益绝对性地压倒一切的条件下，包括自由、平等、民主等价值原则不过是涂抹在资本规训权力之上的粉饰而已。正因此，在马克思看来，资本座架上的现代"自由"所关切的不是"人与人相结合"而是"人与人相分隔"。"自由"被规约为一种"分隔的权利"，一种狭隘的、局限于自私自利的个人的权利[2]。在现实生存论意义上，这种立基于私有制之上的自由不过是一种"异化自由"，一种视他者为自我自由实现障碍的排他性自由。这种自由观以主张主体间的殊死竞争来标榜资本现代性所谓"自由竞争"，殊不知在"自由竞争"得以可能的物质条件被不合理地侵吞与占有的情景中，这种"自由"仅仅是少数占据绝对竞争优势的

---

[1] 《马克思恩格斯文集》第3卷，人民出版社，2009，第524页。
[2] 《马克思恩格斯文集》第1卷，人民出版社，2009，第41页。

资本家的自由，进而是那些被私有制所遗弃的雇佣工人的不自由。这种"自由的对立"最终演化为一种"生存性对立"，由于资本现代性并不意欲弥合这种生存性对立，因而也就从现实性上瓦解了对立阶级之间达成自由共识的可能。资本家由于共同的拜物教取向而团结成"寄生性联盟"，在偏执于高额的剩余价值的同时置无产者的生存诉求于不顾。作为"可变资本"的雇佣工人在不间断的强制劳作中创造出大量异己的"剩余价值"，但并未因此而过上一种有尊严的体面生活。相反，雇佣工人只有作为活资本满足资产阶级的逐利需要时才能勉强维持一种动物般的生存。"资本"与"雇佣劳动"的对抗既是"人"与"人"之间、"利益"与"利益"之间的现实对抗，也是"占有"与"生存"、"贪婪"与"匮乏"之间的价值观念的对抗。前者的实质性在场决定了在不改变基本生存制度的前提下，有关后者的共识是难以达成的。

面对由难以调和的阶级对抗所决定的跨阶级共识的不可能性，无产阶级的"革命"成为替代"共识"而存在的唯一选择，但这并不意味着马克思先在地崇尚暴力，更不意味着"价值共识"的绝对退场。如果说价值本质上与人的现实生存内在关联，那么价值共识所关涉的根本性问题便是竞争性生存权益间的协同问题。资本现代性所强化的私有制之上的雇佣劳动体制、所有权制度以及围绕剩余价值最大化展开的价值分配制度，不但未能为协同竞争性生存权益提供可能的制度性空间，反而在拜物教逻辑规制下加剧了生存权益的对抗。当阶级对抗由一般的"自由竞争"上升为一种"生存性对抗"时，跨阶级的普遍共识便陷入僵局。为此，从现实历史的异化境遇审视，马克思放弃寻求跨阶级共识的诉求，转而寻求被遗弃的无产阶级内部的"阶级共识"，这一转变本身恰恰体现了对价值共识去先验化的唯物史观定向。然而，这种共识视域的转换只能以19世纪中后期无节制的资本现代性的历史现实为依据。当唯物史观把人类历史由消极状态提升到能动状态时，在马克思看来，追求人的自由全面发展必将是人类社会的基本共识。毕竟在物本逻辑操控的资本现代性中，几乎没有哪个阶级是受益者，资本家对剩余价值的贪婪以类本质的丧失为代价，因而其自身也是拜物教的牺牲品。现实的历史也如马克思所预言的，哈贝马斯在考察晚期资本主义的危机时指出，伴随二战以后西方福利资本主义的转型，马克思那个时代高度尖锐的阶级对抗被一种相对温和的"阶级妥协"所替代。我们必须注意，一定意义上资本主义的福利化转向实际上已经宣告了完全遮蔽无产阶级生存利益的古典资本主义制度的终结，所谓"阶级妥协"不过是在资产阶级意识到阶级对立的程度已经威胁到自身利益的情况下所作的让步，他们把古典资本主义试图独占的剩余价值让渡部分以改善无产阶级的生存处境，这样的做法一定程度上缓和了阶级对抗，为跨阶级的共识提供了有限可能性。然而，由于晚期资本主义并未扬弃绝对私有制，因而其自身仍然面临着合法化的危机。

把"价值"引入"生存"，不论是"用生存看待价值"抑或"用价值看待生存"，体现的是对先验价值论与资本价值论的双重拒斥。价值只有成为生存性价值，才能成为现实的价值，才能基于共享的生存背景、共同的生存关切生成一种关乎人之生存的价值共识，即"生存性共识"。生存性共识既是对现实的人"共处一世"的生存处境的共识，也是对渴望过一种没有"制度性羞辱"的体面而有尊严生活的生存理性的共识。一旦人们认识到现实异化生存处境不仅是单个人所特有的处境，而且是人类所共同面对的时代性处境，同时当人们认识到有关

"意识的空话"无法解答人们的现实生存困境而是对这种悲惨处境大加辩护时,一种由生存性压力所引发的价值反思就必然成为时代性的反思,而在这一时代性反思开始的地方,真正的价值共识也将伴随这一反思并在这一反思进程中最终确立。围绕"人是人的最高本质"① 这一生存论旨归,一种实质性的价值共识将成为时代性的生存论共识。

(二) 超越性共识

人的生存不是被动地屈服于现实世界,而是能动地栖居于现实世界。因此,"生存性共识"之中内在地蕴含着"超越性共识",为人所期待的有价值的生存状态必定是有着鲜明超越性诉求的生存状态。"文明人类所吁求的,是引导、影响人类心智和历史进步逻辑的社会真价值,其所表达的,是有关人类生存之美好境界的理性甄别、实践判断以及共识性预期目标的有效达成。真正意义上为人类所不懈追求的各种价值,无一例外,都以这样和那样的方式,证明着这一真理。"② 在这层意义上,价值体现的正是人之为人的超越性诉求。自由之所以成为有价值的就在于人们对极权、专制和等级等非自由状况的反抗。同样,正义之为正义表达的是价值主体对非正义现实的反叛意识和超越期待。超越性作为人类实践活动"合目的性"的生动诠释,是人的意识能动性的具体绽现,是人区别于其他物种的内在规定性。人的意识的超越性就体现在这种能动的意识"不用想象某种现实的东西就能现实地想象某种东西"③。

---

① 《马克思恩格斯文集》第 1 卷,人民出版社,2009,第 18 页。
② 袁祖社:《价值本质的自我澄明:观念史视角的合理介入》,《清华大学学报》(哲学社会科学版) 2017 年第 5 期。
③ 《马克思恩格斯文集》第 1 卷,人民出版社,2009,第 534 页。

马克思意义上的"超越",不是那种诉诸先验力量并将希望托付在彼岸世界的精神性超越,而是植根有生命的个人的生产生活史的现实性超越。对于前者而言,"实践只是例外,理论才是通则"。对于后者而言,全部超越所绽现的旨向不是撕掉镶嵌在生存枷锁上的神秘性的"虚伪花朵",转而戴上"现实的枷锁",相反,这种超越力图从根本上"扔掉它,采摘新鲜的花朵"①。现实超越性所追求的是由一种社会真价值(自由全面发展)引领下的生活世界的整体性人学转向,其最终所意欲的正是那种人与自然双向复归的生活世界。在马克思看来,只有当"现实的个人"在自己具体的经验生活、个体劳动以及个体关系中将"抽象的公民复归于自身",从而确证自身作为"类存在物"的真实身份并在"类存在物"的意义上重新组织现实的社会力量时,属人的和人属的真正解放才能完成。因此,"超越性"在马克思那里就是经由人的创造性的能动实践,使世界面向有生命的个人敞开并复归于人自身的现实努力。这种使人真正成为人的超越性诉求,恰好是一切社会真价值最为本真的人学旨趣。动物的世界没有"价值",因而注定是一个由纯粹本能宰制的弱肉强食的世界;只有人才以自觉的"价值"意识为"自我立法",通过"价值"对不合理社会现实的评判、规制、范导和引领,使人类世界摆脱野蛮、杀戮与专制而越发通达文明、合作与平等。价值不能先验地正当,只有其兑现了使人类社会愈益文明化的超越性承诺时,价值才能成为真价值。

在《〈政治经济学批判〉序言》中,马克思进一步强调:"物质生活的生产方式制约着整个社会生活、政治生活和精神生活的过程。不是人们的意识决定人们的存在,相反,是人们

---

① 《马克思恩格斯文集》第1卷,人民出版社,2009,第4页。

的社会存在决定人们的意识。"① 资本现代性中人之自由全面发展的超越性诉求现实地受"拜物教"的压制而陷入危机。因此,资本现代性的危机同时也是价值危机,是人自身被模塑为机器的附庸与资本逐利的工具而丧失内在价值与超越性祈向所表现出的危机。这种压迫性的异化"社会存在"从根本上决定了异质价值主体间的对抗与疏离,进而使得作为"社会意识"的价值叙事本身很难指向存在着压迫和宰制的主导性价值规范的可共识性问题。正如马克思所指出的,以交换为内容的"经济形式"是确证交换主体间"全面平等"的基础,而决定"经济内容"以及实际交换得以可能的"物质材料",则是有生命的个人的生存自由得以可能的现实前提,"平等和自由不仅在以交换价值为基础的交换中受到尊重,而且交换价值的交换是一切平等和自由的生产的、现实的基础"②。但是在私有制为主体的阶级分化与对抗的资本主义社会,由于无产阶级全面丧失可用于交换的"实质性内容",唯一能够用以交换的只有自己的生命与劳动,因而从根本上说无产阶级处在看似"平等"实则"不自由"的状态。"平等"是因为他们同样享有法权意义上参与"经济交换"的"形式平等","不自由"是由于根本不占有任何可用于交换的物质资料,因而所谓"形式平等"之上的"抽象自由"实际上是"实质不平等"下的"现实不自由"。其一,从法权意义上的"自由人"视角审视,雇佣工人有权利把自己的劳动力当作自己的商品来支配;其二,从现实交换的可能性视角切入,由于雇佣工人"自由的一无所有",进而没有任何实现自己的劳动力所必需的现实条件,因此这种

---

① 《马克思恩格斯文集》第 2 卷,人民出版社,2009,第 591 页。
② 《马克思恩格斯全集》第 46 卷上册,人民出版社,2016,第 197 页。

"自由人"预设又是虚假的。在这种自由悖论中,私有制下的"劳动力商品化"作为一种存在"交换价值"的现实"交换",在人学价值论的立场上是"人"的全面沉沦,因而也是人丧失全面超越性取向的市场化、商品化和资本化的崩陷。在这种全面异化了的生存处境中,无产阶级不可能与资产阶级就维系虚幻共同体的资本规训机制而达成"依附型共识"。因为,在围绕剩余价值所展开的殊死斗争中,"资本家的自由"往往是"无产者的末日"。

在《巴黎手稿》中,马克思认为一个种的总体特征取决于其类生活的特质,现实的人所从事的生产生活是产生人的生命的类生活,这种类生活与动物所持有的消极、盲目、被动的类生活不同,它在本质上是"自由的有意识的活动"[①]。换言之,追求一种自由自觉的活动是作为"类存在"的人的"类规定",而所谓"自由自觉"并非意识哲学领域内的"抽象自由",也不能仅仅是由市民社会规制的国家法权意义上的"虚幻自由",而是一种现实的生存与发展自由,也就是一种自由自觉的生存状态。这种现实的自由既体现在人的基本生存需要的满足,也体现在人不受私有制基础上社会分工的强制而发展自由个性的超越性实现。正如学者指出的,"自由自觉的活动"是贯穿马克思新哲学始终的核心价值信念[②]。

一旦人们对其"类规定"形成自觉意识,在超越非人化的异化生存处境的意义上,价值与人将实现双重复归,即"价值"最终将体现着"人"的超越性,而"人"也最终将成为真正的"自由人"。因此,在资本现代性加诸那个时代的生存性

[①] 《马克思恩格斯文集》第 1 卷,人民出版社,2009,第 162 页。
[②] 袁祖社:《实践与公正:马克思的哲学价值观研究》,中国社会科学出版社,2014,第 7 页。

宰制以及现实的人对自由自觉的"类本质"现实化追求的双重作用下，人们最终将对实现人的自由而全面发展与人类总体性解放的价值目标形成内在的共识。因此可以说，超越性共识是人们基于超越时代性的"非价值"、"伪价值"或"反价值"的现实生存困境所产生的集体行动逻辑。作为一种价值性共识，超越性共识是对一种"价值"的"属人性"与"人属性"的历史现象学考察与生存论评判，其目的在于摆脱"异化价值"的规制，实质性地确立现实的人的自由全面发展的价值旨归。

（三）历史性共识

意识哲学以一种无法检验的先验自明性为理解前见整合异质主体的价值分歧与价值冲突，进而推导出一种合乎逻辑的价值共识。萨德-费洛认为这种"形式逻辑"通常"使用虽有关联但在本体上相互独立的概念建构理论，仿佛这些概念是乐高积木似的"[①]。由于意识哲学用以论证价值共识的"前提"是先验的，因而是任意的和非现实的。因此，基于这个前提的价值共识是一种强制阐释下形成的外在共识。换言之，它并不是建立在所有"当事人"出场对话之上的共识，而是在一种纯粹的"思想实验"中被严格设定的共识。

马克思的价值哲学引入了一种"现实历史抽象"的"历史性解释原则"。这一方法论原则与西方"反历史性"的本体论解释原则相反[②]，它是经过由"历史具体"走向"历史抽象"，再由"历史抽象"回归"历史具体"的辩证统一过程确立某种

---

① 〔英〕阿尔弗雷多·萨德-费洛：《马克思的价值：当代资本主义政治经济学批判》，周丹、孔祥润译，社会科学文献出版社，2021，第25页。
② 刘福森：《从本体论到生存论——马克思实现哲学变革的实质》，《吉林大学社会科学学报》2007年第3期。

价值的时代合理性与现实正当性，从而为契合历史现实与人的生存需要的社会真价值共识奠定了根基。虽然这一方面经常被限定在马克思政治经济学批判的"科学框架"内，而使其哲学价值论内蕴陷于沉默。然而，当我们把马克思的价值哲学放置在先验价值论式微的大观念背景中加以考察时，由青年时期的哲学-人本价值论向政治经济学时期的历史-实践价值论的转向，成为摆脱青年黑格尔派"词句的斗争"和费尔巴哈"消极的直观"必然要迈出的重要一步。如果马克思对资本现代性批判的价值之维仅仅凭靠费尔巴哈式的人本主义方法论原则，那么其在价值哲学变革上的创造性将难以体现。因此，以历史现象学的视角审视商品（市场）社会中"物本价值"的生发过程就具有重要的哲学价值论意义。

汤普森指出，在马克思看来社会关系的"祛神秘化"（dispel mystery）是资本现代性发展的固有方面，也正是这种总体性社会关系的祛神秘化使得人类社会首次察觉到资本逻辑规制下的社会关系所内嵌的剥削关系，从而将人类社会带入一个崭新的时代入口，"资本主义发展中所固有的非神秘化进程是最终消灭剥削式阶级关系的重要前提"[①]。这首先意味着"历史性"是以"去先验"与"解神秘化"的方式把价值的出场情境由抽象的"理性王国"拉回到现实的"生活世界"，通过对价值的历史生成性而非先验预设性的科学揭示，为人们理解和把握价值的合理性与正当性，进而为异质主体基于共享的历史真实形塑价值共识提供契合历史理性的现实标尺。当"价值共识"本质上表现为对"价值"合理性的一种反思性再认识时，隐含在这种共识观中的潜在逻辑便是其以"可共识性"为尺度

---

① 〔英〕约翰·汤普森：《意识形态与现代文化》，高铦等译，译林出版社，2005，第86页。

对一种时代性的公共价值的正当性给出相应的合理化判定,其评判的合理性前提在于具备严肃"可共识性"的价值必然只能是合理化的社会"真价值",其"合理性"体现在公共价值不能仅仅迎合少数既得利益集团的偏好,而要始终保持面向每一个合法自由公民日常生活世界的敞开性。显然,在马克思那里,离开了对价值合理性的历史现象学考察,仅仅停留在意识哲学的先验反思或政治经济学的无反思性挪用意义上,有关何种公共价值具有正当性进而具有可共识性的综合评判将必然陷入众说纷纭、莫衷一是的困局。只有把"价值"放置在人类现实的生产生活史中才能最终确立一种基于生存正当性之上的价值共识。正如陈先达教授所指出的,包括人类进步在内的一切价值共识,都是一种受历史境况与时代处境影响的历史性共识①。

马克思恩格斯在《德意志意识形态》中对其唯物史观的理论特质进行了详尽的阐释,唯物史观不是在人类观念史中寻求用以解释历史真实的"抽象范畴",也不是依据某种未经历史性地批判考察的"纯粹观念"来理解和把握"实践"。相反,科学的唯物史观是以"有生命的个人"现实生活的物质资料的生产为起点阐释现实的人的具体生产与生活过程,因而在唯物史观的视域中人们应当"从物质实践出发来解释各种观念形态"②。这意味着(1)价值可共识性难题的有效破解并不在于先验地寻找某种普适性的"价值范式",而是立足人类"现实历史"实际为某种"价值范式"的可共识性寻求历史理由。进而,自由作为一种价值的可共识性并不取决于自由作为一种时代"范式"所表现出的优先性,而根本上取决于"自由"之于人的生产生活的历史实践所产生的现实后果。正如马克思所指

---

① 陈先达:《论普世价值与价值共识》,《哲学研究》2009年第4期。
② 《马克思恩格斯文集》第1卷,人民出版社,2009,第544页。

出的,在资本现代性的框架中若仅仅把"自由"理解成"贸易自由"或"自由买卖"①,实际上已经预示着有关自由的共识危机的实际在场。这是因为,如果商品经济的发生与发展是不可抗拒的历史趋势,作为一种历史现实,这种对"自由"的政治经济学阐释将成为主导性的阐释。问题就在于,在不考察"现实历史"的前提下断定"自由"的资本现代性类型只可能是"自由买卖",恰恰揭示了资本座架上的"自由"之伪善性。如果自由不以有生命的个人基本生存自由的保障为前提的话,"自由贸易"与"自由买卖"之于一无所有的无产者而言究竟是"自由"还是"枷锁"呢?这种从一开始就建立在阶级对立之上的"自由"又何以能达成一种跨阶级的生存性共识呢?(2)某种价值的可共识性不能以该价值为前提来解释实践的合理性,相反,要从物质实践的合理性出发寻求该价值基于现实合理性之上的可共识性。正如马克思所指出的,以"交换价值"为原则的"货币制度"通常被政治经济学者非反思性地认作"平等与自由的制度"。然而,一旦人们开始从资本现代性的市民史、商业史和发展史出发,为相应的价值评价构建起真实历史前提以后,人们就会发现"货币制度"的形成是人类历史发展的必然结果,人类社会之所以要在生活世界引入货币并对其进行制度化的规定,目的在于服务人类社会持续扩大的自由交换需要,因而从应然性的意义上这种货币制度所力图实现的是"自由而公平的制度"。然而当历史进入资本主义阶段以后,对货币购买力的拜物教式追捧,使得现实的"货币制度"在固化财富占有的同时,造成了无产者生命的商品化与庸俗化,因而从货币制度实际导致的异化生存论后果来看,现实的"货

---

① 《马克思恩格斯文集》第 2 卷,人民出版社,2009,第 47 页。

币制度"恰恰违背了追求自由与平等的价值初衷,进而沦为资本现代性隐蔽的权力操控机制。因而,对于这种"异化制度"而言,其本身恰恰是对"平等与自由"的干扰,"这种平等和自由证明本身就是不平等和不自由"[1]。在前资本主义社会,"平等"与"自由"常常因为外在于一般人类制度实践而表现出极大的抽象性与虚假性。资本主义把二者与制度实践彼此关联,使得"平等"与"自由"成为社会历史主体能够现实地体验到的价值,这是资本主义社会较前资本主义社会的一大进步。但并不能据此断言,资本主义制度由于找到了实现平等与自由制度化的具体方式,其本身就必然是平等的与自由的制度。相反,一旦人们把论证的逻辑由"观念"转向"物质实践"以后,现实的"货币制度"所意欲实现的自由仍然仅仅是"物"的自由,而人则在"物的依赖"中沦为工具和手段。

基于上述分析,历史性共识致力于通过对诸价值合理性的历史现象学考察,在揭示一种价值所以成为时代性价值的历史缘由的基础上,进一步基于历史主体的生存合理性对该价值的可共识性进行考察。历史性共识是建立在对价值合理性的历史理性判断之上的共识,是对社会真价值的共识。用历史性的视角审视价值共识,并不能因为一种价值是前历史地合理的价值,就必然意味着其是超历史地正当的。相反,正如陈先达教授所言:"任何被大多数人认可的价值共识都具有时代性,应该符合时代的要求,是时代和社会自身实践成果在理论上的反映,而不是少数智者对绝对真理的发现,或慈悲家们救世主式地向世人宣示的约定。"[2]

---

[1] 《马克思恩格斯全集》第46卷上册,人民出版社,2016,第201页。
[2] 陈先达:《论普世价值与价值共识》,《哲学研究》2009年第4期。

(四) 面向人类解放的共识与自由人联合体

对价值共识的上述三重判定，意味着价值的可共识性最终以服务人的自由自觉的合理化生存诉求为旨归。作为社会关系的总和，人的合理化生存与发展只有在共同体中并经由共同体才能最终确立，脱离共同体的孤立的人并不意欲与他人就某种价值达成共识，"共识"进而"价值共识"只有在共同体的意义上才具有必然的现实性。正如恩格斯所认为的，人类社会的分化以及人际关系向着孤立的、互相排斥的原子式方向的改变，是一切特殊利益日渐衰微的重要标志，因而是"人类走向自由的自主联合以前必经的最后阶段"[1]，而不是"自由的自主联合"本身。

对价值共识的寻求一定意义上与对作为"自由的自主联合"的"真正共同体"的建构内在相关，进而与人的自由发展紧密关联。古尔德就曾指出，对于马克思而言，一个正义的共同体不仅应当以现实的人的"自由个性的全面发展"为条件，而且要力图使"自由个性"的价值与"共同体"的主导价值彼此共契[2]。经由对资本现代性异化生存处境与价值异化现象的系统而全面的批判性检视，马克思确立了以现实的人的"自由而全面"发展为主要内容的科学社会主义价值立场。在这一植根现实的人的历史性、生存性与超越性的新价值共识理念内，自由将不再是抽象的先验预设，而是一种现实的自由生存状态；正义也将超越市民社会的狭隘眼界，超越简单的"自然正义"，超越以资本逐利为旨归的"交换正义"，而成为一种历史现实

---

[1]《马克思恩格斯文集》第1卷，人民出版社，2009，第95页。
[2]〔美〕古尔德：《马克思的社会本体论》，王虎学译，北京师范大学出版社，2009，第4期。

性的正义生活。这种全新的价值人类学立场因为契合了无产阶级与雇佣工人的真实历史处境、现实生存需要与实践超越性诉求而具有深厚的可共识性底蕴,进而成为"全世界的无产者联合起来"的内在纽带,因而也将成为新型共同体建构的核心原则。

在马克思的理论视域中,共同体是一种历史性的人类群体组织类型,其在不同的文明阶段有着不同的存在状态,而不同的共同体质态又绽现出时代性的价值原则和生存取向。总体来看,生产力的发展使得人类文明形态不断演进,人类社会的共同体形态也历时性地经历了或将会经历三个阶段:首先是农耕文明基础上"人的相互依赖"的"自然的共同体"阶段,其次是工业文明基础上"以物的依赖性为基础的人的独立性"的"虚幻的共同体"阶段,最后是共产主义文明时期"个人自由全面发展"的"真正的共同体"阶段。

"自然的共同体"阶段是一个生产力极度匮乏的阶段,人们为了超越自然必然性的宰制,以达成某种公共性生存的需要,彼此之间建立起了一种基于血缘和宗法的人身依赖关系。在"虚幻的共同体"阶段,生产力得到了极大的发展,自然必然性的解禁为人们获得某种"独立性"提供了现实条件,人类社会第一次摆脱了自然必然性的限制,被赋予某种"自由"。但是,这并不意味着现实的感性的人就此便由"必然王国"进入了"自由王国"。在马克思看来,对于现实的人的生活世界而言,以"货币"为轴心原则的"共同体"本质上只是一种外在于真实历史的"抽象",仅仅是孤立个体私人功利诉求得以满足的手段[1]。在货币共同体当中,主体间的"共同性"仅仅表

---

[1] 《马克思恩格斯文集》第 8 卷,人民出版社,2009,第 171 页。

现为"雇佣劳动的共同性"以及由资本家共同体所付"工资的共同性",这种"共同性"是由"资本"维系起来的工具共同性,因而从其本质而言,这种"共同性"中包含着极度紧张的人际关系和极为激烈的生死斗争。当货币之上的共同体以"私有者联盟"的形式再现时,由于这种联盟以统治和压榨无产者为终极旨趣,因而对于后者而言便是一种"虚幻的共同体",一种"新的桎梏"。因此,马克思断言在前两类共同体之中,受森严身份等级秩序、私有制之上的雇佣劳动制度与拜物教价值观念的总体规制,作为社会历史主体的现实感性的人在其中无法作为一个完整意义上的人占有自己全部的本质。

在马克思看来,新的"人本价值"对"物本价值"的替代,为人类社会摆脱以"货币"为纽带的"虚幻共同体"的规制,走向一种伟大的"自由人联合体"构筑了坚实的共识根基。可以说"真正的共同体"是(1)扬弃了资本主义异化价值观,从而促使人与自然双重复归的"生态共同体";(2)打破了不合理"分工"加诸人的限制,确保每一个人基于自我兴趣的合理化生存期待成为可能的"正义共同体";(3)废除了阶级对立并重置了制度的人学立场,从而为自由全面发展构筑现实根基的"制度共同体";(4)"自由"由观念世界向现实世界转型并最终制度性地确立一切人的自由的"自由共同体"。

总之,"自由人联合体"是人类价值观面向有生命的个人的真正复归,是人学价值论意义上本真价值理性的澄明。在"自由人联合体"中"人类作为人类主体并不意味着个体个性的泯灭,每个个体不再体现阶级的意志,而是使人成为新的社会关系建构的真正主体"[1]。因而,所谓"资本主义必然灭亡,

---

[1] 徐宁:《马克思共同体思想的哲学研究》,光明日报出版社,2020,第131页。

社会主义必然胜利"的历史性判定,表达的正是一种面向未来人类总体自由全面发展成为可能的价值理性共识。由马克思价值哲学所开显的面向现实的社会历史主体的生存与发展实际的共识理路,不仅在他那个时代的资本现代性批判与无产阶级革命意志培育中发挥着重要的作用,而且对于审视当今疏离化情境中的价值共识困境仍然有着难以替代的时代解释力。

第五章

全球性价值共识困境
与"全人类共同价值"的共识旨趣

文明意味着各种不同价值的平衡,这种平衡既需要公共的道德基础,又需要理性化的秩序规则,以保障每个个人生活在"游戏"式的社会状态之中。削弱公共(普遍)的道德基础和理性规则,必然会导致政治文化的宗教化冲突,打破文明的价值平衡①。

"全球现代性"不是"现代性"逻辑的"全球"展开与复制,而是一种全球语境中的新型现代性叙事。由"地域现代性"向"全球现代性"的转换,是人类历史由"地域史"走向"世界史"的必然后果。正如阿瑞夫·德里克(Arif Dirlik)所指出的,"全球现代性"是基于人类全球性生存的基本事实而生成的"后欧洲中心秩序"的新现代性叙事,其核心旨趣在于通过肯认"传统性"与"现代性"的兼容性,瓦解启蒙以来持

---

① 刘小枫:《现代性社会理论绪论》,华东师范大学出版社,2018,第224~225页。

续盛行的欧洲-西方中心论的狭隘地域化现代性逻辑,推动全球性的共在存在论转向①。面对一个多文明、多价值、多宗教、去中心化的全球性生存场境,"全球现代性"的核心关切将由民族国家内部理性秩序的建构,拓展到关注人类公共秩序与地域性价值秩序的兼容性问题。正是在这个意义上,多元异质价值间的"共识"问题就成为"全球现代性"的深层关切,没有价值间的基本共识,就没有民族间、国家间基于实质性对话与交往确立起来的理性合作秩序,也就必然瓦解基于价值共识的内在规范的现实可能性。面对全球界面持续展开的"价值一元化"与"价值多元化"的张力,全球社会迫切需要摆脱竞争性的"主体性价值观",走向一种以有效治理价值观的竞争性、排他性与非共识性以及由此所导致的价值观之间的矛盾、分裂和冲突为目标的"关系性价值观"②,而这一转向从根本上关涉"人类前途命运和人的生存危机"③。

一 百年变局与全球现代性转型

"全球化"不仅带来了"财富"的全球化,也导致了"风险"的世界化。对"全球化"之两面性的自觉,特别是对"世界风险社会"对人类生存可能造成的难以挽回和无法补偿的毁灭性挑战的关切,使得"全球现代性何以可能"成为人类社会共同面对的时代之问。面对上述难题,现实情况却如鲍曼所指认的呈现出极为悖谬的二重性,即人类基本生存境况的全球互

---

① 〔美〕阿瑞夫·德里克:《全球现代性的再思考》,《厦门大学学报》(哲学社会科学版)2011年第4期。
② 贺来:《关系性价值观:"价值观间"的价值自觉》,《华东师范大学学报》(哲学社会科学版)2020年第1期。
③ 刘同舫:《全球现代性问题与人类命运共同体智慧》,《福建论坛》(人文社会科学版)2019年第9期。

第五章 全球性价值共识困境与"全人类共同价值"的共识旨趣

依性与道德-政治旨趣的地域优先性之间的深度疏离。从根本上看,面对"全球治理"与"地方本位"之间的张力,"全球现代性何以可能"既涉及对既有全球现代性方案的反思性再认识,又涉及基于新问题、新风险和新挑战之上的新方案的探索与证成。正是基于上述情境,习近平总书记提出的人类命运共同体理念无疑成为解答时代性的共在存在论困境,推动全球现代性良序发展的"中国智识"。

首先,从对既有方案的反思性再认识来看,西方主导的经济全球化体现的是这样一种全球观,即仅仅在经济层面理解"全球化"的本质,进而视全球交往为民族国家本位的市场效益最大化的零和博弈。正如有学者所指出的,欧美国家主导下的"全球市民社会"本质上是"利润导向的全球化",其自反性病症在于"当全球化不再能为发达国家保持全球价值链顶端优势从而有利于其攫取利润时,逆全球化就成为他们的政策选择"[1]。然而,在贝克"世界风险社会"的意义上,由内置于现代性技术经济逻辑内部的自反性危机所造成的风险性生存压力,使得全球现代性的基本合作秩序已然由"稀缺社会"的"需求型团结"转化为"风险社会"的"焦虑型团结"。这意味着全球性价值主体间的基本合作将由"共同的功利需求"驱动转向"共同应对风险性生存挑战"驱动[2]。

其次,从新方案的探寻来看,近年来备受国际社会瞩目的"人类命运共同体"成为有效超越既有全球现代性局限的"中国智识"。保罗·瓦莱里一语中的,"全球化应该被理解为对世

---

[1] 戴稳胜:《全球化的中国方案》,中国社会科学出版社,2021,第 217 页。
[2] 马瑞科、袁祖社:《优良制度理性与人类命运共同——"认同型全球化"的制度性证成逻辑》,《内蒙古社会科学》2021 年第 4 期。

界的归属感"①，而不应仅仅被理解为新自由主义式的市场一体化。人类命运共同体直面当下人类社会正在遭遇的"全球风险社会"和结构化的共识危机，在命运与共的类本体层面，对全球化与价值共识提出双重视域转换。一方面，应在超越西方-市场中心论的意义上，推动全球化在"类本体"高度的再构序；另一方面，应在超越族群-身份本位的面向上，推动全球性价值共识朝着共在存在论维度的新展开。人类命运共同体所秉持的"以共识看待全球化"的价值公共性立场，为有效激发异质族群的"积极特异性"，构建多元价值主体共建共享的全球治理新格局打开了广阔的生长空间。

二 "全人类共同价值"的共识旨趣与人类命运共同体的价值建构

价值是人之合理化行动的向导与灯塔，全球价值观同样是引领、范导并规制全球共同体成员的集体行动逻辑。启蒙以来的"全球市民社会"想象与所谓"普世价值"共识悖谬的强势在场，给人类社会共同追求一个清明世界和正派社会构筑起坚硬的价值屏障。随着中国社会现代性水平的总体性攀升，现代中国已由全球化的参与者上升为世界和平的建设者、全球发展贡献者、国际秩序的维护者，不但以负责任的大国身份积极推进全球现代性的良序演进，而且以高瞻远瞩的历史视域和谋求"天下大同"的使命担当，为包容型、互惠型、共生型全球现代性的孕育、出场和壮大贡献着卓越的"中国智慧"。一种有别于西方资本现代性与民族国家本位的"中国式现代化"新道路和"人类文明新形态"应时代所需、历史大势而生。作为中

---

① 热罗姆·班德：《前言》，载〔德〕热罗姆·班德主编《价值的未来》，周云帆译，社会科学文献出版社，2006，第5页。

国贡献给世界的新的全球现代性方案,人类命运共同体与全人类共同价值的时代性出场,拓延了人类文明的发展路径,丰富了人类文明的价值实践内涵,革新了人类审视文明正当性的价值视界,开辟出融共识性、互惠性、包容性和可持续性于一体的人类文明新境界。

(一) 人类命运共同体:全球现代性的中国方案

作为新文明时代共同体价值叙事的典范,人类命运共同体所意欲证成的理想世界,不再是严格受启蒙现代性偏狭的"自我-市场本位"文化价值观念规训的疏离化"全球市场社会",而是一个契合当今时代跨主体交互共生理想的休戚与共的"命运共同体"。前者的主导性价值阐释语境是"启蒙现代性",后者的核心价值叙事背景是"全球现代性",是对西方中心秩序与现代性的普遍主义模式的重构。"全球现代性"区别于"启蒙现代性"的复杂性特质在于,其是现代性与后现代性、肯定与否定、建构与解构等异质逻辑的竞争性在场。套用哈贝马斯的著名语式,如果说民族国家内部的现代性筹划是一项"未竟的事业",显然作为一项更大范围、更多主体、更为复杂的全新现代性筹划,"全球现代性"才刚刚起步。

在面向全人类共同生存的价值理性期待的意义上,作为全球现代性共同体本位生存信念的新价值叙事,人类命运共同体绽现出三重具有原创性贡献和世界历史意义的价值公共性意蕴。

其一,人类命运共同体突破了启蒙现代性民族国家本位的全球价值叙事,真正拉开了全球现代性筹划的价值公共性帷幕。在本尼迪克特·安德森"想象的共同体"的意义上,现代共同体将不再是那种严格受血缘、亲缘和地缘关系规制的"向后看"的"实质性共同体",而是基于"相互联结的意象"构筑起的"向前看"的"文化的人造物"。"想象的共同体"并不意味着共同体是完全虚构的,而是"一种与历史文化变迁有关,根植于人类深层意识的心理的建构"①。换言之,视共同体为一种主体性的想象产物,并不必然意味着共同体型生存伦理之必要性的丧失。毋宁说,正是围绕人类共同生存所遭遇的困境以及对有效克服这一现实困境的合理化路径的观念构想与寻索,人类社会才艰难地迈出了自觉寻求和谐共生的第一步。正如有学者所指出的,对共同体型生存伦理的重新阐扬与想象,既能为那些对彼此合作持有坚定预期的人们弥合现实交往中所表现出的"尚不充分的利益共同性"提供信念支撑,也能经由这种想象并且凭靠共同的语言、礼仪、文化、律法等反向增进个体间的亲密感②。人类命运共同体作为一种全新的全球现代性价值叙事,其围绕全人类共同生存的理想愿景所展开的共同体想象,有着深刻的价值公共性与实践合理性意蕴。首先,"想象"本身意味着"超越"的开始,超越那种排他性的价值原教旨主义和文化帝国主义,以便为更多全球公民参与人类命运共同体的建构留有地盘。其次,"想象"意味着"对话"的开始,真诚的"对话"并不意味着对自身价值信念的侵吞,而是经由真诚的"对话"并在这一"对话"之中,培育一种承认并尊重差异的价值公共性旨趣。最后,"想象"同时意味着有目的的"行动"的开始,为了能最大限度地激发全球成员国的参与热情,维系更加自由开放的公共想象空间,全球共同体成员必须为此付出必要的制度性努力。

---

① 〔美〕本尼迪克特·安德森:《想象的共同体:民族主义的起源与散布》(增订版),吴叡人译,上海人民出版社,2016,第17页。
② 李义天主编《共同体与政治团结》,社会科学文献出版社,2011,序言第12页。

第五章　全球性价值共识困境与"全人类共同价值"的共识旨趣

其二，人类命运共同体超越了启蒙现代性的共同体悖反，赋予传统共同体伦理一种时代性的新价值公共性定向。启蒙现代性主导性的价值叙事，深陷个体与共同体、自由与安全、权利与责任等多维悖反之中，以至于典范意义上的共同体常常被理解为居间性的小共同体，唯有居间性的邻里共同体才能满足人们基于共同活动与合作关系之上的多文化共同理解以及减少诸文化冲突以维系共同体基本合作秩序的诉求。然而，新文明时代是一个文明互鉴、包容差异、尊重他者、互惠共生的公共性时代，这个时代人类注定要携手规制由启蒙现代性技术-经济所导致的自反性风险，并肩跨越启蒙现代性主导的"发展陷阱"和"发展异化"，协商共谋人类社会跨主体交互共生的有效策略。作为马克思"真正的共同体"思想的时代化创新实践，人类命运共同体承继着马克思"人的自由而全面发展"和伟大的"自由人联合体"的价值理想，在"改变世界"新实践哲学原则的引领下，其所致力于打造的是一个现实的个人能作为一个整全性存在占有自己全部本质的"真正的共同体"。

人类命运共同体一方面把古典共同体所包孕的"守望相助、共同担当，同舟共济、共渡难关"伦理原则和生存智慧由"个体-民族国家本位"提升到"类本位"的新高度，超越了偏狭的"西方中心论"的文明观，为一种跨主体意义上的文明互鉴、包容差异、尊重他者、互惠共生的共同生存理想开辟了新的价值公共性视界；另一方面用"命运与共"的生存原则替代"功利最大化"的市场法则，在超越"全球市民社会"的意义上，为人类共同生存开辟出了广阔的发展空间。究其根本，人类命运共同体是对旧文明形态下地域化、私利化生存理念和生存方式的价值反思和实践超越，是对新文明形态之时代精神的集中表达，更是对未来人类文明演进趋势的前瞻性谋划。

其三，人类命运共同体克服了启蒙现代性的"全球市民社会"局限，开启一场面向全人类"共同生存"的世界性价值公共性启蒙。启蒙以来两三百年的人类现代化史，本质上是资本逻辑宰制下由西方先发现代化国家主导的严酷殖民史、剥削史和竞争史，其所培植起的生存伦理和交往价值观是一种贪婪的"理性经济人"之间永无止境的排他性逐利战争，其所建构的全球秩序是全然受资本逐利本性规制、"两极分化"愈益严重的非公正秩序，其所理解的理想全球生存模式是一切都可以"待价而沽"的"全球市场社会"。至少在马克思那里，深受拜物教逻辑规制的市民社会共同体是一个处在结构性掠夺撕扯中的对抗性共同体，从其加之于成员生命之上的隐蔽宰制与盘剥来看，其本质上不过是物本逻辑支配下的"虚幻共同体"，一种满足孤立个体一己私利的手段。

作为马克思伟大"自由人联合体"的当代形态，人类命运共同体所发起的既是一场世所罕见的全球价值观革命，也是一场史无前例的全球思想启蒙运动，其在两个面向上重构全球现代性的价值视界与规范原则。一方面，人类命运共同体立足文明转型与人类文明新形态创制的时代语境，重构了全球现代性共同体本位生存信念的价值叙事。不论是从人类文明绽现出的全球融合趋势来看，抑或是从各民族国家的实际发展诉求而言，在"后民族国家"与"超民族国家"的观念模式依然前景不明的当下，人类命运共同体无疑是当前全球善治唯一可行的"中国方案"。另一方面，人类命运共同体着眼人类可持续发展的诉求与和平交往的夙愿，通过正确的义利价值观矫正全球价值失序，以"全人类共同价值"平息全球范围内因西方伪善的"普世价值"所造成的"众神之争"，为共担全球责任、共同应对全球风险、携手促进全球共同发展、聚力打造认同型全球化，为努力建设一个持久和平、普遍安全、共同繁荣、开放包容、清洁美丽的新世界贡献凝聚更具包容性、稳定性和建设性的国际纽带。"大道之行也,天下为公",人类命运共同体之于当今时代的公序良俗,之于当代人的优良心性秩序而言,预示着一次伟大的发展价值观变革和伟大的公共生存伦理飞跃。

(二) 全人类共同价值: 人类命运共同体的价值宣言

"共同体"是人类文化、伦理、道德、价值的发源地。"人类社会"之为"人类"社会的决定性一步,正是取决于早期人类摆脱完全受本能、欲望和暴力驱动的纯粹自发的"自然状态",而进入了由友情、亲情和爱情等人伦纽带所维系的自觉的"共同体状态"。在共同体中并为了共同体的公序良俗及其成员的优良心性秩序,人们创制了图腾、神话、哲学、宗教、艺术、伦理等价值理性规范,并在其历史累积性的滋养与化育中,人之本性得以升华、境界得以拓展、视野得以开阔,人因共同体而成为"文化人""道德人""公共人"乃至"文明人"。从这层意义来看,共同体从始至终都不是基于本能的欲望化、工具化和私利化的联合体,而是基于一般人伦秩序的伦理性、人文性和价值性的联合体,"价值性"以及由其所绽现的"超越性"是共同体的本质规定性。在归根结底的意义上,本真性的"共同体"乃是"价值共同体",即人们由于共享一种稳定的、非功利的超越性优良价值秩序而内在地"共处一世"。

启蒙现代性以降,西方社会率先发生了"滕尼斯转向",共同体与价值发生了深刻的断裂与疏离,典范意义上的"价值共同体"沦为货币-资本意义上的"工具共同体"。这种所谓"现代共同体"从根本上看是"反共同体",因为使得人们"共处一世"的仅仅是眼下的私人性功利取向。价值理性的丧失预示着现代"共同体危机"的来临,而这场旷日持久的危机几乎涵括了人类观念谱系的每一个角落,形而上学的衰落、价值理性的式微、文化艺术的个人主义自律以及精神世界的荒芜,当然还包括主体间交往所表现出的人际冷漠、群际疏离乃至国际对抗。"共同体"的式微本质上是"价值理性"的式微,是一种深重的价值论危机,这种危机所关涉的核心问题聚焦于现代人的自我治理能力危机,因此,"当务之急是如何在价值中给我们自己定位"[1]。

作为迄今为止最为完整、最具前瞻性的全球现代性方案,人类命运共同体的出场不仅缓和了由"全球市民社会"偏狭的民族国家本位、资本市场本位、工具理性至上所导致的群际紧张、国际对抗以及文明间冲突的"共在存在论"困境,而且为实现各文明间、价值间、地域主体间的持久和平、普遍安全、共同繁荣、开放包容开辟出广阔的价值公共性前景。人类命运共同体是契合了全球民众的本真人性期待和全球现代性合理化生存欲求的"理想共同体",作为有效回答"世界怎么了,我们怎么办"的时代之问的"中国方案",人类命运共同体所致力于追求的是一种"共识型全球化"或"全球性共识",是一种基于"共识"之上的命运共同体。因而,作为人类命运共同体的价值论基础,在范式转换与话语创新的深层意义上,"全人类共同价值"的提出堪称当代价值哲学领域的一次重大而深刻的格式塔转换,是人类社会在总体性意义上自觉反思、检视并意欲摆脱"普世价值"所导致的排他性、竞争性和对抗性的"强制阐释",在新全球化时代后发展地平上重构人类价值视

---

[1] 〔日〕松浦晃一郎:《序》,载〔德〕热罗姆·班德主编《价值的未来》,周云帆译,社会科学文献出版社,2006,第2页。

域、价值秩序和价值旨归的一次价值公共性变革。正是在这一意义上,"全人类共同价值为构建人类命运共同体凝聚价值共识"①。

"全人类共同价值"是世界百年未有之大变局与文明大转型时代的价值需要。进入 21 世纪以来,伴随全球新型交通运输业、移动互联网和快递产业的持续发展,人类社会彼此交融与互动的深度和广度达到有史以来的最高点,人员、资金、商品、技术、知识的跨区域流动,利润、利益与公共福利的世界性交互,进一步强化了国与国之间的合作、理解与对话。然而,新型技术经济媒介所带来的"繁荣"并没有也不可能从根本上改变旧全球化的"两面性"。特别是在世界疫情与地域冲突交织叠加的背景下,全球性的经济下行、通货膨胀、股市暴跌、物价疯涨、实体经济萎靡、高失业率,以及世界性的粮食危机、能源危机、生态危机、安全危机、公共卫生危机等多重否定性因素的并场,使文明人类越发认识到技术经济全球化有多深入,风险危机世界化将随之有多广泛,富裕人类无疑生活在"文明的火山"上,随时面临着被潜在的现代性自反性风险反噬的可能。就如技术经济全球化曾对民族国家的主权与治理能力提出尖锐挑战一样,风险危机世界化从根本上质疑并挑战着"民族国家本位"的全球价值观、交往观和治理观的合理性。从全球危机的文化价值根基处着眼,我们不难发现,今天几乎所有的全球风险与世界危机都能在启蒙现代性内在的技术知识逻辑中找到根源,用鲍曼的话就是,这些现代性的自反性风险并非传统人类"野蛮"本性的非理性外渗,其本身便是现代性的"一

---

① 林伯海:《论全人类共同价值与人类命运共同体的辩证关系》,《马克思主义研究》2021 年第 11 期。

位合法居民"①,是现代人对工具理性支配下的现代秩序非反思性运用的必然后果。如同启蒙现代性孕育了"大屠杀"一样,它同时也培植了"世界风险社会"。更加令人沮丧的是,面对全人类共同的风险与挑战,西方先发现代化国家不但丝毫没有表现出一个大国应当有的使命和担当,反而更加肆无忌惮地主张"民族国家利益优先",并以伪善的"普世价值"为根由,围绕"价值观"相近、相似或相同与否,大搞集团化、圈子化的"价值观外交",大行排他性、竞争性、封闭性的"价值观联盟",以极具破坏性的方式助长了价值独断论并极化了"文明冲突",给全球危机与世界风险的合作治理设定了"价值屏障",反向加剧了国与国之间的互不信任和相互为敌的文化心理。

正是在这一背景下,习近平主席在 2015 年联合国大会一般性辩论时首次提出"和平、发展、公平、正义、民主、自由,是全人类的共同价值,也是联合国的崇高目标"②。在党的二十大报告中,习近平总书记基于文明转型的时代背景呼吁世界各国与中国一道,为促进"各美其美"与"美美与共"的新全球秩序,努力践行"全人类共同价值"倡议。在党的二十大审议通过的新党章中,"全人类共同价值"以"党内母法"的形式被正式写入《中国共产党章程》,标志着"全人类共同价值"成为中国共产党治国理政的原则性规范和价值性追求,体现着中国共产党人的世界情怀与人类担当。正如有学者所指出的,全人类共同价值既确证了人类命运共同体的合道义性,也为人类命运共同体的世界性认同奠定了基础,"人类命运共同体是

---

① 〔英〕齐格蒙·鲍曼:《现代性与大屠杀》,杨渝东等译,译林出版社,2011,第 24 页。
② 《习近平谈治国理政》第二卷,外文出版社,2017,第 522 页。

全人类共同价值的实践场域，为其提供了现实主体、划定了时代边界。全人类共同价值和人类命运共同体相辅相成、相得益彰，辩证统一于'两个大局'的统筹与把握之中"[1]。

(三) 全人类共同价值与包容性共识

寻求多元价值间的"最大公约数"，凝聚多元文明间的基本共识，是人类命运共同体的基本价值立场，也是全人类共同价值的终极旨归。用鲍曼的话说就是"承认文化多样性正是所有人类共同价值合理讨论的起点"[2]。如果说"普世价值"追求的是一种实力政治意义上的"压制性同意"的话，"全人类共同价值"所吁求的就是一种与之相反的"包容性共识"，即一种以异质价值间的平等相待、真诚对话、理性沟通和超越性谋划为特质的"多元中的理性同一"。正如哈贝马斯所认为的，"共识"本质上并不直接诉诸威胁与误导，而是"交往行为当中的视角交换"[3]。"包容性共识"坚决拒斥一切经由价值专制与价值独断以强制谋求"外在共识"的理路，内在地要求用欣赏与尊重的眼光看待由异质文明的构成性历史文化传统所孕育的地域性价值理性之内在合理性，通过求同存异、异中求同的价值公共性视域培育基本共识。有待我们进一步追问的是，"全人类共同价值"究竟在何种意义上，又是经由何种方式使得"包容性共识"或"共识的包容性"成为可能？

其一，价值认识论转换与"包容性共识"。"普世价值"

---

[1] 林伯海：《论全人类共同价值与人类命运共同体的辩证关系》，《马克思主义研究》2021 年第 11 期。
[2] 〔英〕齐格蒙特·鲍曼：《共同体》，欧阳景根译，江苏人民出版社，2003，第 173 页。
[3] 〔德〕于尔根·哈贝马斯：《后形而上学思想》，译林出版社，2001，第 59 页。

的殖民性、进攻性与涵化性是与其所恪守的本质主义、基础主义和逻各斯中心主义的先验认识论紧密关联的。这种价值认识论先验地将"价值世界"区分为"真理世界"与"意见世界",并先在性地预设了"真理世界"的排他性的优先性,"真理世界"是"意见世界"的典范,进而是其理念与动力。"价值世界"就是围绕价值本体、价值基础与价值逻各斯渐次展开的过程。在这种价值认识论中,价值间不仅存在着先在的差异,而且这种差异从根本上是难以融通的,除非"意见世界"自愿"模仿"并"趋向""真理世界",并按照"真理世界"的价值图式重构自身,否则价值间的屏障将是一种难以逾越的本体性隔阂。正如施密特提请人们反思的,不论最终被指认为最高价值的是经院哲学所膜拜的上帝还是功利主义者所主张的最大多数人的最大幸福。总之,只有当一种"价值"是"价值"时,才能谈论最高价值,"倘若最高价值并非价值,就根本不会出现在价值刻度上。一个非价值的超价值,不可能得到任何价值体系的承认"[1]。这也就意味着"普世价值"并未正面回应与化解价值共识的难题,而是"一种独断和独白的方式取消和掩盖了问题",它的实质是"以终极的、同一性的价值实体统摄和吞噬了价值观之间的异质性和矛盾性"[2]。正是在这个意义上,"普世价值"对"普世性"的偏执与独断,造就了其内在的"非价值性"弊病。"价值"沦为"强权"的辩词、沦为"殖民"的饰品、沦为"资本"的同谋,"价值"丧失了成为"价值"的内在根由,沦为无根的浮

---

[1] 〔德〕卡尔·施密特:《政治的神学》,刘宗坤等译,上海人民出版社,2014,第230页。
[2] 贺来:《关系性价值观:"价值观间"的价值自觉》,《华东师范大学学报》(哲学社会科学版)2020年第1期。

萍和无家可归的幽灵。一旦"普世价值"非价值性的面纱被揭开，通情达理的人必定会看到这种所谓"普世价值"从来都不诉诸"共识"之上的"团结"，而是热衷于实力政治宰制下的"压迫性同意"。

"全人类共同价值"区别于"普世价值"的关键在于，其始终以马克思的价值哲学为理据，视"价值"为现实的人的价值、社会的价值以及人类的价值。"价值"之为"价值"就在于它服务于人的自由全面发展，服务于人类社会的整体性解放，服务于人类主体间的合作与团结。如果一种所谓"价值"不仅造成了对人的"抽象统治"，而且合法化了对人的"现实统治"，这种"价值"由于违背了价值本真而注定沦为"异化价值"，也注定要被每一个向往自由与和平的人抛弃。带着历史现实性的眼光审视价值，并不意味着价值间的分歧、冲突乃至对抗并不存在，而是对这种分歧乃至对抗给予一种合乎人性的开放性阐释。

"全人类共同价值"摒弃本质主义的先验价值论，立足马克思现实历史的实践价值认识论。这种价值认识论的转换使"全人类共同价值"，一方面以承认诸民族地域性价值的内在合理性与全球现代性价值间的多元化为历史事实，从而拒斥经由任何形式的强制性价值整合，因而表现出深厚的包容性；另一方面以人类社会加速全球化的现实所造就的"相互依存、休戚与共"的现实境遇为基础，倡导以一种最大限度地摆脱意识形态偏见，最大程度增强合作机制、理念、政策的开放性和包容性为诉求的共建、共享的参与式"价值共识"举措。正如有学者所指出的，全人类共同价值的塑培既不是对一个先在性的价值秩序的被动认同，也不是对某种先在性价值秩序的"自我确证"，全球价值之为"全球价值"，其只能是在人类全球治理实践中充分绽现其有利于全球互依性共生的"价值功用"后的一种"后设验证"①。世界是人类共有的世界,世界风险是人类共同面对的风险,因而世界风险的化解唯有在破除"门户之见"、摒弃"集团思维"、拒斥"零和博弈",在包容、开放与对话的真多边主义框架内,在动员一切爱好和平的全球共同体成员的积极参与,吸纳各民族优秀的治理智慧和价值智识,积极践履和平、发展、公平、正义、民主、自由的全人类共同价值的基础上,才能为打造一个承认差异、包容他者、休戚与共的人类命运共同体凝聚价值共识基础。

其二,价值主体论拓展与"包容性共识"。"价值主体论"并非用近代以来主客二分的主体性哲学来理解价值问题,而是面对价值的属己性与具身性,只有现实地存在一个从事价值理解、价值言说与价值实践的"价值主体"时,价值叙事才是可能的。笼统地用抽象的"人"来界定"价值主体"并不会对人们的价值理解带来多少革新,因为人既是自然自在的,也是自觉自为的。"人"既现实地生存着,同时又价值地被建构着。因此,"价值主体论"所要考察的是在新的全球性生存境遇中人类社会应当以何种视角、何种立场、何种方法来理解并定位"价值主体"的问题。

从启蒙现代性的主体主义视角切入,"普世价值"是封闭的、排他的启蒙主体主义哲学的价值论产物。在由"主体主义"规制的价值论中,物理世界没有自足的内在价值,"主体性"被赋予较物理世界更多的内在价值。换言之,在价值主体主义看来,"价值"并不是事物固有的内在属性或内在根由,非主体的"价值"是"主体"的馈赠与追授,"主体"是价值

---

① 任剑涛:《在一致与歧见之间——全球治理的价值共识问题》,《厦门大学学报》(哲学社会科学版)2004年第4期。

立法者,"非主体"则是价值比附者、承担者与服从者。因而,在主体主义的价值论中,一种道德和价值理论的"完整性"以"主体性和非主体性的区分与主体性成为钢板一块为前提",而这种"区分"又以"非主体"对"主体"潜在的"腐蚀性"为预设,因而"心理的和道德的整全性必须通过把真正的主体性从非主体性的各种影响和侵袭中区分开来这样一个积极的过程才能建立起来并得以维系"[1]。由于在价值世界中主体与非主体之间存在着明确的界限,被赋予了确定的价值角色和价值属性,因而这种划界最终造成了主体与非主体间"共同性"的瓦解,最终导致了"善的私人化",即"意义和价值,或者任何不能被还原为物质性的那些实在性的属性,必定被设想为纯粹是私人的"[2]。如果善是一种纯粹私人性的存在,那也就意味着"主体成为世界上的价值中心和真理与价值决断的最高法庭",进而现有的和将有的诸私人价值拒绝接受"理性的讨论、组织化,或者批评"[3],从而也就从根本上消解了达致价值共识的可能性。

依卡洪对价值主体主义的检视来看,"普世价值"同样共享了这种价值主体主义的立论原则。"普世价值"之"普世性"是以先验地划定"价值主体"与"价值非主体"为前提,并基于技术经济等工具性标准武断地确定作为"价值主体"的"西方"在全球价值秩序中的至上地位,而独断地对作为"价值非主体"的"非西方"贴上"价值贫困者"的标签。经由上述区

---

[1] 〔美〕劳伦斯·E. 卡洪:《现代性的困境:哲学、文化与反文化》,王志宏译,商务印书馆,2008,第 50 页。
[2] 〔美〕劳伦斯·E. 卡洪:《现代性的困境:哲学、文化与反文化》,王志宏译,商务印书馆,2008,第 127 页。
[3] 〔美〕劳伦斯·E. 卡洪:《现代性的困境:哲学、文化与反文化》,王志宏译,商务印书馆,2008,第 128 页。

分并在这一区分中,"非西方"价值的"固有价值"不仅被悬置,而且被视为人类价值生长的障碍,由于其可能潜在的文明侵蚀性而遭受打压。价值成为"西方"私有价值,"西方"也成为价值的"最高立法者"。而且这种视"西方价值"为"终极价值"的自恋性的文化心理,培植并滋生了一种拒斥再评价、再反思的价值唯我论,因而也就封堵了基于价值对话与价值交往之上的共识途径。由此看来,人们对"普世价值"的反思、批判和警惕,不是对寻求为全人类可共识价值这一行动本身的质疑,而是对"西方"以价值独断姿态对"非西方"价值予以粗暴干涉与野蛮侵蚀的反抗。而且,正如施密特所看到的,启蒙现代性在价值规定上对"纯主体自由"的狭隘理解与偏执必将使得异质价值间的交往陷入"永恒斗争"[①]。

"全人类共同价值"对于"价值主体"的理解建立在马克思关于人的本质的科学论断之上。在马克思看来,究其本质,人是一切社会关系的总和。以关系性来刻画价值主体,使得真正的价值主体由价值主体主义所预设的视"他者为地狱"的"主体理性"走向"为他人的主体性"的"关系理性"。按照马丁·布伯的解释,"关系"既是一种"选择",也是一种"被选择",其集"主动"和"被动"于一身。"'我'终将与'你'比肩;称谓'你',成就了'我'。"[②] 在"关系理性"的视界中,人并不先在地具有某种抽象规定,人是在广泛的关系网络中,在持续扩大的关系性互动中日渐生成的。因此,关系本身构成了人之为人的现实本质。"关系理性"的出场是对

---

① 〔德〕卡尔·施密特:《政治的神学》,刘宗坤等译,上海人民出版社,2014,第243页。
② 〔德〕马丁·布伯:《我与你》,任兵译,北京联合出版公司,2018,第13页。

"主体理性"的扬弃，在"关系理性"中现实的人际表现为"互为主体"的关系态。一旦将"关系理性"引入价值论，价值向人所呈现出的将是一种交互状态，价值的提出、论证与建构将摆脱"主体理性"排他性的价值立法者视角，而落定为"关系理性"共享性的价值共建者视角。而这种基本价值视角的转换为有效破除"文明冲突论"而指向"价值共识论"提供了理据。

"以关系看待价值"意味着价值世界的敞开，意味着真正的价值平等的到来，诸异质价值自觉选择放弃"一神论"的价值自恋，转而进入无压制的开放价值场域的同时，也是真正的价值沟通、价值对话与价值协商的开始。真正的价值对话以承认价值差异为前提，但是不刻意放大或有意制造差异，而始终是围绕人类社会的共生共在，围绕命运与共的共同体的前景展开的"面向共识"的实质性对话。全人类共同价值恰恰是以关系理性为基础而探寻包容性共识的典范。

其三，价值评价论重置与"包容性共识"。从其本质而言，价值本身就是一种评价，其所表达的是作为价值主体的人对自然、社会与人类存在的"属人性"或"人属性"的评判。在前现代社会，支撑价值判断、价值评价的尺度无疑是历史性地客观在场的，共同体公共价值秩序的先在性介入，决定了前现代社会的价值评价不可能是纯粹主观性、私人性的偏好和欲求的宣泄与表达。启蒙现代性造成了"价值的颠覆"，尼采的"上帝之死"隐喻着客观价值评价尺度的退场以及共同体先在性的价值秩序的式微。而紧随其后韦伯的"诸神之争"对价值现代性的命运做出了恰切的刻画。对于深受现代性个人自由至上主义文化洗礼进而"脱离价值之羁绊"的现代人而言，"整个价值学说只会挑起和加剧古老而持久的信念与利益的斗争"①，因而"价值"成了"无关紧要的修辞"，最终在个体自由至上与工具理性僭越的现代境遇中，"价值"注定难逃沦为"非价值"的命运。后形而上学是一个伸张"价值民主"的时代，正如泰勒所指出的，当狂热于消极自由的现代人享受着"价值民主"带来的红利时，"人们不再有更高的目标感，不再感到有某种值得以死相趋的东西"②。"价值"之为"价值"并不取决于"价值"本身，而是取决于其在多大程度上迎合了市场-商品社会的资本律令，又在多大程度上迎合了现代"消费人"的纵欲与贪婪。没有什么客观不变的价值尺度，一切都因"我"（的欲求之满足）而显得有价值。由此看来，所谓"价值民主"却造就了一个"价值虚无"的深渊。

作为西方现代性的主导性价值理念，"普世价值"同样是激进"价值民主"合乎逻辑的私生子。西方先发现代化国家公然以"西方价值观"蚕食、侵吞与殖民非西方价值观的理由就在于，在一个愈益世俗化的工业-资本文明情境中，根本就不存在价值理性意义上的"崇高"与"道义"，有的仅仅是实力的较量。如果现代性必然意味着技术经济实力的普遍提升，那么所谓"文明"的进步主义神话也就是题中之义了。"文明"不看一个国家的价值修为和道义操守，而只看其在多大程度上促进了技术经济漫无目的的增长。

如果"文明"意味着摆脱"价值"的纠缠，专心于工具行为所偏好的功利最大化旨趣的话，一种真正有价值的文明或者

---

① 〔德〕卡尔·施密特：《政治的神学》，刘宗坤等译，上海人民出版社，2014，第250页。
② 〔加〕查尔斯·泰勒：《本真性的伦理》，程炼译，上海三联书店，2012，第4页。

"价值型文明"将不再可能。人们之所以仍然使用"价值",不过是自身的贪婪与占有欲的一种粉饰而已。这或许可以称作价值现代性意义上的"文明辩证法"。但是,没有"价值"的"文明"究竟意味着什么呢? 鲍曼的答案是人类社会据此将丧失对"暴力"与"大屠杀"的"道德自抑"能力[1]。在归根结底的意义上,"普世价值"的重心从来都不是"价值",而是"普世","普世价值"的真正指向是"普世利益"。

"全人类共同价值"对"共同"与"共识"的追求,以矫正文明人类的"价值"失序为前提,因此这种"共同性"或"共识性"是对社会真价值的共识。"全人类共同价值"的本体性前设是承认"价值"的客观性及其崇高性,这种"客观性"并非客观唯心主义基于先验范畴演绎获得的逻辑自洽性,而是由客观的历史传统、生存境遇和发展理想所驱动的现实历史的客观性。当然,"崇高性"也不是那种宗教般的神圣崇高,而是在人性提升、价值矫正与现实引领中现实地生发出来的此岸"崇高性"。在价值哲学史上,和平、发展、公平、正义、民主、自由,每一种价值虽然从来都没有一个能为全人类所共享的共同理解,但每一种价值却都在特定的民族-地域共同体中有着实质性的所指与能指,而且这种规定也将伴随人类历史的演进而不断变化,因此每一种价值几乎都存在着差异化的语义内涵。"全人类共同价值"正是抓住了不同地域、不同民族国家在发展速度、发展质量和发展诉求中存在的现实差异,主张用一种开放性的公共价值观来最大限度地重塑地方性与全球性之间的合理秩序,从而为人类命运共同体的建构寻求基于价值共识之上的有约束力的基本合作秩序与最低限度的伦理规范。

---

[1] 〔英〕齐格蒙·鲍曼:《现代性与大屠杀》,杨渝东等译,译林出版社,2011,第36页。

三　全球性价值共识"中国方案"的世界历史意义

自从有人类文明以来,由地域性历史文化传统差异所引发的价值分歧、价值冲突乃至价值战争从未平息过,也因此,一部人类发展史始终受困于"战争与文明"的二律背反。进入全球现代性以后,文明的多样性与价值的多元化更是成为横亘在不同地域、不同民族和不同国家之间的交往屏障,如何在差异性中寻求普遍性、在多元性中凝聚共同性,进而如何在多价值、多宗教、多文明的全球现代性情境中诉诸一种理性对话培育基本的价值共识,就成为关涉人类文明之未来的生存性难题。作为一场极具时代性的伟大价值论变革,"全人类共同价值"的提出以其恢宏的历史视野、博大的人类情怀与现实的生存关切,为全球共同体成员跨主体、跨文化、跨地域的共同生存创设了坚实的价值论基础,为人类命运共同体的当代实践开辟出广阔的价值前景,具有系统而深刻的世界历史意义。

(一)启蒙现代性的价值理性式微与人类真价值的中国表达

历经两三个世纪的现代性洗礼,作为全球知识界的普遍共识,启蒙现代性从根本上导致了现代性与价值、文化与伦理、文明与道德间的疏离与对抗。在"非价值""伪价值"甚至"反价值"的启蒙现代性方案中,个人至上主义、民族国家本位、工具理性与消极自由成为"典范现代性"的强制原则与至上尺度。"现代性"意味着最大限度地抛弃"价值的重负",在纯粹由本能所驱动的欲望化生存中合乎"工具理性"地满足原子式个人贪婪的攻击欲、占有欲、消费欲和攀比欲。进步取得的成就不屑于价值理性的控诉,因而在物质性的进步成就面前,现代性合理的"虚假意识"摇身变为"真正的意识"[1]。人类社会本真价值的缺场，使得何谓现代性、何种现代性以及为谁之现代性等问题成为难以回答的自反性困境。漫无目的的高效发展、工业生产力的资本主义式应用、自由竞争的无政府主义状态、对自然的人类中心主义掠夺、对功利欲望的消费主义强化以及对利润、利益无止境的利己主义贪婪，导致了严重的生态危机、社会危机、交往危机和价值危机，启蒙现代性的"集体无意识"与"群体性迷失"特质显露无遗。

"所有的价值都被还原为以下两种价值之一种：经济价值和个体的或个人的价值，也就是说，任何东西只要它以任意一种方式对个体有用，它就是对个体有价值的。就这样，任何共有的、非经济的价值在文化内部找不到它的合法性基础。"[2] 具体到全球现代性，所有的价值只能在经济价值和民族国家利益本位的地平上才能得到确证，举凡想将自身确立为人类共享之价值的存在，都必须以上述两大价值原则为刚性尺度证成自身合法性。这种极端工具化、私人化的价值叙事，把人与人、民族与民族、国与国之间的关系合乎逻辑地理解成竞争性、排他性的商业关系。

在弗朗西斯·福山（Francis Fukuyama）看来，卢梭无疑是第一位认真审视现代历史"进步"之伪善性的思想家[3]。在"自然"与"文明"的辩证法中，卢梭指认了所谓现代"文明"不过是以自然本真人性的丧失为代价的"反文明"，由这

---

[1] 〔美〕马尔库塞：《单向度的人：发达工业社会意识形态研究》，刘继译，上海译文出版社，2008，第11页。
[2] 〔美〕劳伦斯·E.卡洪：《现代性的困境：哲学、文化与反文化》，王志宏译，商务印书馆，2008，第324页。
[3] 〔美〕弗朗西斯·福山：《历史的终结及最后的人》，黄胜强、许铭原译，中国社会科学出版社，2003，第94页。

种文明观范导下的社会进化也必然表现为"人的苦难的真正根源"①,其在"唤醒个人的利益"的同时"窒息内心里的人道"。在对人类不平等的前提性追问中,卢梭论及单向度的现代人不敢直面"我是谁"这样一个自我确证的根本性问题时指出,在许多有关人性、道德与文明的现代哲学叙事中,除了"知识轻浮而虚假的表象"外,现代人显然丧失了古典哲学所引导人们崇尚的用以丰盈人之生命价值的内在沉思的生存维度,最终陷入有"荣誉"却没有"道德",会"思考"却没有"智慧",乐于"享受"却丧失体验内在"幸福"的能力②,这无疑是所谓人类"文明"加之于本真人性的限制。卢梭的思想深深地影响了康德,以至于当人们惯常地赋予康德启蒙理性坚定捍卫者的形象时,似乎遗忘了其批判哲学始终对那种仅仅基于启蒙理性主义之上的盲目历史乐观主义所持有的警惕立场。康德指出虽然在个别人身上焕发着智慧的光彩,但是当人们开始审视现代人自身的行为时,便会产生一种难以抑制的"厌恶之情",就作为总体性的"人类"而言,为现代性文明所推崇的一切终究不过是愚蠢、幼稚的虚荣,甚至常常表现为由"幼稚的罪恶和毁灭"所构成的不成熟状态,以至于对于自称为优越性物种的"我们"而言,终究也未能形成一种关于文明乃至人性的合乎理性的概念③。作为德国古典哲学的终结者,19世纪中叶马克思对资本现代性所导致的"物的世界的增值"与"人的世界的贬值"的悖谬现实更是予以更加严肃、系统而深入的

---

① 〔法〕卢梭:《社会契约论》,何兆武译,商务印书馆,1980,第192页。
② 〔法〕卢梭:《论人类不平等的起源和基础》,高修娟译,译林出版社,2015,第79页。
③ 〔德〕康德:《历史理性批判文集》,何兆武译,商务印书馆,1997,第2页。

历史唯物主义检视。这一伟大哲学变革意义上的批判无疑为当今时代的全球民众审视工业-资本现代性的文明限度提供了重要的理论镜鉴。海德格尔同样认为，现代性对人类本真价值的背离，根本上表现为经由科学技术促使世界图像化与主体形而上学导致的虚无主义最终显现为对"存在"的遗忘。而霍克海默与阿多诺（又译阿道尔诺）的"启蒙辩证法"更是以敏锐的批判性意识直至工具理性之上人性的堕落，即启蒙理性最终将人规训为极度"野蛮"的动物[1]。

从上述思想家的论述中可以发现，狭隘的功利主义本体论预设的强制性在场，造就了当今时代见利忘义、唯利是图的偏狭"市民精神"的野蛮生长，助长了弱肉强食、零和博弈、霸权欺凌等"反价值"的"强盗文化"的全方位弥散。由于人类真价值的退场，以及面对强大的个人主义的鼓胀与工具理性的僭越，人类追求社会真价值之勇气、毅力与智慧的自我放逐，使得人性之光辉、文明之体统、人类之尊严、社会之正义饱受蹂躏、践踏与扭曲。中国共产党提出和倡导的"全人类共同价值"，立足马克思人的自由全面发展与伟大的自由人联合体的人学价值论立场从根本上为超越启蒙现代性"文明"的"反文明性"与"价值"的"反价值性"悖反贡献了时代性的批判尺度。"全人类共同价值"是对人类历史发展中的社会真价值的开放性甄别与时代性阐扬，是立足新全球化时代多元化生存情境对人类价值标尺的全面审视和系统矫正。在"类本体"的意义上重申和平、发展、公平、正义、民主、自由六种价值理念的共享性特质、共时性旨归、规范性意蕴与超越性品质，旨在重构正确的全球义（价值）利（利益）秩序，即由"利先义

---

[1] 〔德〕马克斯·霍克海默、〔美〕西奥多·阿道尔诺：《启蒙辩证法：哲学断片》，渠敬东等译，上海人民出版社，2006，第208页。

后""见利忘义"走向"义利并举""获利有道"。

（二）"民族-国家本位"价值论的扬弃与世界公共价值的中国叙事

进入多元价值世界以后，一种具有最大限度包容性的共同价值的选择、甄别和建构，始终受困于排他性的"价值普世主义"与封闭性的"价值民族主义"的张力之中难以自拔。然而，从上述两种竞争性的价值观念所导致的现实后果来看，二者无疑都是在偏执于特定地域化民族价值正当性的同时，以粗暴甚至野蛮的方式视"价值他者"为"非我族类"而加以拒斥，由此造成了文明间、文化间、价值间的压制与反抗并存的冲突格局。区别在于，"价值普世主义"凭靠西方理性主义的价值普遍性预设，将源自西方的价值偏好视为人类普适的"价值律令"，从而以价值普遍性的名义强行整合价值特殊性之实。作为一种反抗形式，"价值民族主义"以民族"特殊价值"的历史传统正当性与文化人类学优先性不容侵犯为名，拒绝一切试图对其进行文化涵化与价值整合的文化帝国主义企图。如果说"普世价值"主张了一种"价值普遍主义"的话，"民族价值"则潜在地存在滑向"价值相对主义"的隐忧。在哈里森看来，那种认为"所有的文化虽然不同，但在本质上是平等的"，进而基于文化人类学的理由判定"没有文化比其他更好或更坏——只是不同而已"等观念是十足的"文化相对主义"。这种主张的困难就在于，当人们需要评估一种文化价值观念在多大程度上有助于朝向民主治理、社会公正以及消除贫困等实质性问题时，这种"不置可否"的相对主义立场将成为价值理性判断的"绊脚石"，原因在于几乎所有价值判断无不以预先承认"一些文化比另一些文化更能促进进步"[①]这一基本预设为前提,而"文化相对主义"恰恰以解构这一基本预设为起点。

"价值普世主义"与"价值民族主义"之间难以公度的竞争性,使得人类社会所期待的包容性价值共识始终处在缺场状态。正如学者所指出的,那些曾被特定共同体认定为不容置疑的"绝对律令"的价值原则、价值立场与价值信念,随着人类历史的演进与全球性生存的展开最终都难逃被遗弃的命运,因为那些曾自诩为"绝对律令"的"价值"遗忘了这样一个基本的存在论事实,即它们"只是人类生活中部分人而并非所有人的理想"[②]。正是在这层意义上,人们反思多元主义,拷问价值多元时代的基本共识何以可能等问题。归根结底,是在寻求一种没有强权、没有霸凌、没有羞辱的"平等多元主义"。然而,当把这一美好愿景放置在一个已然丧失终极价值担保的后形而上学境遇时,人们越发认识到由于价值关涉着主体的偏好,而偏好本身又处在持久的差异与分歧之中,因此"人类在价值偏好的真理问题上永不可能达成一致"[③],这种看似多少有些悲观的判定恰恰揭示了价值世界的真实图景。换言之,人类社会在关于"价值偏好的真理性"问题上表现出的"无休无止的分歧",既是价值世界的客观再现,也是我们反思多价值世界共识可能性的一般认识前提。

"价值普世主义"与"价值民族主义"在求取"共同价值"时所表现出的困境,根由在于二者皆以17世纪中叶产生的

[①] 〔美〕劳伦斯·哈里森:《文化多元主义的终结》,王乐洋译,新华出版社,2017,绪论第4页。

[②] 袁祖社:《价值本质的自我澄明:观念史视角的合理介入》,《清华大学学报》(哲学社会科学版)2017年第5期。

[③] 刘小枫:《现代性社会理论绪论》,华东师范大学出版社,2018,第224页。

"民族国家"为价值致思的自明前提,因而二者共同面临的理论与现实困境是"民族国家本位"价值理念难以应对"全球现代性"后民族国家交往与发展诉求所表现出的危机。这意味着在全球化时代"如果我们今天还是只注意国家这一层次,我们就有可能忽视世界体系中的内在联系"[①]。"全球现代性"打破了地域现代性的空间地理边界,使民族与民族、国家与国家之间的往来与依赖空前高涨的同时,也加剧了全球异质主体间的分歧与冲突。全球性生存危机的持续爆发以及"世界风险社会"轮廓的不断清晰,共同预示着人类社会正加速进入百年未有之大变局与文明大转型的十字路口。面对世界性风险与挑战的跨地域扩散以及由此所引发的深层次生存性挑战,人类社会必须重新思考既有文化、价值、制度以及发展模式的时代性限度,并自觉以有效化解世界性风险挑战,实质推进人类社会总体性可持续发展为使命,以开放的心态和真诚的对话共同凝聚跨地域、跨民族、跨文化的全球性价值共识。

在话语范式深度变革的意义上,全人类共同价值所追求的"共同价值"不是某一个或者某几个民族国家内部的"集团价值",而是类本体意义上真正的"人类价值"。"类本体视域"对"民族国家本位"的拓延,既是全球现代性基本生存情境的客观需要,同时也指向了包括中国在内的每一个全球共同体成员民族性价值视界的内在超越,因而这一新价值范式的时代性出场无疑是对启蒙价值现代性狭隘视界的整体性超越,堪称当今世界的一次伟大的价值观念变革。和平、发展、公平、正义、民主、自由六大价值是人类历史演进中智识性协作的产物。我们不能说只有西方社会钟情于和平和发展,非西方社会偏爱战

[①] 阿尔伯特·马蒂尼利:《市场、政府、共同体与全球管理》,夏光译,《社会学研究》2003年第3期。

争与倒退，因为这种说法既违背基本的人类学事实，也违背本真人性期待。自由不是西方专利，而是人类共同的期待。同理，对一种有价值的生存方式的不懈追求并不止于西方，而是全人类共有的公共性生存愿景。

问题在于，受不同地域文化历史传统和现代性发展境况的影响，不同文化-政治共同体所珍视的价值优先性可能存在差异。先发现代化国家认为"自由"更具优先性，而对于后发现代化国家来说，首要价值可能是"发展"。但这并不意味着前者不认可"发展"之于一个国家的重要性，没有"发展"的"自由"最终将会沦为乌托邦；也不意味着后者全然拒斥"自由"价值观，没有"自由"的"发展"最终将陷入极权主义的发展陷阱。只是面对截然不同的生存性压力，留给后发现代化国家价值选择的空间可能要小得多。随着"发展"的不断扩大，即使是后发现代化国家也会意识到"和平"与"自由"等价值理念之于"可持续发展"的重要性，没有"和平"的"发展"从根本上是难以为继的。随着发展程度的加深，那种仅仅在物本逻辑上用进步主义与效益最大化来理解的"发展"，最终将因自由、公平、正义与民主价值的缺场而变得难以持续。显然，人类的价值视界深受所处时代的影响与限定，并伴随历史的演进而不断嬗变。

"全人类共同价值"所意欲阐明的并不是究竟哪几种价值才是能被全人类所共享的价值，而是旨在阐扬一种看待价值合理性的"世界意识"与"全球视界"。人类真价值本就是一种指向人性超越性的向导，在其引领下人性得以深化，生存视界与境界得以拓展，人类文明得以延续。人类社会的良序演进与人性的自主攀升，本质上是在一种优良价值理性引领和范导下的正当性进化。在归根结底的意义上，有无能为全人类可共识的价值观念取决于人们审视价值本身的立场和视点,在民族国家功利最大化的排他性价值立场上,很难形成一种包容性的价值共识信念。当然,"类本体"意识的自觉也很难说一定就会达成普遍性的价值共识,但至少这将是一个新的开始、新的启蒙和新的超越性努力。较之诉诸"终极价值"与"实力政治"的宰制性共识策略,人类命运共同体意义上的"类意识"启蒙,以及以开放-包容性为特质的全人类共同价值的培育,也许是可能策略中最值得付出努力加以践履的共识策略。

(三)"文明冲突论"的总体克服与多价值世界包容性共识的前瞻谋划

"文明冲突论"的在场给"全人类共同价值"及其所吁求的人类"价值共识"造成了最为直接的挑战。由于"价值"是"文明"最为核心的表征,是"文明"之灵魂所在,因而以一种"历史决定论"的眼光断定文明间必然处在难以撼动的结构性冲突之中,本质上预设了价值观间的排他与冲突的宿命论立场。如果异质价值间必然是先在地冲突的,也就意味着一切试图寻求价值共识的努力都因违背这一先在预设而陷入无根化的困境之中。

在《文明的冲突与世界秩序的重建》一书中,塞缪尔·亨廷顿(Samuel P. Huntington)对文明间的关系做出历时性考察。他认为迄今为止人类文明之间的关系大致经历了三个阶段:(1)公元 1500 年前文明间的"遭遇"。在人类文明诞生以来的 3000 年中,除了极个别例外情况,文明间常被时间和空间分割,因而,文明间最为普遍的交往方式是一个文明体以"暴力"的方式"短暂"地征服另一个文明体。(2)西方的兴起与文明间的"冲击"。公元 1500 年前后,欧洲社会凭借文艺复兴、多元主义以及扩大的商业和技术成就打开了"全球政治"的新纪元。正是在这一时期,文明间传统的短暂"遭遇"让位于西方文明对非西方文明持久而坚固的"单方面冲击"[①]。这种源于西方文明的冲击发展到20世纪晚期不仅奠定了西方文明绝对领先的地位,而且构塑了人类社会看待文明的西方视角。最终,文明成为西方文明的代名词,国际法与国际体系更是对格劳秀斯传统与威斯特伐利亚体系的转述。(3)文明间的"相互作用":一个多文明的体系。伴随世界各地文明意识的不断崛起,那种由某种文明对其他文明"单方面支配"的阶段让位于诸文明间多向度的"相互作用"阶段,西方本位的世界体系在非西方文明的冲击下也走向"多文明体系",即"每一个文明都把自己视为世界的中心,并把自己的历史当作人类历史主要的戏剧性场面来撰写"[②]。在亨廷顿看来,正是这种基于"文化自我伸张"之上的"文明自恋",最终必然使得文明之间呈现出多维复杂的冲突格局,而且这种绝对的必然冲突最终将诱发"断层线战争"。在多文明间"相互作用"所造就的"文明冲突"框架中,信任与友谊将极度匮乏,而冷战、贸易战、竞争共存、军备竞赛等将成为多文明秩序的真实写照。

历史地看,"价值"总是先于"存在"而在场的,虽然不同地域、不同时代的人所面对的先在性价值秩序存在着明显的差异,但是只要承认人是一种历史性的存在,也就意味着一种先于我们而生成的价值是客观存在的。这种先在价值普遍弥散在特定民族的历史文化传统中,广泛流淌于特定地域的乡规民

[①] 〔美〕塞缪尔·亨廷顿:《文明的冲突与世界秩序的重建》,周琪等译,新华出版社,2009,第29页。
[②] 〔美〕塞缪尔·亨廷顿:《文明的冲突与世界秩序的重建》,周琪等译,新华出版社,2009,第33页。

约中，在历史性的累积当中最终构筑起一整套完整的"价值背景"。人的社会化就是经由教育和习传培育人的价值情感、开掘人的价值智慧、拓展人的价值视界，并最终赋予人一种构成性的价值尺度。在单价值的共同体内部，人们凭靠着先在地被赋予的价值尺度主持公道、伸张正义进而建构公序良俗。因此，从特定价值共同体内部审视，这种先在价值是自明与自足的。然而，当多个价值共同体照面以后，由地域习俗的不同所造成的价值分歧便会显现，由于在后传统的"价值民主"时代诸价值共同体间没有一个更具权威性的价值评判者在场，因而异质共同体间的价值分歧通常会演化成价值冲突乃至实际战争。就像人无法选择自己的出身一样，人同样无法选择自己的历史与传统，进而无法选择对于自我存在构成性的先在性价值秩序。一旦异质价值间的分歧是由构成性的历史文化传统所引发的，也就意味着这种分歧是难以调和的。正是在这层意义上，亨廷顿的"文明冲突论"是契合价值生成的一般发生学实际的。

悖谬就在于，"文明冲突论"只看到了价值发生学的"过去时"，而忽视或者有意遮蔽了价值嬗变的"未来时"，即价值总是服务于人的合理化生存需要的，历史的发展、时代的变迁使得人类所吁求的生存状态随之处在持续的变动之中。当一种新的生存需要超越私人性而成为一个时代的公共性需要时，既有价值原则会获得时代性的新定向，而新的价值理念、价值视界以及价值规范便会出场。这意味着，源于构成性的历史文化传统的差异，异质价值间的分歧、冲突乃至对抗是实际存在着的。换言之，一种价值可能历史地与另一种价值相互分歧。但是，并不能据此断言原本彼此处在分歧状态中的两种价值就将永恒地分歧下去。一旦人们认为这种"永恒分歧"是必然的，那也就意味着我们诉诸了一种"非历史"的价值决定论和机械

| 第五章　全球性价值共识困境与"全人类共同价值"的共识旨趣 | 253

的价值宿命论。正如马克思当年批判费尔巴哈是"半截子唯物主义"时所指出的那样,在费尔巴哈那里历史与唯物主义处在相互脱离的状态,因而当费尔巴哈以唯物主义者自居时,历史外在于他,而当他想要探究历史时,其却背离了唯物主义的基本立场[①]。"文明冲突论"进而"价值冲突论"本质上是一种"历史决定论",它断言历史性的分歧与冲突同时也是永恒的分歧与冲突,它紧盯着历史性的价值分歧而遮蔽了人类发展史上更加出彩的价值交流与价值融合趋势。阿马蒂亚·森就曾敏锐地指出,"文明冲突论"的悖谬首先在于其用一种"单一"的宗教-文化身份来界定文明的多样性,进而将世界秩序理解为"宗教-文化联盟",而这种缺乏最低限度人类学事实支撑的单一身份归类是全球化时代一切冲突与暴力的源头。森指出,暴力通常孕生于认为人们只能从属于"唯一且好斗的身份"的认知中[②]。

全人类共同价值并非对先在性的价值差异进行强制整合,而是以价值差异的历史性为前提,通过对当今时代人类交互共生的全球现代性场境的认肯,在面向人类总体性可持续优存的意义上,提出的一场人类价值观念的变革实践。一方面,先在性价值差异的历史合理性,使得"用一种高高在上的价值来约束其他价值,似乎是一种不切实际的幻想"[③],进而使得诸价值主体意识到"我们的文化并不是人类成就的典范,而只是人类精神的一种必要的、不完美的体现而已"[④]。另一方面,当今时

[①]　《马克思恩格斯选集》第 1 卷,人民出版社,2012,第 158 页。
[②]　〔印〕阿马蒂亚·森:《身份与暴力:命运的幻象》,李风华等译,中国人民大学出版社,2014,引言第 3 页。
[③]　〔加〕威尔·金里卡:《当代政治哲学》,刘莘译,上海译文出版社,2015,第 3 页。
[④]　李丽红编《多元文化主义》,浙江大学出版社,2011,第 13 页。

代的共在存在论事实使得全球各国在机遇与挑战方面具有高度的共通性,"一国的衰弱纷乱、治理不当、主义错误、不限于它的国境以内,而且传布感染其他国家。在经济的、艺术的、科学的发展上也是一样"①。基于上述生存场境,正如有学者所指出的,基于现代人的"理性生活的共同性",全人类共同价值的共识旨趣的实际展开提供了植根日常生活实践的存在论基础,对于现代人而言,当前人类理性生活之中最为直接的"共同性"莫过于对人类社会所共同面对的可能瓦解全人类公共福祉的系统性风险的共同关切,正是在这层意义上,全人类共同价值以激发"全人类的团结意志和包容意识",进而为"凝聚世界人民关于建设更美好世界的价值共识"为核心旨归②。在归根结底的意义上,全人类"共同价值"的培育,不仅仅是作为一种"底线价值"所达成的共识,也不仅仅是作为一种"理想价值"所提出的倡议,最为紧要的是"如何从价值走向规范,从而对现实生活产生实在的影响和作用"③。

---

① 〔美〕杜威:《哲学的改造》,许崇清译,商务印书馆,2009,第121页。
② 桑建泉、陈锡喜:《全人类共同价值的世界意义》,《浙江社会科学》2022年第3期。
③ 杨俊英:《"共同价值"的内涵解析》,《当代中国价值观研究》2018年第1期。

第六章
人类命运共同体价值共识基础重构的公共性理路

在当今世界,不仅迫切需要追问全球化中的经济问题和政治问题,而且需要追问那些塑造我们对世界整体的看法的价值观、伦理及归属感。根据对人类身份认同的非单一性理解,处理这类问题不一定要求我们把对国家的效忠以及地方性忠诚替换为通过某种庞大的"世界政府"的运转所反映的全球性归属感。事实上,不必替代我们的其他忠诚,全球性身份就可以得到应有的体现①。

21世纪之初,我国著名价值哲学学者王玉樑先生对21世纪的价值哲学走向做出一般性的阐释,即由"自发"走向"自觉"②。现代性以降,价值在极力迎合个体自然偏好的满足与民

---

① 〔印〕阿马蒂亚·森:《身份与暴力:命运的幻象》,李风华等译,中国人民大学出版社,2014,第149页。
② 王玉樑:《21世纪价值哲学:从自发到自觉》,人民出版社,2006,第271页。

族国家功利最大化需求的同时,俨然成为一种深受本能驱动的"自发"状态。从价值的超越性、规范性与前瞻性来看,完全"自发"的价值不是真正的价值,"价值"正是由于对纯粹"自发性"的扬弃才成为价值。由"价值自发"走向"价值自觉"的转换,意味着一种更加契合人类愈益全球化的生存需要的公共价值哲学的全面出场。人类命运共同体是对人类审视合理化共同生存视界的提升,它先在地吁求一种对全人类共同价值的自觉意识。摆脱价值偏见、悬置价值分歧而面向价值共识,这既是人类命运共同体得以可能的价值论基础,也是现代人价值成长的必修课。"建构一个未来伦理要求我们开始用前瞻性的方式思考价值。因为价值绝不是一种固定遗产,它是'没有遗嘱的遗产'(勒内·夏尔),因此它是运动的,面向未来的。"[1]

一 自我观念重塑与"共识型价值主体"培育

"自我观念"是人对自身存在的反身性认识,其所试图解答的是"我是谁"抑或"我们是谁"的自我认同、自我归属等生存性根据问题。人们的价值意识或价值感的生成,直接导源于经由自我认识所形成的自我观念,价值是自我对生命意义与生存理想的文化性表达,其所阐扬的是生活在特定时代、特定共同体之中的自我的生存信念。人类命运共同体对人的生存视界提出变革与提升的要求,世俗人不仅仅生活在一个由商品与货币构筑起的市场社会里,而且生活在一个与他人休戚与共的命运共同体中,唯有在共同体之中并凭靠共同体,个人所意欲的有价值的生活才是可能的。但是,今天这种公共生存意识史

---

[1] 热罗姆·班德:《结语 追寻失去的时光——面向一种未来的伦理?》,载〔德〕热罗姆·班德主编《价值的未来》,周云帆译,社会科学文献出版社,2006,第402页。

无前例地面临着由个人自由至上主义带来的共识性挑战,其中最为紧要的莫过于"共识型价值主体"的匿名化。因此,在全球现代性的语境中如何使现代自我自觉地承担"共识型价值主体"的价值使命,就成为人类命运共同体价值共识基础建构的重要内容。

(一) 现代性的自我迷思与公共性生存隐忧

在启蒙现代性早期,把现代性筹划的本体性旨归确定为对个体自治性权利的合法性与优先性的观念性与制度性承认,为个体反抗专制政治压迫与宗法神学裹挟提供了道德理据,具有积极的文明变革意蕴。问题的关键在于,随着个体主体性原则的僭越,当"个体性自我"滑向"无拘的自我"与"原子化的个人主义"时,对封闭个体排他性的自治、自律、自我表达和自我欣赏无原则的崇拜与追捧,在加速"滕尼斯转向"的同时,从根本上挤压异质主体间交往、对话和理解的可能空间,加剧了共同体衰微以及共同体本位生存信念崩塌。

首先,"个体主体性"的僭越与"公共人"信念的衰落。启蒙现代性不仅激发了人的主体性意识,而且把唯一合法的、可欲的主体类型严格限定在"个体"向度之内,在价值实践本体的高度确证了现代个体和启蒙主体性的绝对权威。在西方近现代思想文化中,"个体主体性"有着多重表现形式:经济领域的"占有型个人主义",文化审美领域的"自我欣赏的个人主义"以及政治领域的"绝对自治的权利主体"。作为一种现代性的人学叙事,"个体主体性"的人学想象打破了先在性共同体加诸个体之上的公共伦理人格规制,把现代个体模塑成祛公共性或非公共性的自足性存在,由此加剧了桑内特意义上的"公共人的衰落"。

鲍曼在《流动的现代性》一书中认为，伴随个体主体性的僭越，公共领域与私人领域间的基本秩序发生了翻转，现代性的核心问题已由"固态阶段"的"公共领域"殖民"私人领域"，转向"液态阶段"的"公共空间"被"私人"占领[①]。私人性的关注与专注普遍占据了公共空间的话语主题，公开排挤一切严肃的公共讨论。最终，"公共关注"与"公共艺术"遭遇双重贬损，前者被限定在对公众人物私人生活所表现出的"好奇心"，后者则沦为对纯粹私人性事物以及私人性情感的公开展示[②]。然而，与鲍曼对流动现代性语境中个体主体性僭越所导致的公共叙事范式转换相比，个体主体性原则对现代个体心性秩序的范导与规训显得更为重要。在这一人性预设的统摄下，典范性的现代人形象被形塑为最大限度摆脱公共约束、丢弃公共责任、漠视公共福祉、拒斥公共精神的"个体人"。

正如有学者所指出的，现代人一方面享受着加速的"解放"的红利，在摆脱了物质匮乏束缚的同时，也抛弃了公共性道德伦理情感的"阻碍和负担"；另一方面这种所谓"文明的解放"又以人性本真性与整全性的丧失为代价。现代人被模塑成为兼具"消费者""自恋者"和"旁观者"三副面孔的"个体人"，人之公共性生存维度不断衰落[③]。现代人斩断了自我认同与公共价值的内在关联，在至上个体主体性伦理文化秩序中，人因公共维度的丧失而真正沦为"单向度的人"。对于文明转型时期全球现代性的生存论意旨而言，"公共人"不是一种抽

[①] 〔英〕齐格蒙特·鲍曼：《流动的现代性》，欧阳景根译，中国人民大学出版社，2017，第127页。

[②] 〔英〕齐格蒙特·鲍曼：《流动的现代性》，欧阳景根译，中国人民大学出版社，2017，第78页。

[③] 高德胜：《论教育如何面对个体人的膨胀与公共人的衰落》，《教育研究与实验》2011年第1期。

象的人格悬设,而是对人类基本合作秩序产生重要影响力的公共精神、公共权利、公共责任的现实载体①。因而,"公共人的衰落"意味着一种面向共识的公共性生存伦理与共同体本位生存信念的式微。用埃利亚斯有关"个体的社会"的论述,在极盛现代性中,这种极度"个体化"的人格叙事使得"自我"与"他者"陷入难以消弭的"存在性隔阂"与异常激烈的"存在性对抗"之中②。由于这种"隔阂"与"对抗"植根于启蒙现代性自我观念的深层逻辑,因而是一种弥散在现代自我日常生活领域当中的"存在性"的"隔阂",一种难以调和的"本体性"对抗。而这种存在论与本体论意义上的对抗与隔阂的持续在场,不仅对西方现代文化价值观念的私人性叙事产生了深刻的影响,而且对人类谋求跨主体共生的公共性生存愿景同样带来了系统的冲击。

其次,"共同感"的丧失与公共性生存的隐忧。私人性功利关切对公共性生存伦理的置换使得极盛现代性陷入跨主体交互共生的共在存在论困境。肯尼思·J. 格根将这种由启蒙以来全面展布的现代人学叙事所塑造的世界图景称为"私有世界",进而将置身私有世界中的现代自我称为"有界的存在"(bounded beings)③。这种判定首先意味着现代自我的存在性"边界"意识的自觉与强化,"自我"与"他者"之间存在明显"边界","边界"既是权利的隐喻,也是私人性的宣誓,"边界"以内无"他者"。对于"有界的存在者"而言,"他

---

① 谢金林:《公共人:公共行政人性范式的重构》,《求索》2008 年第 4 期。
② 〔德〕诺贝特·埃利亚斯:《个体的社会》,翟三江等译,译林出版社,2003,第 33 页。
③ 〔美〕肯尼思·J. 格根:《关系性存在:超越自我与共同体》,杨莉萍译,上海教育出版社,2017,第 2 页。

者"非但不被视作命运与共的同胞,而且被贴上对私人性"边界"存在潜在威胁的入侵者标签,在根深蒂固的彼此警惕、疑虑与恐惧之中,现实的人际关系被模塑成"相互疏离的存在"(alienated beings)。"有界的存在者"首先关注的从来都不是如何在自我与他者之间寻求一种包容性的公共性生存议题,相反,在其主导性的价值视界中,"愉悦自我"与"自我增益"永远都是最值得考察的议题①。

蔓生的"有界的存在"观念预示着双重现代性危机:(1)生活世界统一性的危机,即主体间因"共同纽带"与"价值共识"的衰微所导致的生活世界断裂与共同体的瓦解②。(2)"共同感"的丧失,即个体丧失对共同体的内在归属与认同,进而对"共同体本位"的生存价值观产生疏离与怀疑。阿伦特认为"共同感"(commonsense)曾经是这样一种感觉,由于它,"所有其他严格私人性的感觉才适合于一个共同世界"。现代性情境中"共同感"的丧失,意味着一种感觉要被称为"共同的",仅仅因为"它恰好对所有人来说是同样的。现在人们共有的不是世界,而是他们的心智结构,严格说来,心智结构也不是他们共有的,只是碰巧在每个人那里都相同的推理机能"③。这种认知转换体现的是生存视界由"外在世界"向"内在自我"的退缩。在孤立、封闭和桀骜不驯的现代人眼中,如果异质主体间存在某种有关世界、生命和生活意义的"共同感",其合理性与可欲性将不取决于这种感觉与可欲的共有世界之间的实质性

---

① 〔美〕肯尼思·J. 格根:《关系性存在:超越自我与共同体》,杨莉萍译,上海教育出版社,2017,第 2 页。
② 贺来:《"关系理性"与真实的"共同体"》,《中国社会科学》2015 年第 6 期。
③ 〔美〕汉娜·阿伦特:《人的境况》,王寅丽译,上海人民出版社,2009,第 225 页。

伦理关联，而仅仅由现代个体对功利最大化的共同追求，以及对使得这一追求成为可能的纯粹工具性市场理性的共同应用所决定。当"共同感"由生命实质性地向共有世界归属转向形式性地趋向某种逐利意志时，异质主体间的"共同生存"将因纽带的脆弱性而陷入危机。

在图海纳看来，尽管我们大家相处在一起，但我们几乎没有任何共同之处。现代性社会的"共同生存"陷入"左右为难"的困境之中。一方面要么就承认少数群体和社群享有充分的独立，只要能让它们遵守游戏规则和让在利益、见解和信仰上持有不同立场的人和平共处。但是这样一来，人们之间除了消极自由与工具性交往外，便因共同感的丧失而无法深度交往；另一方面要求主体间具有一种"共同的"价值观，虽然这种有限共同的价值观能够联系和团结特定共同体内部的成员，但是又会把那些不认可这种价值观的人排除在外[1]。面对这种兼顾"平等"与"差异"的共同生存的两难处境，面对工具世界与价值世界的断裂现实，格根主张开展一场"全球性的意识变革"，让我们放弃霍布斯"以所有人为敌"的反面乌托邦，转而"与所有人结盟"，当健康的关系成为所有人的核心关切时，我们接近了更有希望的未来[2]。

（二）由"竞争型价值主体"走向"共识型价值主体"

立足当下非价值的竞争性生存境遇，从面向人的可持续发展以及人类社会休戚与共的命运共同体的意义上来说，现代社

---

[1] 〔法〕阿兰·图海纳：《我们能否共同生存：既彼此平等又互有差异》，狄玉明、李平沤译，商务印书馆，2003，第7~8页。
[2] 〔美〕肯尼思·J. 格根：《关系性存在：超越自我与共同体》，杨莉萍译，上海教育出版社，2017，第409页。

会迫切需要一种"共识型价值主体"的全面出场。所谓"共识型价值主体"意指在深度了解价值多元化及其生存性后果以后，仍然对建基于交往性对话之上的包容性价值共识持有强烈预期和坚定信念的人。他们倾情于多元化与差异性带来的私人福利，但并不偏执于纯粹为了一己私利而无限放大差异、激化分歧、引发冲突的功利行为。当私人福利与他者（公共）福祉产生冲突时，"共识型价值主体"能以一种"面向共识"的开放姿态投身寻求一种"多元中的理性同一性"智识性努力。作为应对多元竞争语境中价值共识困境的合理性筹划，"共识型价值主体"具有以下特征。

（1）共识性。"共识型价值主体"并非一般意义上的"非价值主体"或"价值中立主体"，而是以面向共识为旨归的人类命运共同体的坚定倡导者和积极参与者。在"共识性价值主体"的视野中，"共识"本身是多元情境中值得珍视的价值追求，是促成异质主体间对话、合作与交往的规范性原则，谋求共识、筹划共识、达致共识并非免于干涉的"消极共识"，而是直面多元价值竞争性在场并致力于化解价值分歧、推动价值对话、促成价值合作的"积极共识"。

（2）开放性。"共识型价值主体"对"竞争性价值主体"的替代，意味着一种蕴含着生存公共性的开放性价值主体观念的生成。开放性一方面是对"竞争性价值主体"自我本位意义上的价值独断与价值宰制意识的弃绝，"开放"首先是一种自我敞开，走出狭隘的自我中心论，自觉将自我与他者命运紧密关联；另一方面开放性指向对价值他者的承认、欣赏和尊重。在"共识型价值主体"的视域中，寻求价值共识的理由并非基于竞争性价值意识间难以公度现实的妥协，而是在自我与他者共契、共生、共在所共构的多元价值情境中，为实现"各美其美"与"美美与共"的包容性价值共识理想所做出的实质性努力。

（3）包容性。价值的差异既是异质主体的选择性差异，也是历史文化传统规制下的构成性差异。差异性、多元性乃至竞争性是价值世界的一种常态，同时也是反思价值共识的基础语境。这意味着用同一性完全抹杀差异性，最终建构一个价值同一的整全秩序的理路，既不可行也不可欲。多元世界所追求的价值共识不是一种"以一驭万"的压制性共识，而是"百花齐放"的包容性共识。在已然丧失"至上价值"的后形而上学时代，"共识型价值主体"所倡导的"包容"并非居高临下的"怜悯"，包容既是对他者差异的包容，也是对作为有限性存在的自我限度的自觉，只有建立在包容之上的共识，才是真正的共识，"价值共识"既是自我包容他者，也是他者包容自我，因而是一种"互主体包容"。

（4）平等性。"竞争性价值主体"主张"价值自我"的绝对至上性，以"价值自我"压制"价值他者"，在自我与他者间构筑起非平等的价值等级秩序，最终导致价值间关系陷入"合法性认同"与"抗拒性认同"难以弥合的张力之中。"共识型价值主体"在坚持全人类共同价值的基础上，主张用"平等看待价值"以调和价值间无休无止的竞争与排他。价值间平等既是对诸异质价值主体历史文化传统的尊重，是历史理性的绽现；同时也是对人类命运共同体理想的自觉，在人类命运共同体中没有所谓西方与东方的划界，人类共处一世、命运与共、休戚相关。

（5）交往性。杜威指出："交往、共享、协同参与是道德的法则和目的的普遍化的唯一途径。"[①] 如果说"共识性""开

---

① 〔美〕杜威：《哲学的改造》，许崇清译，商务印书馆，2009，第122页。

放性""包容性""平等性"是对"共享型价值主体"所做的价值理性规范的话,"交往性"就是使得这种规范最终进入日常生活领域的实践理性要求。弗罗姆就曾指出,使得一个深度疏离的世界走向彼此互助的公共世界的关键,在于为这种转换创造植根人们日常生活的交往机会,即在共同唱歌、共同散步、共同跳舞、共同观赏中培育现代自我的"共同感"与"公共人"意识①。由"价值封闭"走向"价值交往"蕴含着由"单一主体性"走向"主体间性"并经由主体间的对话、沟通和协商达致共识的非工具性共识取向。正如哈贝马斯所认为的,"交往理性"本身指向的是一种在"非强制"状态下达成"共识"的核心经验,它内在地要求交往参与者克服那种并不具有可批判检验的有效性理由的纯粹主观性意见,转而诉诸一种由共同的合理信念所构筑起的有关客观世界的同一性与生活世界的主体间性②。对于"共享型价值主体"而言,诉诸以达致共识为旨趣的交往性行为,便事先悬置了基于实力政治的宰制行为的合理性,转而使诸异质价值主体更加聚焦于使得价值共识成为可能的"可批判检验的有效性要求"。

(6) 共生性。实现人类跨主体、跨文化、跨地域的共生共在是"共享型价值主体"的终极理想。在关切人类社会生存与发展的根本性问题上达致基本的价值共识,是兑现异质主体间真正有尊严的共生并在的前提。因此,"共享型价值主体"不是为了少数人或者少数国家的私利的可持续,而是为了人类整体生存的可持续性目的,以积极的姿态投身于寻求"价值共

---

① 〔美〕埃里希·弗罗姆:《生命之爱》,王大鹏译,国际文化出版社,2007,第 282 页。
② 〔德〕尤尔根·哈贝马斯:《交往行为理论》(第一卷),上海人民出版社,2018,第 28 页。

识"的实践当中。

"竞争性价值主体"向"共识型价值主体"的转换，是人在"类意识"引领下对人类命运共同体的自觉，是人类价值意识的复归与价值视界的拓展，因而对于早已习惯了"竞争性价值主体"身份的现代人而言，既是一项系统而复杂的挑战，又是一次向死而生的价值成长。在这个意义上，"共识型价值主体"的全面出场需要一种与之相适应的"面向共识"的世界性新教育伦理。

(三)"共识教育"与"共识型价值主体"

价值人格、价值意识或价值感的生成，部分地源于先在性的共同体文化传统的潜在孕育，部分地取决于后天公共教育的正向引领与培育。特别是意识到价值感的生发并非绝然受制于文化传统，而是与人们后天的教育、启迪和引领密切相关时，也就为价值的生成性，进而为"共识型价值主体"的培育打开了出口。贺来教授深刻地指出，"价值信念的真实主体"是兼具区别于物的存在的"人"、作为个人本质规定性的"自由"以及因为"自由"而形成的"独立人格"的主体，即理性真实的价值主体只能是"自由的、具有独立人格的生命个体"[1]。当这一有关真正价值主体的应然性判断落实在现实的人的日常生活世界时，有待进一步澄清的问题是，"自由的、具有独立人格的生命个体"在何种意义上或经由何种方式必然意欲成为一个真正的"价值人"而非"工具人"？特别对于深受"占有型个人主义"文化价值观念规制的现代人来说，成为一个真正意义上的"价值人"究竟意味着什么？当价值共识是基于诸"价

---

[1] 贺来：《寻求价值信念的真实主体》，《社会科学战线》2012年第1期。

值人"间交往性实践所做出的具身性生存选择,而"价值人"意识本身并非植根人性的自然意志时,换言之,当人并非先在地自然地是一个"价值人"时,价值共识的达成不仅依赖"价值人",而且更加迫切地吁求一种以共识为旨趣的"共识型价值主体"的全面出场,以抵御和对抗愈益膨胀并占据主导性地位的"工具人""经济人"等市场社会祛价值化的人格叙事。

黑格尔在人由"自然天性"迈向"精神天性"的意义上,把"教育学"视作一种"合乎伦理"的艺术。在其看来,在经由教育所培育的"精神天性"中,主观意志与自然意志间的对立将消失,主体内部的斗争亦将平息,从而为一种超越主体主观意志的合乎公共伦理规范的理性行为开辟空间[1]。由此可见,教育的公共性使命与旨归就在于启迪人的价值心智、开显人的价值视界、提升人的价值境界,使人合乎伦理地生存。经由教育的引领与范导使人摆脱纯粹自然本能的宰制,转而在一种自觉的优良价值意识的引领下绽现人之为人的创造性、超越性,最终实现人性整全性。也正是基于上述意义,本真的教育实践是一项面向人文智慧启蒙的价值理性实践,其所关涉的是"通向某种完满、高尚人格境界的努力"[2]。正如法国哲学家阿兰·图海纳对古典教育的一般伦理旨趣的追述所阐明的那样,(1)教育必须具有解放和培养孩子的意愿,即"把孩子(即新进入社会的人)从他个人特有的个性中解放出来,并利用他自己的劳动和学校规定的必修课来培养他,直至使他进入理智和

---

[1] 〔德〕黑格尔:《法哲学原理》,范扬等译,商务印书馆,2010,第171页。
[2] 袁祖社:《价值本质的自我澄明:观念史视角的合理介入》,《清华大学学报》(哲学社会科学版)2017年第5期。

知识的高级世界,掌握推理和表达思想的手段"[1]。(2)教育必须确认文化的普遍价值,即教育应当超越实用知识的传授或社会化角色的培养,转而让孩子们了解"真、善、美",向他们展示"科学或才智的典范以及英雄行为和立身正直的楷模"。因而,教育就是一种对价值观的培养,是与一个被看作是文明和现代价值的载体的社会奋发向上密切联系的。(3)教育既蕴含着"摆脱传统的束缚"又担负着"提高价值观念"的双重努力。

启蒙现代性以后,传统价值性教育被主体性教育替代,后者强调:(1)"教育应当培育和加强个人主体的自由";(2)传统教育侧重于"文化和社会价值",而现代教育则把重心放在"历史的和文化的多元性"与"对他人的承认"之上,"从男孩子和女孩子之间或不同年龄的年轻人之间的联系开始,然后扩展到各种形式的文化间的联系";(3)现代教育侧重于"纠正地位和机会不平等的意志"[2]。教育伦理的现代性转型,一方面揭示了教育原则由"大叙事"向"小叙事"、由"共同体"向"个体"、由"秩序"向"自由"的转变;另一方面这种转换又内嵌着由"人文教育"向"职业教育"、由"价值教育"向"工具教育"、由"超越性教育"向"谋生性教育"、由"公共人"向"私利人"的异化。这种转换在促成教育世俗化与个体化的同时,也瓦解了教育对本真价值的澄明以及对培育"价值人"的担当。

在美国批判教育学创始理论家亨利·A. 吉鲁(Henry A.

---

[1] 〔法〕阿兰·图海纳:《我们能否共同生存:既彼此平等又互有差异》,狄玉明、李平沤译,商务印书馆,2003,第370页。

[2] 〔法〕阿兰·图海纳:《我们能否共同生存:既彼此平等又互有差异》,狄玉明、李平沤译,商务印书馆,2003,第373~375页。

Giroux)看来,公立教育及其教师原本发挥着一个健全社会无法或缺的"价值防火墙"功能,它将"沉溺于暴力和偶像崇拜的文化"与"激进的、充满想象力的可能性"隔开,坚决抵御那种不受限制的个人主义、私有化话语、过分竞争、超级军事化的男性气概以及支配当今教育政策和实践的企业价值观,并为民主社会所必需的公民美德和公共文化价值观辩护。然而,自新自由主义进入美国公立教育以来,"教育退化为没有头脑地痴迷于度量和考试模式"[1],公立教育醉心于"教会学生如何考试、如何为就业做准备",而丧失了其本该具有的价值使命。阿伦特更是一针见血地指出:"这种有意识地不教授知识而反复灌输技术的做法,导致学院变成了职业学校,成功地教学生如何开汽车,如何用打字机,甚或对谋生的'技艺'来说更重要的,如何与人相处、如何受人欢迎,但无法给孩子提供一套标准课程体系的正规预修课程。"[2] 正是在这层意义上,公立教育的"价值防火墙"功能被日益削弱,公立教育与公共价值面临严重危机。教育不再以培养有远见卓识和懂善恶是非的"价值人"为其使命,而是按照商品社会和就业市场的工具性导向输出"经济人""职业人"乃至"工具人"。

现代教育的工具理性导向与市场偏好:(1)强化了人之生存的工具合理性信念;(2)极化了主体间的竞争意识;(3)消解了人的价值理性追求;(4)遮蔽了教育之于人的内在超越功能;(5)遮蔽了现代个体基于价值的公共性生存视界。因而,价值共识的危机便集中体现在由单向度的现代教育所造成的价

---

[1] 〔美〕亨利・A. 吉鲁:《教育与公共价值危机:驳斥新自由主义对教师、学生和公立教育的攻击》,吴万伟译,中国人民大学出版社,2016,第 3 页。
[2] 〔美〕汉娜・阿伦特:《过去与未来之间》,王寅丽、张立立译,译林出版社,2011,第 171 页。

值共识"意识危机"。由"竞争性价值主体"向"共识型价值主体"的转换,欲求一场现代教育伦理的全面变革。

其一,"共识教育"是对本真教育的伦理回归。从有人类文明以来,教育的根本使命就在于激发人性良知、构塑人格修为、提升人格境界,即实现由"自然人"向"价值人"的社会化转型。在古希腊人的精神世界中,"教育"的旨归在于:(1)个体人格的成就,即在引导一个人(儿童)成为其所应当成为的样子的过程中实现人格和人性的完满;(2)公民品格的造就,即教育为人进入城邦生活提供了观念上的准备;(3)精神纽带,即通过教育来实现的那种智慧、美德与高贵,并经由共享的精神纽带强化"公共人"意识,维系城邦共同体基于共同善的团结与秩序①。中西早期教育理念虽存在差异,但从其意欲引导人成为一个"价值人"(修道、人格的成就、完满的人格和人性)的旨归而言却是相通的。因此,"学以成人"始终是典范教育的核心旨趣,而且经由"学习"所意欲达成的"人",必然是那种对"公共善"与"共同善"有着坚定信念和执着追求的"价值人"。彼得斯(R. S. Peters)曾说"教育"这个概念已把"某种有价值的东西应被得到"这一准则包含其中,教育"意指某种有价值的东西正在被人们以一种在道德上可以接受的方式所传递"②。

"共识教育"不是对"知识教育""职业教育""技术教育"的完全替代,而是为前者重新确立了教育的价值性目标,即知识、科学、技术的学习要有利于学生价值人格的成长、服

---

① 娄雨:《从 παιδεία 到 education:西方"教育"概念的词源学分析》,《教育学报》2017 年第 3 期。
② 肖川、胡乐乐:《"教育"概念的词源考古与现代研究》,《大学教育科学》2010 年第 3 期。

务于人类社会的和谐共生，而不是强化分歧与对抗逻辑。因此，"共识教育"对现代教育做出本体论追问，教育的目的是什么？为什么需要教育？教育之于人类命运共同体而言意味着什么？在非共识教育中，上述追问是无关紧要的，因为教育服从的仅仅是工具理性原则。但是，在"共识教育"中，对于上述追问的澄明是确保教育始终沿着服务于人的自由而全面发展的方向演进的前提性任务。不对教育的本体性追问做出时代性的新定向，教育将陷入迷失状态从而背离追求"价值人"的初心。为此，阿伦特指出"教育的要义"就在于"我们要决定我们对世界的爱是否足以让我们为世界承担责任，是否要让它免于毁灭"[1]。

其二，"共识教育"以"学会共处"为核心关切。20世纪晚期，由21世纪教育委员会（International Commission on Education for the 21st Century）牵头起草的《德洛尔报告》，首次面向全球教育界提出了学习的"四大支柱"，即学会求知、学会做事、学会做人、学会共处[2]。如果说前面三大支柱关系到基本的教育权益保障、教育公平和发展机会的话，"学会共处"则侧重于多元社会中主体间的理解、共识乃至共生。《德洛尔报告》发布后的几十年，是全球化快速发展的重要阶段。面对当前日趋紧张的人际疏离、群际排他与国际对抗现实，如果重新对上述四个方面进行合理化排序的话，"学会共处"即使不能时间性地具有优先性，也必须生存性地被赋予首要性。如果没有一种面向他者的共处伦理支撑，换言之，如果没有施韦泽所主张

---

[1] 〔美〕汉娜·阿伦特：《过去与未来之间》，王寅丽、张立立译，译林出版社，2011，第182页。
[2] 联合国教科文组织编《反思教育：向"全球共同利益"的理念转变》，联合国教科文组织总部中文科译，教育科学出版社，2017，第31页。

的"伦理地肯定世界和生命"①的"共处意识",所谓现代技术经济最终将陷入贝克所预言的"世界风险社会"。"共识教育"就是以人文教育为载体唤醒赏识、互助、合作、团结、责任等人性美德,增强人们对于"交互共在"的基本生存现实的系统认识,加深对于他者的共在存在论理解,认识"相互依存"事实所内置的生存论道理。在"共识教育"中,"他人是地狱"是"非共识教育"培植的市场意识形态,人际本真在于"自我"与"他者"无法斩断的交融与互构,在这种人际本真状态中,"他者即自我","自我亦他者",抵御、贬损、丑化"他者",本质上也是一种自我贬损、自我放逐、自我沉沦。

其三,"共识教育"以启迪"世界公民意识"为实践旨向。在人类命运共同体的意义上,"共识教育"是一场世界性的教育变革,其所指向的是"世界公民"意识的培育。"共识教育"对以民族国家为本位的公民教育提出两重变革要求:(1)由民族国家内部公民间的相互尊重走向世界性公民间的相互尊重;(2)由单一工具性知识的普及走向"学会共生"的综合能力提升,即"有能力积极地面对和解决不同文化冲突的公民教育"②。

诉诸"共识教育"培育现代人的"共识型"价值主体意识,并非一种脱离日常生活实践的纯粹理念设定,特别地在马克思的新价值哲学范式中,一个时代需要何种价值理念、需要何种教育伦理绝不能仅仅被规约为意识哲学的先验设定或统治阶级意志的单向度表达,时代性的价值理念深受所处时代基本

---

① 〔法〕阿尔贝特·施韦泽:《文化哲学》,陈泽环译,人民出版社,2017,第26页。
② 赵晖:《当代世界公民教育的理念考察》,《外国教育研究》2003年第9期。

生存境遇与公共性生存挑战的规制。作为一种现实行动的规范性原则，优良价值理性所绽现的是特定时代、特定共同体及其成员对于破解根本生存困境的超越性努力。而时代性的公共教育之于这一努力而言，无疑发挥着重要的思想解蔽效力。我们虽然置身于一个深度互依的全球化时代，但是并非在每一个现代人的意向结构深处都对这种全球性生存境况及其可能造成的共在存论压力形成自觉的反思意识。共识教育的核心旨趣就是基于这一新的时代性挑战而激发、引领并培育现代人以非暴力方式在异质性中寻求理性共识的智慧与信念，这无疑意味着世界风险社会的反向压力与人类命运共同体的正向愿景交互共构的全球性生存方式与价值视界的深刻变革。

二 类价值自觉与"共识型价值视界"开显

一般认为，世界观亦即价值观、人生观。世界观既是关于世界本质、规律与秩序的观点，同时也是关于人的生存、发展与意义的认识。人如何看待世界，人就将如何看待自己，而人如何看待自己，终究会决定人如何看待外在于自我的他者、自然与共同体。这意味着，一种合理化的价值意识的生成取决于人的自我认识与自我定位。启蒙以来，人被规约为"自我欣赏的个人"，作为"想象的共同体"的民族国家也成为人类社会的权力主体，占主导地位的价值认识把价值建构的基础放置在"个人本位"与"民族国家本位"之上，导致了价值的私人化与部落化叙事，致使人与人之间、国与国之间的价值共识因公共价值视界的丧失而陷入僵局。全球现代性使得价值私人化与部落化的自反性越发凸显，面对一个世界风险社会，人类社会必须走出私人化与部落化的排他性价值视界，转而在人类命运共同体的生存视界内重构一种契合全球现代性共在性生存现实的新价值共识视界。

(一)"类存在"与命运共同体

一般而言,"类"规定是对同类存在的总体性内在规定,在世之"物"都有其"类"规定,而且正是"类"规定的在场,使得某物是其所是,进而与他物内在区分,世界的多样性体现的就是"类"规定的多样性。可以说,"人"与"物"都因分有着各自不同的"类"规定而必然都是"类存在"。但是,作为"类存在"的"人"和与之相对应的"物"却有着本质性的区别。马克思曾对这一区别进行过系统说明:(1)对待世界的活动方式不同。"物"是一种依附性活动,而"生产生活"作为人的"类生活",其本质特征就是创造性;"一当人开始生产自己的生活资料……的时候,人本身就开始把自己和动物区别开来"[1]。(2)生存状态不同。"物"的生存是一种严格受必然性约束的活动,而作为"类存在"的"人"则是"自由的有意识的"活动。人可以摆脱必然性的规制,视自己为普遍自由的类存在。(3)"类"意识不同。"类"规定对于"物"而言,是一种先在的、永恒的界划、限定与律令,"物"一旦成为"某物"便只能被动地服从于"类"规定。"人"则相反,由于人的"类"规定本身便指向了"自由自觉",因而,为了实践其"类"规定,人便处在不间断的历史性创造与革新当中。"类"规定对于人而言不是限制,而是激励、促进和提升。"类"规定犹如看不见的手,潜在地鼓励人摆脱自在的或自为的压制,而绽现契合生命本真的创造性。

"类存在"是对人的一种人学本体论规定,这种规定不是

---

[1] 《马克思恩格斯文集》第 1 卷,人民出版社,2009,第 519 页。

人种学意义上的生物性规定，也不是意识哲学意义上的范畴规定，而是一种历史人类学规定。作为"类存在"，人既是历史的"剧中人"，也是历史的"剧作者"。人总是经由自己的创造性实践分享并证成人自身，人的创造性实践既是对"类"规定的践履，也是对"类"规定的澄明，同时更是直接指向"类"的现实化。作为"类存在"的"人"的"类"规定的现实化，即自由自觉的现实化，要求人真正以"自由人"的姿态在世中。这种植根人性的内在要求，驱动着人始终与专制、等级和压迫等诸限制人的类规定现实化的因素相抗衡、相斗争。因此，"人是一种通过实践活动不断否定和生成自身的超越性存在，'可能性'与非'现成性'构成了人独特的存在本性"[①]。而且，较之于"物"的生存盲目性而言，唯有人对其"类身份"有着清晰的自我认知，也就是只有人才以一种自觉意识视自身为"类存在"，并为了实现自由自觉的生命活动而不断求索。

就其"自由自觉"性而言，人的"类"追求长期处在被压抑的状态。按照马克思关于"共同体"的分析，自然的共同体阶段，人的"类"追求受双重力量的规制，即自然必然性（匮乏）与社会等级制（专制），因而马克思认为那个历史时期，人的实存状态表现为严格的"人的依赖"。现代性以来，人类凭靠工业实践摆脱了先在的人身依附关系，在法权意义上第一次确立了人的"类本质"，即"承认"了人的"自由人"身份。但在随之而来的自由资本主义阶段，拜物教逻辑宰制下的"自由人"又因种种非人性的制度化资本实践而坠入"物的依赖"，人成为"物"的奴隶。赫斯就曾指出，现代人总是为了"牟利"而"买卖"，对于人类历史而言，这种深受拜物教逻辑

[①] 贺来：《马克思哲学与现代哲学变革》，中央编译出版社，2018，第192页。

规制的"买卖"旨趣使得人类历史真正进入了一个崇尚"相互蚕食、相互掠夺和奴隶制"的至暗时刻①,在围绕资本所展开的竞争性逐利生活中并不存在"类存在"意义上的自由自觉,有的仅仅是一部分人对另一部分人的限制。因此,马克思指出以货币和资本为纽带组建起的共同体本质上是一个"私有者与私有者的联合体","这种由私人财产权和现代社会契约包裹起来的共同体缺乏普遍性,没有广泛的适用范围,体现为一种受资本驱动的政治关系或经济关系,对无产阶级来说,在现实性上几乎等于无"②。当然,从"类存在"的角度审视,"虚幻的共同体"不仅限制了雇佣工人的"类本质"的现实化,就连作为资本化身的"资本家"也在拜物教的宰制下沦为资本的奴隶,因而同样丧失其"类本质"。

历史地看,既往发展史中人的自由自觉的"类本质"之所以难以实现,根源在于人们要么在封闭的群体本位基础上构想秩序,要么在占有型个人的基点上筹划制度。总之,在阶级社会中公共权力所意欲维系的仅仅是统治阶级的利益,制度所实际表达与捍卫的同样只是占统治地位的阶级诉求。然而,没有对跨阶级的"类存在"的基本自觉,没有将自身安放在"类存在"的本体高度的内在追求,一切阶级的自由最终都将是不自由。在马克思看来,人类社会唯有在"类存在"的意义上筹划秩序,真正的自由自觉的"类本质"才能显现。因此,"类本体"就成为筹划"属人的"和"人属的"命运共同体的基本前提。在"类"意义上,只要有阶级、民族、种族、国家以及建

---

① 〔德〕莫泽斯·赫斯:《赫斯精粹》,邓习议编译,南京大学出版社,2010,第142页。
② 臧峰宇:《马克思政治哲学引论》,中国人民大学出版社,2020,第87页。

立其上的等级、专制、极权存在，而且一旦人们仅仅以"特殊身份"而非"类身份"为前提时，"类存在"意义上的自由自觉将难以落实。因此，在马克思那里，"类存在"不是外在于现实的人的抽象规定，"类存在"就是人的历史性规定，凭靠着对历史持续而又深刻的变革，最终人类社会将进入一个"类本质"真正得以现实化的"自由人联合体"，在那里作为"类存在"的人才能以一种整全性的方式占有属己性的全部本质。

（二）"类自觉"与人类共同价值

马克思对人作为"类存在"的揭示，赋予人一种植根历史实践的现实超越性。特别是当人仅仅以原子式的个人或排他性的民族-国家存在时，"类存在"仍然处在潜在状态。因此，"类存在"的创造性、超越性与变革性要能释放出来，首先要对这种总体性的人学规定有一种基于理性反思的认同，即"类自觉"。在马克思那里，"类自觉"，即人之自由自觉的生命活动何以可能，是检视资本主义剥削和压迫的价值尺度，也是唤醒雇佣工人与无产阶级反抗意识的内在动力。在《共产党宣言》的最后，马克思恩格斯发出"全世界无产者，联合起来"的革命号召[①]。作为被资本主义制度漠视的一方，无产者由"分散"走向"联合"，是"类自觉"的最直接体现，而"联合"起来推翻充满结构性剥削和压迫的资本主义制度，建立一个自由而全面发展的共产主义社会，则是"类意识"现实化的最终体现。

面对当今时代愈益突出的生态危机、能源危机、粮食危机、恐怖主义、霸权政治，"世界风险社会"的出场从另一个方面

[①] 《马克思恩格斯文集》第 2 卷，人民出版社，2009，第 66 页。

预示着人类社会越发进入了"类时代"。"类时代"一方面指称由数智化的技术经济媒介所强化的跨主体"互依性";另一方面是现代技术经济漫无目的的全球运作所导致的跨地域的"自反性"。前者作为全球现代性的福利,为人们所期待;后者作为全球现代性的副产品,为人们所忽视。面对全球化,人们诉诸一种"选择性亲和"策略,将全球社会分裂成大大小小的排他性利益联合体,全球化因此沦为利益集团间彼此竞争的自由市场。"类时代"最大的挑战不是要不要全球化,而是全球与地方之间的"选择性断裂"。人们在谈及利益时,似乎全球化便是福音;当谈及责任时,全球化成了重负。全球化唯有满足地方性逐利旨趣时才是值得欲求的,当全球化意味着责任共担时其便不再为人所意欲。这种现实背后所隐含着的恰恰是"类时代"的"祛类意识"的悖谬,人们往往把种族、民族与国家视为效忠的理想对象,因为它们在狭隘的身份认同的意义上为人们提供着唾手可得的归属感。然而,人们并不认为"全球社会"已然成为一个现实的实体,因而放弃民族的、地域的归属,投身于对似是而非的全球社会的归属,无疑是一次冒险。

"类时代"的生存性悖谬,即全球性与地方性、互依性与排他性等,使得"全球社会"与"人类世界"成为无人问津的"大叙事",人们现实地栖居于全球之上,但用以审视世界、反思问题与回应挑战的基本视界,却始终受困在自我本位与民族国家本位的狭隘范围,以至于风险社会的研究者们反复告诫人们要携手共治启蒙现代性的自反性危机,却始终难以成为全球行动的公共逻辑。"类自觉"是对人的"类存在"属性的自觉,其意味着众人试图追求的自由自觉的生存理想如果不至于落空的话,"类时代"的全球民众理应持有一种审慎的"类自觉"意识。"类自觉"不是对"民族认同"或"国家认同"的全然替代,它意味着一种有限度、有节制的审慎民族-国家范式的出场。种种"类挑战"的出现实际已经预示着全能型民族-国家范式的衰微。在一个已然加速"类时代"的情景中,任何个人的、民族的乃至国家的利益最大化的诉求,只有与人类整体福祉彼此贯通时才是可能的。进而言之,如果促使一个国家选择融入全球化的动机不是谋求一时一刻的发展,而是化解更为根本的可持续发展的困境的话,现实的发展逻辑只有超越民族国家本位的依赖,而在类本体意义上重新定向、筹划和安排时,可持续发展才现实地具有可能性。从一定意义而言,当"可持续发展"成为一个时代性的普遍人类关切时,也就意味着在单一民族国家的基础上这一关切是难以实现的。因此,"可持续发展"本身对发展视界、发展逻辑、发展路径等提出了"类本体"意义上的变革需要。

从全球治理的价值共识困境来看,最为重要的挑战仍然是"全球治理,地方价值"的悖反[①]。作为一种"想象的共同体",全球社会没有一种先在的价值秩序可资共识,可预见的全球价值无一不是从民族国家的价值叙事中建构而来的。在全能型民族国家本位的意义上,全球治理的价值共识注定将因利益分化、强权压制与意识形态偏见陷入困局。"价值共识"困局的凸显体现的正是上述困境。"类自觉"之于"价值共识",意味着在有节制的民族国家基点上重构一种契合人类命运共同体建构的新价值叙事,即全人类价值叙事。在"全人类价值"叙事中,民族国家依然是价值生成的重要实体,但是"民族国家本位"的价值独断、价值偏见必须予以根除。因此,"全人类价值"既凭靠民族国家的历史文化传统所贡献的差异化智

---

① 任剑涛:《在一致与歧见之间——全球治理的价值共识问题》,《厦门大学学报》(哲学社会科学版)2004年第4期。

识,同时也超越单一民族国家的价值偏执。"全人类价值"是用"类"的眼光看待价值的产物,这种全球公共价值致力于全人类共同的自由全面发展。

(三)"类价值"与价值共识

基于"类自觉"意义上的全球价值称为"类价值"。"类价值"并不现实地存在于人类生活实践,而是基于"类意识"的一种面向共识的价值想象。这并不意味着"类价值"是一种价值虚构,因为从其根本而言,一切的价值最开始都与特定价值主体的超越性生存祈向内在关联,甚至很多价值截至今天仍然停留在想象层面。一旦人们能够自觉地去构想某种价值时,也就预示了真正价值观念变革的开始,正所谓想象是行动的先导,只是唯物史观视域内的"想象"并非意识哲学所指认的纯粹观念想象,而是一种植根历史发生学的生存性筹划。正如杜威所言:"国际主义不是愿望而是事实,不是妄想而是力量。"① 使得人们必然做出"类价值"想象的,是既有民族国家本位的价值理念难以应对日益复杂的全球处境的现实后果。面对"世界风险社会"无法补偿的生存性威胁,人类社会首先应当在观念中达成寻求新价值秩序的共识,然后才能谈及对具体建构策略的共识。在这层意义上,"类价值"不但不是观念虚设,而且为置身全球现代性的人们现实地摆脱价值分歧与文明冲突进而达致价值共识构筑起坚实的共同视域。

首先,"类价值"是"类时代"的全新价值共识叙事。举凡"价值"者,即使不是自然历史的产物,也注定与社会历史的演进高度关联。价值不仅有着强烈的主体差异,而且有着鲜

---

① 〔美〕杜威:《哲学的改造》,许崇清译,商务印书馆,2009,第121页。

明的时代差异，甚至可以说主体差异也是由时代差异所决定的。因此，价值总是特定时代的价值。这并不意味着价值之于时代总是相对的，更不意味着人类社会没有为不同时代的人所共享的价值准则。价值的时代性所要表达的是不同价值在不同时代的优先性，进而同一价值在不同时代形成了契合那个时代精神的差异化内涵。总体而言，以"人的依赖"为特质的自然共同体时期是一个"价值合一"的时期。由于"价值"总是先于"存在"而存在的，因而"价值"只可能是"构成性"的而非"选择性"的，"权利"较之"善"并不具有自明的优先性。围绕整全价值秩序，特定自然共同体内部有着高度的价值认同，"价值共识"注定不会成为一个问题。自然共同体以后，人类进入了以"价值分离"为特质的"理性共同体"，个体本位的价值"小叙事"替代了群体本位的价值"大叙事"，价值多元、分歧乃至冲突成为文明社会的常态。正是在这一背景下，人们主张"权利"（个人）绝对地优先于"善"（共同体），进而"存在"绝对地先于"价值"，"价值"之于人不再是"构成性"的而是"选择性"的。诸如"事实与价值二分"（休谟语）、"不可公度性"（伯林语）、"诸神之争"（韦伯语）、"理性多元化"（罗尔斯语）、"合理分歧"（拉莫尔语）、"无休无止的分歧"（麦金泰尔语）成为这个时代价值现实在观念秩序中的集中表达。放任的"价值分离"最终导致了人与人、族群与族群、国与国之间的疏离，如何弥合公共价值与私人价值之间的张力成为时代之问。"价值共识"问题因此陷入个体与共同体、自由与秩序、民族国家与全人类的张力之中。人类命运共同体是人类现实历史的选择，从"命运"层面反思人类社会的交往伦理与生存信念是"类时代"的本质要求，也是人类社会自觉其"类存在"的价值取向。人类命运共同体内在地要求价值视界的"类"提升,只有在人类一体、世界一家的意义上,价值共识才能找到现实的"共同价值视域",因而才是可能的和可欲求的。

其次,"类价值"是"类时代"的现实的价值共识方案。"类价值"以人的"类本质",进而以人类整体作为价值共识的逻辑基点,通过对人类命运的理性考察与合理化筹划,诸异质价值主体将生成一种面向共识的新价值视界。如前文所述,"价值"因先在的历史文化传统的差异而先在地存在差异,但这并不意味着异质价值间没有达成共识的可能。价值说到底作为人的合理化生存理想的表达,是一种社会历史性地演变的观念范式。"类时代"人类社会的生存性困惑已经不仅仅是单一民族国家内部如何实现现代性的问题,而是作为"类"意义上的总体人类如何能够进入一种文明而有秩序的共同生存状态的问题。在"民族国家"时代人们认为没有单一民族国家的现代性,就不会有全人类的现代性,因为,所谓人类社会的元构成就是一个又一个现实的民族国家单位。但"类时代"的"世界风险社会"特质使得人们必然意识到,没有总体人类的秩序就不可能有单一民族国家的秩序,没有总体人类的发展就不会有单一民族国家内部的可持续发展。民族间、国家间的彼此交融、相互依存达到了空前的高度,但基于狭隘的文化认同、身份认同和"普世价值"等生存信念的强制,异质主体间的实际交往与互动往往存在尖锐的分歧和深刻的对抗。"类价值"是对"类时代"充满分歧与对抗的基本生存现实的自觉与表达,其理据就在于没有全人类共同的价值信念,没有对关涉全球基本合作秩序的自由、民主、公正等价值理念的基本共识,就不会有非暴力、超功利的全球秩序,因此跨主体、跨文化、跨地域的深度合作也将难以为继。正是在这层意义上,作为"类时代"达成价值共识的现实方案,"类价值"首先意味着现代人的基本生存视界的公共性拓延。正如习近平总书记所指出的,"各国历史、文化、制度、发展水平不尽相同,但各国人民都追求和平、发展、公平、正义、民主、自由的全人类共同价值。我们要本着对人类前途命运高度负责的态度,做全人类共同价值的倡导者,以宽广胸怀理解不同文明对价值内涵的认识,尊重不同国家人民对价值实现路径的探索,把全人类共同价值具体地、现实地体现到实现本国人民利益的实践中去"[①]。

最后,"类价值"是"类时代"命运共同体价值共识基础建构的可行出路。严格说来,当代人类社会所吁求的命运共同体是人类共同生存的高阶形态。较之自然的共同体依靠至上的规训权力与虚幻的共同体凭靠拜物教意识形态外在地维系人的共同生存而言,人类命运共同体先在地吁求一种"类价值"的出场与在场。人类命运共同体不是为了避免一种偏狭的地域化生存类型而引入的另外一种同样偏狭的生存类型,它不是从一种异化生存进入另一种异化生存。在归根结底的意义上,人类命运共同体致力于对异化生存的根本性扬弃,致力于人的自由自觉的"类本质"的真正实现。因而,与人类命运共同体一样,"类价值"是一种面向人类共同生存的新的价值视界,一种"类时代"的新价值启蒙,是形塑命运共同体内在团结的现实纽带。"类价值"自觉是通往人类命运共同体的内在超越,在"类"本体层面审视价值多元意味着一种真正意义上的包容性价值共识理念对旧的排他性"普世价值"理念的整体性替代,一旦"类价值"成为人们的内在价值认同,命运共同体的建构将成为"类时代"人类社会共同的生存论旨向。

---

① 《习近平谈治国理政》第四卷,外文出版社,2022,第425页。

三　发展价值观转换与"共识型价值情境"构塑

人类命运共同体的价值共识基础建构同样面临着如何在新的时代情境中引入一种契合时代精神的价值认识论,以激发人们真正面向共生共在的公共性价值致思与价值实践内驱力。马克思的人学价值论坚持价值论与人学的内在关联,即对价值的"属人性"与"人属性"特质的历史现象学澄明。如果一种价值无法最终落定在"有生命的个人"的现实日常生活领域,无法使人切实体验到由社会真价值的范导所带来的生存状况的改善与心性秩序的提升,那么这种价值最终将因疏离于并外在于人的现实生活而难以达成共识。"用人学价值论看待发展"意味着一种契合人之合理化生存吁求的价值共识,必将经由人类合伦理性的发展实践,在"包容性制度"所构塑的"共享性发展"中得到提升。

(一) 用人学价值论看待发展

马克思的价值哲学本质上是一种"人学价值论",即围绕"现实的人"的生存价值(自由而全面发展)何以可能这一终极追问所展开的新价值叙事。关注"有生命的个人"的生存与发展权益,考察人类发展实践的合人学境况,批判性地检视资本本位发展观的非人化与反人性的异化现实及其后果,构成马克思人学价值论一以贯之的主题。在马克思人学价值论的视野中,资本现代性的"价值共识"之所以难以达成,本质上是资本逻辑规制下的"价值"及其受其规制的资本主义发展模式与"现实的人"及其合理化生存诉求彼此疏离所导致的生存性断裂。这意味着,价值共识的达成只有在"价值"与"发展"深度关联,即价值的"属人化"与"人属化"特质得到真正实现的意义上才是可能的。

当今时代面临的价值分歧、价值竞争、价值冲突之所以难以消弭,异质主体间的价值共识之所以难以达成,症结仍然如马克思所指明的那样,是由占支配地位的物质主义发展观念与占有型发展模式的非人学旨趣所决定的。在一个由片面的民族国家本位功利最大化逻辑宰制的发展秩序中,对于被选择性地排斥、遮蔽而处在边缘状态的后发现代化国家而言,认同既有强势价值秩序的压制就意味着放弃自身的发展权益。因而正如我们所看到的,价值分歧背后隐匿着的利益分歧使得基本的价值对话都难以真正有效地展开,更何谈价值共识?"用人学价值论看待发展"是在人学价值论的立场上,对既有发展模式内嵌的排他性、竞争性与对抗性展开系统检视和总体矫正,其目的在于培育一种与"类时代"人类命运共同体建构相互契合的可共识性发展观。

马克思在价值哲学上所坚持的这一人学立场,在阿马蒂亚·森围绕人的"可行能力"(capability)所展开的发展合理性论述中得到了系统的推进和创造性的拓展。在具体交代森的启示性意义之前,有必要对"抽象自由"的困境做出适当的回顾。在伯林看来,存在两种自由,一种是"消极自由",即回答"主体(一个人或人的群体)被允许或必须被允许不受别人干涉地做他有能力做的事、成为他愿意成为的人的那个领域是什么";另一种是"积极自由",即回答"什么东西或什么人,是决定某人做这个、成为这样而不是做那个、成为那样的那种控制或干涉的根源"[①]。较之伯林之前人们对自由的更加宽泛的形而上学理解而言,这种区分使得自由本身更加具象、更具解

[①] 〔英〕以赛亚·伯林:《自由论》,胡传胜译,译林出版社,2011,第170页。

第六章 人类命运共同体价值共识基础重构的公共性理路

释力,因而也更易于把握,人们在追求自由时能够大致了解自己想要成为的那个"理想人"究竟是积极意义上的还是消极意义上的"自由人"。伯林有感于人们在追求"自由"时向来就存在的错觉,特别是当极权主义同样声言某种"自由"时,他坚持在"自由"与"行使自由的条件"之间做出严格限定。这种康德式的划界一方面增进了人们对于自由本身的理解;另一方面却导致了自由的抽象性。换言之,这种"行动的机会"究竟是现实的还是虚假的?进而什么能判定机会本身的现实性呢?因为在人类通往自由的道路上,被允诺向众人敞开的机会之门突然关闭的情况举不胜举。被伯林所悬置的"行使自由的条件"在阿马蒂亚·森这里得到了正面回应。

在《以自由看待发展》一书中,森创造性地提出了一种全新的"发展价值论",即把"发展"看成"消除不自由并扩展人们有理由珍视的各种形式的实质自由的过程"[1]。这种价值实践新范式,一方面是人类"发展观"的革新,因为聚焦于"人类自由"的发展观与那种偏执于"财富占有"的发展观有着本质的区别,前者是"后物质主义"时代人类发展理念的人学复归;另一方面是人类"价值观"的转换,因为较之那种有关价值的"大叙事"而言,与"发展"高度契合的"自由"是直接面向现实的人的"可行能力"的发展型(实质性)自由。所谓"可行能力"即"一个人所拥有的、享受自己有理由珍视的那种生活的实质自由"[2]。基于上述双重变革,森认为"自由"在"发展"中占据着绝对的中心地位,因为(1)作为一种价

---

[1] 〔印〕阿马蒂亚·森:《以自由看待发展》,任赜等译,中国人民大学出版社,2013,第72页。
[2] 〔印〕阿马蒂亚·森:《以自由看待发展》,任赜等译,中国人民大学出版社,2013,第85页。

值理性,"自由"之于"发展"的优先性构成人们审视"发展"合理性的"评价性"尺度,即把人所享有的实际自由是否增进视为审视发展合理性的首要标尺。换言之,"发展"的合理性只有在参与发展的诸主体切身的"自由"得到实质性增进的意义上,才是正当的发展。物质财富本位上的进步主义发展观以"物"的增值导致了"人"的贬值,因而在价值理性的意义上是一种非人性的"异化发展"。(2)作为人类发展的现实旨归,"自由"之于"发展"的首要性又构成人类组织、参与并推进"发展"的目的论指向,"发展的实现全面地取决于人们的自由的主体地位"①。

森的"发展型自由观"所强调的不是"自由"的先验正当性和普遍必然性,而是"自由"的现实合理性与生存确当性。一旦摆脱了先验主义的迷雾,在现实的人的日常生活世界,价值对话的焦点将更加现实而明确。据此,森考察了对人的"可行能力"产生重要影响的五种"工具性自由":(1)政治自由;(2)经济条件;(3)社会机会;(4)透明性保证;(5)防护性保障。这五种现实的自由构件围绕"可行能力"的达成,处在"相互增强"的关系之中。以"言论民主"与"自由选举"为主要内容的"政治自由"的实现有利于促进"经济保障",以医疗与教育为主要形式的"社会机会"有利于"经济参与",以有关贸易与生产参与机会为核心内容的"经济要件"有利于提升人们创造"个人财富"以及用于社会设施的"公共资源"。在森看来,只有把抽象的"自由"范式现实地分解为影响每一个人的生存与发展的制度性构件时,"自由"的人学价值论旨趣才能充分地显现。

---

① 〔印〕阿马蒂亚·森:《以自由看待发展》,任赜等译,中国人民大学出版社,2013,第2页。

第六章 人类命运共同体价值共识基础重构的公共性理路

在森的"自由-发展-可行能力"的阐释框架内,"自由"经由"发展"与现实的人的"可行能力"内在关联,"自由共识"不再是基于先验自由的合逻辑性共识,而是与人的贫困状况、社会保障水平、受教育程度、经济参与机会以及公共意见表达等切身利益高度共契的发展性共识。正如森所反复追问的,在价值判断难以回避的场域中,究竟应当如何理解价值判断自身?在"可行能力"的意义上"价值判断"体现的是人的一种发展能力,即经由"公共评价"实现"公共赋值"的能力,"就公共评价而言,无可回避的是需要通过公众讨论来做出赋值"。但是"公共赋值"的一般逻辑不是由"精巧聪明的假定"所决定的,而是由人的现实的生存与发展能力所绽现的。"有些看起来运作很好的假定,是通过精心制造的暗箱来掩盖它在价值标准和权重上的选择的。"[①] 据此,"可行能力"成为森的价值哲学得以展开的第一前提,围绕这一现实的发展能力,"贫困"的价值内蕴便超越了"低收入"的纯粹计量经济学解释,而被视为"基本可行能力的被剥夺"[②]。为此,以"可行能力"为尺度,森列举了几种"不自由"的形式:饥荒(剥夺人的基本生存自由)、被系统地剥夺了政治自由(剥夺人的基本公民权利)、缺乏经济保障与缺乏民主权利和法权自由(限制人们改善处境的可能)。在森看来,上述剥夺之所以被称为"不自由",是因为每一种权利都关涉人的"可行能力",而权利的被剥夺严重限定了人的社会-政治生活,这种限定即便一开始没有产生致命的后果,也要在"可行能力"的意义上被视

[①] 〔印〕阿马蒂亚·森:《以自由看待发展》,任赜等译,中国人民大学出版社,2013,第103页。
[②] 〔印〕阿马蒂亚·森:《以自由看待发展》,任赜等译,中国人民大学出版社,2013,第85页。

为是"压迫性"的①。这意味着,如果一种自由声言自己扮演着发展价值观的引领与范导角色,在森看来仅仅基于这种独白式的宣称难以形塑有关"抽象自由"的一般共识。自由要能为人们所共识,根本上取决于人们所拥有的享受自己有理由珍视的生活与发展方式的"可行能力"的实现程度。在最终的意义上,森对于"发展"的"自由"考察,进而对"自由"之"可行能力"的审慎反思有着鲜明的人学价值论旨趣,用马克思的话就是经由这种创造性阐释并在这一阐释当中,最终指向社会关系面向人自身的全面回归。

(二)"共享型发展"与价值归属

保罗·霍普指出:"贫困是共同体发展的一大障碍……不平等现象也是共同体赖以存在的绊脚石。"②"用人学价值论看待发展"赋予"价值"以现实的人学特质,然而这种"价值"本身的可共识性取决于发展实践之于人的"可行能力"的构成性影响。"共享型发展"就是以发展方式、发展机会、发展成果等方面的共享性为核心原则与价值旨归的发展模式,其以马克思所指明的"每个人的自由发展是一切人的自由发展的条件"的价值理想为基础,致力于总体性超越与克服种种"排他性发展"及其所导致的宰制性发展后果。用经典作家的话语,"共享型发展"就是经由对私有制之上不合理的分工模式的破除与城乡之间的新融合,终结那种由资本现代性所强化的牺牲一部分人的权益来满足另一部分人欲望的处境,使所有人在共

---

① 〔印〕阿马蒂亚·森:《以自由看待发展》,任赜等译,中国人民大学出版社,2013,第12页。
② 〔英〕保罗·霍普:《个人主义时代之共同体重建》,沈毅译,浙江大学出版社,2010,前言第6页。

享社会公共福利的基础上得到"全面发展"①。因而,"共享型发展"抑或"发展的共享性"是对"排他型发展"的价值矫正,是"发展"面向现实的人的复归。

"任何时代、任何一种类型的发展理念和发展实践,都必然禀赋着内在的文化价值关涉——承诺、承载并依照自己认为合理的方式,规定着人类生活价值观(理想、信念)选择、确立及其践行的限度与边界,努力实现着某种价值理想。"② 正是在这层意义上,发展模式的选择与价值共识的达成高度相关。所谓自由、平等、民主、博爱等现代性价值理念本质上都是一种发展价值观,即预设了某种合理化发展的类型与旨归。"共享型发展"不是立足发展的单一主体来审视发展的效益-正当性,而是基于参与发展的诸利益相关者视角考察发展的共在-合理性。从这个意义上讲,作为价值原则的自由的可共识性,取决于民众实质性地参与发展实践与分享发展成果的公正性,没有"自由的发展"也就不会有"发展的自由",当然也就很难内在地形成"自由共识"。因此,"共享型发展"在以下三个方面为价值共识的达成创设条件。

其一,"共享型发展"的"非零和性"为价值共识创设了新的交往伦理。作为一种被普遍认可的价值信念,自由的本质就在于现实的人的自由发展。问题在于,人的自由不应仅仅拘泥于意识哲学的限度,真正自由的实现意味着生存自由的实现,即在确保生存得以可能的基本物质资料和基本发展权益得以保障的条件下的行动自由。但是,物质资料的生产以及社会合作秩序的维系都是人类集体努力的结果,绝对的利己主义之所以

---

① 《马克思恩格斯文集》第 1 卷,人民出版社,2009,第 689 页。
② 袁祖社:《"治理型发展"的价值逻辑与美好生活实践的中国智慧》,《贵州社会科学》2020 年第 1 期。

难以持久就在于，当共同体总体性的合作秩序无法保障时，绝对以自我为中心的利益欲求也将难以为继。没有"共享"也就没有"独享"，所谓"独享"由于排他性地遮蔽了他者的生存权益，因而在殊死的竞争与对抗中，"独享"最终将沦为"共失"。"独享性"发展对"人"的理解始终以某种占支配性的性别、种族、民族、阶级、国家利益为元点，其所证成的发展仅仅是有着特定身份归属的"特殊人"，因而发展被一般地理解为自我与他者之间你死我活的"零和博弈"。

"以共享看待发展"意味着发展自身是一项系统的合作性实践，缺少了他者的参与，可持续的发展将丧失可能。"共享型发展"对发展可持续性的证成以参与发展各方共同福祉的平等保障为前提，因而合理化的发展必然指向以共在性共赢为特质的"非零和博弈"。然而，按照罗伯特·赖特（Robert Wright）的观点，以自我利益最大化为旨归的现代个体想要在非零和的状态下获得个体利益，首先必须破除两大障碍，即"沟通障碍"与"信任障碍"[①]。"共享型发展"的"非零和逻辑"内在地要求诸价值主体摒弃价值独断论，在真诚的价值沟通与开放的价值对话中抛弃价值自恋、尊重价值他者、争取价值共识。因为发展机会与发展福利是公共性地共建共享的，异质价值主体间面对的是共有的世界以及共同的生存论事业，因而一种立足价值差异但面向价值共识的自觉意识便经由"独享型发展"排他性的破除而成为可能。

其二，"共享型发展"的"共享性"为价值共识提供了规范原则。"共享是人类发展的本质，发展实践的重要价值目标

---

① 〔美〕罗伯特·赖特：《非零和时代：人类命运的逻辑》，于华译，中信出版社，2014，第 376 页。

之一就在于发展机会、发展权益、发展成果的全人类共享。"①究其本质,"共享"是对"平等"的强调,而"平等"又现实地限定着"自由"的范围以及人们对"自由"之可共识性的预期。新全球化时代的价值共识之所以难以达成,根本原因在于先发现代化国家主导的全球性发展模式与世界性分配体系,不但未能给后发现代化国家摆脱贫困带来实质性的改变,反而造成了全球性的气候危机、能源危机与贫富差距的持续扩散。面对一个弱肉强食的非公正的全球发展秩序,人类命运共同体意义上的价值共识根本不存在实现的可能。

"共享型发展"不是对诸民族国家合法利益的漠视,并不意味着要完全替代以《联合国宪章》为中心的全球秩序,而是为了激励更多全球共同体成员参与全球治理,共同破解人类共同面临的尖锐的世界性风险挑战,共同打造一个"清洁美丽世界",就必须以"共享"为基本发展伦理,拒斥任何形式的霸权欺凌、强权政治与强买强卖等"非共享"的异化发展逻辑。"共享"是培育"共识"的现实前提,只有经由"发展的共享性"才能达成"价值的共识性"。只有在"共享型发展"中人的基本生存权益和发展权益得到有效保障时,面向共识的价值致思才能真正开始。换言之,没有"共享型发展"就不会有"价值性共识",没有植根人类内心的"价值共识",任何形式的"独享型发展"都将难以为继。

其三,"共享型发展"的"发展性"为价值共识奠定了现实根基。"共享"以"发展"为前提,"发展"以"共享"为旨归,各自缺少任何一方的支撑最终都将难以为继。但是,之

---

① 袁祖社:《"共享发展"的理念、实践与人类命运共同体的价值建构》,《南京社会科学》2017 年第 12 期。

于"共享"的现实可能性而言,"发展"无疑发挥着重要的基础性功能。没有发展、没有发展成果、没有发展带来的公共福利,也就谈不上"共享"还是"独享"的问题。"共享"既是"发展"的目的,也是指导发展成果"分配"的价值原则,但是"共享"自身很难成为自足的先验价值。这意味着决定价值共识达成的根本性前提仍然是"发展"。当然,这里的"发展"不是狭义的物质发展或盲目的进步主义,而是包含了人自身的发展,也就是马克思所说的人的"类本质"的现实化,阿马蒂亚·森所强调的"可行能力"的制度性落实。"共享型发展"既坚持发展之于价值共识本身的现实重要性,也注重共享之于价值共识的规范性功能。一方面共享性的发展实践为参与发展的各主体自身能力的提升与处境的改善提供了必要物质前提,因而各参与主体由于自身能力和处境的实质性改善,对引领发展实践的价值理念生成内在的认同。另一方面在"共享"的规范性作用下,发展成果将惠及每一个人,因而根本性的利益分化与利益冲突伴随合理化发展模式的引入得到克服,在人人共建、共享与共赢的意义上,自由平等的个体主体间为了实质性平等的可持续性,必然会形成对有利于可持续性的价值原则的基本共识。

(三)"包容性制度"与价值共识

"共享型发展"的最终实现内在地依赖一种"善"的制度性实践的有效介入。在制度伦理学的框架内,一种"善"的制度通常具有双重指涉,即形式的、技术的"善"和内容的、实质的"善"。形式的"善"主要考察一种制度在技术方面是否自洽与有效,内容的"善"则考察一种制度在实质方面是否以自由平等的权利为内在规定性[①]。在马克斯·韦伯价值理性与工具理性失序的意义上，启蒙现代性使得内容的、具体的"善"被形式的、技术的"善"所遮蔽甚至替代，由此导致了一种制度性的盲视。

在马克思的价值视野中，资本现代性所面临的根本挑战便是技术"善"对实质"善"的替代，即"制度"与"价值"的疏离。当然，并不是说资本主义制度本身没有"价值"追求，而是说它用效用价值、货币价值和剩余价值（形式的或技术的"善"）驱逐了以人的自由全面发展为遵循的社会真价值（内容的或实质的"善"），瓦解了价值的属人性和人属性，使"真价值"对制度实践的合法性约束不断衰微，造成并加剧了资本主义制度的盲目性、剥削性和攻击性。"制度"与"价值"的疏离既导致了制度性盲目，也造成了价值性虚无，最终，成功制造了"制度"与"价值"的自我放逐。由于缺乏一种面向人之生存安全性的优良"价值"的规制，"制度"沦为压制人性的工具；由于丧失公正"制度"的支撑，"价值"退化成意识形态的幻象。置身其中的人不再用"价值"的眼光考量事物，也不再以"制度"的方式争取权益，在"拜物教"成为终极价值的资本场域，除了冰冷的"现金交易"和赤裸裸的"利害关系"外，难道真的会有值得欲求的"价值共识"吗？

吉登斯正是看到了马克思主义的科学性与超越性深深植根制度性变革实践这一鲜明的实践论立场，因而他提请人们注意，如果不能与制度的内在可能性相互关联，寻求超越资本现代性以及对"自由人联合体"的追求都将丧失意义，正是与制度变迁的内在可能性紧密结合，"马克思才使自己与乌托邦主义鲜

[①] 高兆明：《制度伦理研究：一种宪政正义的理解》，商务印书馆，2011，第53页。

明地区别开来"①。在《德意志意识形态》中,马克思恩格斯反复强调,对于现实感性的社会历史主体而言,共产主义不是"应当确立"的状态,不是与现实相适应的"理想",而是一种"消灭现存状况的现实的运动"②。这不是说共产主义及其"真正的共同体"不应被视为一种应然状态或理想,而是说不能仅仅视其为一种自发自为的"应当"或"理想",共产主义所预示的文明转型本质上是一种与异化制度处境相抗衡的实践性事业。"只有在现实的世界中并使用现实的手段才能实现真正的解放。"③ 因此,对于能动的历史主体而言,"全部问题都在于使现存世界革命化,实际地反对并改变现存的事物"④。这意味着,任何一种价值理念只有与制度内在关联,并在制度化实践中实质性地造福于人类历史的演进和有生命的个人的生存处境的改善时,这种价值才具有现实的可共识性。外在于人的生存与发展实践的价值很难获得一种实质性的内在共识。共享理念范导下的人类发展实践要成为可能,同样需要诉诸制度性实践。然而,当前人类社会在追求价值共识时仍然停留在先验地论证某种价值的优先性或正当性,而鲜有对价值共识难以达成的制度性根源的深刻剖析。

意大利当代著名法哲学家诺伯托·博比奥(Norberto Bobbio)有关"人权"的论述,为理解"价值"与"制度"深度疏离的悖谬提供了启发。博比奥指出,面对前所未有的核威胁、生态危机、精神虚无与价值观的颠覆等生存性挑战,当今

---

① 〔英〕安东尼·吉登斯:《现代性的后果》,田禾译,译林出版社,2011,第136页。
② 《马克思恩格斯文集》第1卷,人民出版社,2009,第539页。
③ 《马克思恩格斯文集》第1卷,人民出版社,2009,第527页。
④ 《马克思恩格斯文集》第1卷,人民出版社,2009,第527页。

时代的人类社会比任何时候都确信,"永久和平的理想只有通过国际体系不断前进的民主化来实现,而且这种民主化离不开在高于单个国家的层面上对人权进行日益加强的有效保护"①。然而,全球社会对"人权"的理解仍然局限在意识哲学领域,偏执于对何谓"人权"确立一个普遍适用的"基础原理",即找寻一个能为所有人一致认可的证明人权紧迫性的形而上学理由。向来对伦理理性主义抱有乐观态度的哲学家们认为,要让异质主体在有关"人权"问题上达成基本的共识,前提是"发现一种基础来证明人权",由于这种"基础"是先验地确立下来的"绝对基础",因而在人们的观念中是"不容置疑的基础",进而构成"人权共识"最为稳定的基石。在博比奥看来,把"人权共识"寄托在意识哲学对"绝对基础"的本体式迷恋上,恰恰导致了"人权"的模棱两可与竞争性。特别是在《世界人权宣言》已经明确了现代人权基本构成的前提下,有关"人权"是什么的本质主义追问便不应再被视为人权治理的元问题。相反,最为急迫的任务是"为更广泛、更缜密地实现这些已被主张的权利去创造条件"②。较之于为人权寻求一个普适性的形而上学理由,当今时代的人所肩负的任务更朴素,但也更困难。"我们不必去发现绝对原理——一项崇高而绝望的事业,相反我们必须要为每一特殊环境去发现各种可能的基础。"③ 也就是说文明转型期人类社会所面临的当务之急在于为人权的落实现实地创设出一种行之有效的包容性制度条件。

---

① 〔意〕诺伯托·博比奥:《权利时代》,沙志利译,西北大学出版社,2016,第244页。
② 〔意〕诺伯托·博比奥:《权利时代》,沙志利译,西北大学出版社,2016,第13页。
③ 〔意〕诺伯托·博比奥:《权利时代》,沙志利译,西北大学出版社,2016,第14页。

在德隆·阿西莫格鲁等人看来,"包容性制度"意味着财产权与发展机会跨阶层的制度性正义分配,意味着共同体制度实践所主张的核心原则将普遍适用于每一个共同体成员,并以实质性地回应其成员的合法生存关切为旨归。具体到包容性的经济制度中,共同体基本经济制度将致力于为合法公民提供自由参与经济活动的机会与服务。包容性的政治制度实践将赋予民众最大限度的生存权益,以有效破除"为了少数人获益而征用其他人的资源、建立准入壁垒和抑制市场作用"的汲取性经济制度[1]。由此可见,制度的包容性是对固有的身份等级秩序的消解,经由包容性制度的调适,共同体成员的基本生存权益将得到同等的对待。由于包容性制度始终坚持"以共享看待发展"的公共性制度伦理,因而在一个由包容性而非汲取性制度实践维系的开放型合作秩序中,那些占据竞争优势的先发现代化国家的非理性霸权思维将受到约束,而那些处在全球价值链中低端的后发现代化国家的合法权益将得到保障,从而为真正的共享型发展之可能性开辟出更大的生长空间。问题的关键在于,人类社会究竟在多大程度上会意欲走向一种富有包容性的制度实践?至少在马克思的价值视界中,由汲取性制度走向包容性制度是人类历史由地域史迈进世界史的必然要求。即使就单一民族国家自身的可持续发展来看,长远看来包容性制度的绩效预期远远大于汲取性制度的绩效预期,这是由极盛全球化所造就的跨主体交互共生的基本生存性事实所决定的。

虽然"价值"与"制度"有着本质的区分,前者表达的是一种生存性的应当,后者侧重于现实性的如何。但是总体而言二者之间有着高度的相关性。在"共享型发展"及其"包容性

---

[1] 〔美〕德隆·阿西莫格鲁、〔美〕詹姆斯·A. 罗宾逊:《国家为什么会失败》,李增刚译,湖南科学技术出版社,2015,第56~57页。

制度"的环境中并不一定能够就人类跨主体交互共生达成整全性的"价值共识",但在"独享型发展"及其"汲取性制度"环境中即使是最低限度的"价值共识"也注定难以达成。"价值"纵然存在着鲜明的主体性,但它同样有着明确的生存性取向,抛开种种非理性的宣泄,主体间的价值分歧往往由于生存利益的对抗而难以消弭。一旦"价值"表达的是全人类共同的生存性期待,即使异质价值间的构成性差异仍然会存在,但基于人类共同的生存诉求,一种面向共识的全球性价值意志将越发壮大,而共建共享人类命运共同体将成为全人类共同担负的伟大事业。

四 文明新形态创制与"价值共识论"的出场

"文明是人类最高的文化归类"[①],是人类历史演进所朝向的永恒价值,是人类历经千辛万苦依然保持着昂扬进取精神的内在动力。为人所珍视和欲求的理想世界,是一个由文明人之间基于文明规则实现文明目标的文明世界。文明的世界之所以是文明的,根本上在于这个世界对弱肉强食的丛林法则与本能驱动的动物世界,保持着一种清醒而又坚定的批判立场。可欲求的文明世界并非一个没有冲突与危机的极乐世界,文明所昭示的,是在危机、困境、分歧、冲突在所难免的现实世界,文明人类理应具有足够的非暴力处置危机、化解冲突、消弭对抗的智慧与境界。从典范文明的高度审视,当今时代人类社会所遭遇的价值共识危机,本质上是由文明的反文明悖谬所导致的文明危机。工具理性、资本逻辑与民族国家本位之上的启蒙现代性文明叙事,由于其根深蒂固的人类中心主义、西方中心主

---

① 〔美〕塞缪尔·亨廷顿:《文明的冲突与世界秩序的重建》,周琪等译,新华出版社,2009,第 26 页。

义、功利至上主义以及进步主义偏执,不仅直接诱发了系统而复杂的生态危机、人文危机、交往危机与信任危机,而且为人类社会寻求跨主体危机治理共识构筑起"文明冲突论"的屏障。面对文明的反文明困境,对人类命运共同体价值共识基础的寻求,预示着一种旨在求取人类公共福祉最大化的文明新形态的创制与价值共识论的出场。

(一) 价值的遗忘与文明的反文明悖谬

威廉斯的概念史研究表明,文明(civilization)一词由拉丁文 civilis(公民的、市民的)与 civis(公民、市民)演化而来,16 世纪时引申出 orderly(有条理的、有秩序的)及 educated(受教育的),17 世纪和 18 世纪,civility 描述"井然有序的社会"(an ordered society),18 世纪末期,civilization 潜藏着"启蒙主义的一般精神,强调的是世俗化、进步的人类自我发展",同时指向"一种确立的优雅、秩序状态"[1]。文明既关涉人类社会的进步,也指向"内在道德的发展"[2],其所澄明的是"摆脱野蛮状态而逐步前进的东西"[3],在归根结底的意义上,文明意味着"人类智德的进步"[4]。因而,文明从一开始就与公民、秩序、教育、优雅、智德等优良价值理性内在关联,饱含着作为有限性存在的人对于纯粹动物本能与人性幽暗意识的超越。成为一个文明人,意味着人应当经由持续的价值启蒙,由纯粹

---

[1] 〔英〕雷蒙·威廉斯:《关键词——文化与社会的词汇》,刘建基译,生活·读书·新知三联书店,2016,第 47 页。

[2] 〔法〕基佐:《欧洲文明史》,程洪逵、阮芷译,商务印书馆,1998,第 232~233 页。

[3] 〔日〕福泽谕吉:《文明论概略》,北京编译社译,商务印书馆,1995,第 30 页。

[4] 〔日〕福泽谕吉:《文明论概略》,北京编译社译,商务印书馆,1995,第 33 页。

受制于本能的"自然人",上升为一个有着伦理旨向和人文理性追求的"价值人"。文明社会则同样意味着摆脱那种受弱肉强食的丛林规则严格规制的"动物世界",进入一个有着超个体与非功利生存视界的"价值世界"。文明所意欲阐扬的,是经由上述价值启蒙,由"价值自发"走向"价值自觉"的过程。经由这一启蒙并在这一启蒙当中,文明人类的一切发展实践与辛勤劳作的价值旨归,都应当服务于实现人与人、人与自然、人与自我关系的全面净化与提升。

经由现代性的合理化"祛魅","文明"理解的统一图景破碎、同一伦理旨向式微、价值理性维度衰落,现代工业-资本文明成为遗忘价值的工具-功利型文明,成为技术经济手段越发强大,发展目的与发展意义却深度迷茫的"迷失的文明"。用霍克海默与阿多诺的话就是,人类并未因启蒙文明的到来而进入"真正的人性状态",相反,由于遗忘文明本应恪守的价值底线导致的"启蒙的反启蒙"后果,现代人类史无前例地陷入"文明的野蛮状态"[1]。后价值理性情境中的现代人抖落了伦理价值的内在约束,被启蒙文明想象并建构成"无羁绊的个人",人际、群际乃至人与自然之间的"有机共生伦理"被启蒙文明所坚信的"自我持存理性"全然置换,其结果,对一个丧失伦理价值意蕴的"世俗世界",一切存在的合法性都以服务并服从于现代人的功利欲、占有欲、炫耀欲的满足为前提,自然的合法性如此,人自身的合法性亦当如此。生态危机的肆虐、极权政治的威胁、虚无主义的深渊、文明冲突的困境、世界风险社会的莅临……所揭示的正是启蒙文明的自反性危机。面对上述看似"文明"实则"反文明"的悖谬处境,正如沃勒

---

[1] 〔德〕马克斯·霍克海默、西奥多·阿道尔诺:《启蒙辩证法——哲学断片》,渠敬东等译,上海人民出版社,2006,前言第1页。

斯坦（Immanuel Wallerstein）所追问的，在合乎人类社会合理化生存期待与总体性可持续发展的意义上，这种所谓"文明"的发展究竟是"灯塔"还是"幻象"？"发展是发展什么？是谁或什么实际上得到了发展？谋求发展的背后是什么需求？这样的发展如何才能实现？"①

作为"理性时代"第一位反理性的现代思想家，卢梭就曾旗帜鲜明地指出，这种所谓"文明"仅仅是由艺术与科学层面单纯知识进步所证成的"文明假象"，其代价是人的自然天性惨遭践踏所导致的伦理智识层面的"道德堕落"以及更加牢不可破的"文明的不平等"持续在场。在卢梭看来，人类不平等的真正起源并非先天自然禀赋，而"就是社会，就是文明"②。如果卢梭在"自然"（应当）与"社会"（实然）彼此对照的框架内对"文明的反文明"悖谬所做的伦理批判，仍然散发着强烈的浪漫主义气息的话，马克思由于深入启蒙现代性文明悖谬的"历史本质性"维度③，因而不论是其批判的力度还是影响力，都堪称典范。在马克思看来，启蒙文明不但未能兑现自由、平等、博爱等价值允诺，而且深受"经商牟利"与"发财致富"等拜物教式的市民价值观的规制，启蒙文明最终滑向了文明的对立面，为了满足一部分占统治地位的人对剩余最大化近乎疯狂的追求，而不惜以牺牲绝大多数人的生命为代价。在"物的增值"与"人的贬值"悖反性在场的资本现代性场域，文明成为资本的文明，而人则沦为资本的奴隶，为了取悦资本逐利旨趣，人性中最野蛮、最丑陋、最幽暗的潜质被无限激发，

---

① 〔美〕沃勒斯坦：《发展是指路明灯还是幻象？》，载许宝强、汪晖主编《发展的幻象》，中央编译出版社，2000，第2页。
② 何怀宏：《平等与文明——重温卢梭〈论人类不平等的起源和基础〉》，《山西师大学报》（社会科学版）2020年第1期。
③ 〔德〕海德格尔：《路标》，孙周兴译，商务印书馆，2000，第401页。

欺诈、残暴、盘剥、失信、贪婪、荒淫等成为资本家的人性画像，而贫穷、饥饿、粗陋、疾病与木讷成为无产者的真实生存写照。在马克思看来，置身这种资本逻辑宰制下的"文明的反文明"情境，文明意味着伦理价值的退场与人性的丧失，意味着总体性的"人之死"。即便是作为资本代言人的资本家，其贪欲的满足同样以文明人性的丧失为代价。因而，摆在文明人类面前的根本性问题在于，文明的正当性是否能够单凭物的增值予以度量？如果文明以拜物教为旨归，这种文明给人类社会带来的，究竟是福祉还是灾难？进而，一种有价值的文明，应当是什么样呢？

唯物史观框架内的资本文明批判理论出场以后，马克思的问题与遗产在后世学者的文明反思中产生了重要的影响。卢卡奇的"物化"批判、霍克海默等的"启蒙的反启蒙"批判、马尔库塞的"单面人"与"工业社会的攻击性"批判、福柯与阿甘本的"生命政治"、弗罗姆的"健全社会"、哈贝马斯的"交往理性"、阿伦特的"平庸之恶"、霍耐特的"承认政治"、鲍曼的"现代性与大屠杀"、贝克的"风险社会"等，这些思想家所关注的具体问题与分析问题的时代、立场、方法虽有差异，但其所共享的研究主题无疑是对启蒙现代性"文明的反文明"悖谬所导致的自反性生存危机的病理诊断。

在现代性由地域走向全球的进程中，启蒙现代性所规定的祛价值化的文明叙事，也由西方走向了世界，成为人类看待文明特质、审视文明正当性的主导性"前见"，"文明"据此成为西方现代性经验、规范标准与审美趣味的代名词。文明的西方中心论以是否契合西方的文明认知与文明规范为尺度，在西方与非西方之间构筑起一种中心（文明）与边缘（野蛮）截然二分的认知框架。在这一先验的狭隘文明架构中，西方性（种族、语言、宗教、文化和制度等）总是现代的、文明的表征，而非西方成为一个有待被西方性重新估值和改造的"文明潜在的威胁者"。埃利亚斯指出，这种文明叙事实际表达的是"西方国家的自我意识"，即自认为启蒙现代性所取得的工业-资本成就，既超越了"古人"也超越了"同时代尚处'原始'阶段的人们"，这种"超越"足以证明，西方的技术水准、礼仪规范、科学知识乃至世界观，是当之无愧的现代文明典范①。文明意味着放弃本土文化价值的合法性，非反思性地迎合西方权力预期的工具理性、市场社会、资本逻辑与民族国家本位的"文明"规范，如此，人类社会才能走向一个以西方为中心的"普世文明"，全球诸成员间才能共同接受"共同的价值观、信仰、方向、实践和体制"②。事实上，如韩炳哲（Byung-Chul Han）所指明的，这种所谓"普世文明"不但未能以一种包容性的价值视界赋予世界以公序良俗，相反却使得"党同伐异的全球秩序大行其道"③。与其说这种被西方世俗化的文明叙事所严格规定的"普世文明"创造了新的全球团结，毋宁说"它在联合强者的同时排斥了弱者"④。

（二）本真共同价值的寻求与文明的未来

特定时代、特定情境中的"文明"，不仅指向人类智力性劳作所取得的创造性成就，而且深蕴着"不断进化着的人类主

---

① 〔德〕诺贝特·埃利亚斯：《文明的进程》（第一卷），王佩莉译，生活·读书·新知三联书店，1998，第102~103页。
② 〔美〕塞缪尔·亨廷顿：《文明的冲突与世界秩序的重建》，周琪等译，新华出版社，2009，第35页。
③ 〔德〕韩炳哲：《他者的消失》，吴琼译，中信出版集团，2019，第20页。
④ 〔法〕阿尔弗雷德·格罗塞：《身份认同的困境》，王鲲译，社会科学文献出版社，2010，第9页。

第六章 人类命运共同体价值共识基础重构的公共性理路

体对于自身与对象世界、与自我、与同类、与过往、当下以及未来等复杂维度关系的理性审视、实践创构、价值自觉和前瞻性的理想预期"①。可以说,面对当前文明的反文明与价值的反价值情境,寻求一种能最大限度地强化人类有机团结与真诚合作意识的可共识性价值秩序就与人类文明的未来前景高度关联。"如果没有一种最起码的基本意见一致……符合人类尊严的共同生活则是不可能的。"② 问题在于,能为异质主体一致认可的"共同价值"究竟是什么?

首先,共同"价值"的寻求是对文明的反文明悖谬的超越。现代性文明发展到今天所以走向文明的对立面,与现代人意向结构深处公共性伦理评判尺度的衰落内在关联。当文明仅仅以物质财富的进步主义式占有为标准时,利先义后、见利忘义、唯利是图的零和价值观将成为人际与群际交往的主导旨趣。自我功利以外的自然他者、民族他者以及价值他者存在的合理性,也将以自我功利欲求的满足为前提。如果文明意味着承认、包容乃至尊重他者的话,这种功利性地排斥他者的生存论立场必然是外在于文明的,甚至从根本上是反文明的。"共同价值"首先强调的是本真价值的复归,是对文明应有价值高度的自觉,是文明本身由"工具型文明"向"价值型文明"的提升。以本真价值看待文明,就是要经由一种面向人类共同生存的优良价值信念的有效介入,弥补启蒙现代性文明叙事的价值理性缺失局限,彻底摒弃那种深受资本文明浸染而愈益唯利是图的"经济"全球化认知,形塑一种善恶分明、风清气正、公平正义的

---

① 袁祖社:《以文明观之:人类命运共同体思想的新世界观意义》,《浙江社会科学》2023 年第 1 期。
② 〔瑞士〕汉斯·昆:《世界伦理构想》,周艺译,生活·读书·新知三联书店,2002,第 36 页。

"正派世界"与"清明世界"。

其次,"共同"价值的寻求是对民族国家功利本位的排他性价值叙事的超越。亨廷顿的"文明冲突"进而"价值冲突"的先验设定,过度依赖一种缺乏人类学事实依据的贫瘠历史决定论,对人类文明的未来做出了错误而有害的判定。但是,其对全球化时代异质价值间持续加深的碰撞与必然出现的分歧的揭示无疑是正确的,而且在丧失典范文明高度的"经济的"全球化意义上,价值间的分歧乃至冲突将因利益分歧持续扩大。从文化人类学的视角审视,受特定时代、特定民族与特定生存性压力的共同作用,不同民族的制度、理论、道路以及文化价值观念表现出明显的多样性。因而,"价值差异"是一种构成性的人类学差异,是一种无法选择的先在差异。然而,必须阐明的是人类价值观念始终处在历史性地生成与再生成的流动状态,总体来看,人类价值视界伴随生产与交往空间的扩大呈现不断拓展的特质。如果"文明意味着各种不同的价值的平衡"[①],显然,在一个高度全球化的生存情境中,这种"平衡"并非唾手可得,而是有赖文明人类为之付出艰辛的劳作与持续的努力。由"价值冲突"走向"价值共识",是对待先在性"价值差异"的两种立场,前者坚信全球化必然会激化"价值分歧","价值冲突"是人类全球性生存的宿命;后者则在承认"价值差异"的基础上,认为这种"差异"与"同一"(秩序)一样,是自由民主社会不可或缺的价值财富,问题的关键在于,文明人类不能野蛮地盗用或放大"差异",更不能在"差异"与"冲突"之间建立一种解构性的"因果必然性",而是要围绕人类社会能否共同生存这一全球现代性的新生存论问题,超

[①] 刘小枫:《现代性社会理论绪论》,华东师范大学出版社,2018,第225页。

越民族国家功利本位的排他性价值叙事,积极投身立足"差异"寻求"共识"的文明事业之中,为人类和谐共生开辟更大的生存与生长空间。

最后,"共同价值"的寻求是对一种面向人类共生并在的新型共同体文明的创构。如果共同"价值"关涉文明之为文明的正当性问题,而"共同"价值关涉文明之永久赓续的可能性问题,那么"共同价值"所关涉的将是人类文明总体性转型与一种契合当今时代生存境遇的新文明形态的创制问题,其核心旨趣是为恰当地把握人类文明之未来构筑起一种有关文明的"理想类型"。在马克斯·韦伯看来,作为一种社会学研究的方法论规范,"理想类型"就是要通过引入一种系统的"分析结构"赋予纷繁复杂的社会现象与理论观点一种融贯的内在秩序,从而为科学研究提供一个"基本前提"与"表达手段"[①]。所有的"理想类型"虽然都不同程度地遮蔽了诸多人类学细节,却为系统性研究构筑了框架。围绕"共同生存何以可能"这一时代之问,虽然存在着众多分歧,但是,基于共同"价值"与"共同"价值的"共同价值",为我们审视一种合理化的文明叙事提供了研究框架。面对全球风险社会无法补偿的危机压力,在启蒙现代性实力政治与"普世价值"的竞争性、排他性与对抗性文明反思类型以外,"共同价值"的寻求与建构将成为可能方案中对和平与共生立场保持最强烈预期与最大开放度的文明反思类型。在"和平"与"共生"两大原则的共同范导下,合理化的"共同价值"必然指向一种立足差异、面向共识的互惠性共同价值,合理化的新文明类型也将表现为一种基于包容性价值共识的新型共同体文明。其"新"在于,这种

[①] 于海:《西方社会思想史》(第三版),复旦大学出版社,2010,第320页。

文明类型对古典共同体文明所阐扬的富有情感、互相包容与彼此尊重的有机共在性生存信念与交往伦理持有坚定的信念，因而这种文明类型是"共同体"的。同时，新文明类型立足现代自由平等价值立场，对古典共同体伦理中的身份等级秩序与排他性封闭立场予以摒弃，因而其自身又是"后共同体"的，是古典共同体型的伦理智识的时代性、创新性再出场。

（三）人类文明新形态与价值共识论

习近平总书记在庆祝中国共产党成立 100 周年大会上的讲话中指出："中国特色社会主义是党和人民历经千辛万苦、付出巨大代价取得的根本成就，是实现中华民族伟大复兴的正确道路。我们坚持和发展中国特色社会主义，推动物质文明、政治文明、精神文明、社会文明、生态文明协调发展，创造了中国式现代化新道路，创造了人类文明新形态。"[①] 中国式现代化的时代性出场，拓延了人类文明的发展路径，丰富了人类文明的价值实践内涵，革新了人类审视文明正当性的价值视界，开辟出人类文明整体性的新样态和新境界。新文明形态呼唤新的生存理念和生存方式，而当今时代全球性理性多元化的事实，决定了人类社会合理化的生存方式将朝向一种"共在存在论"所预设的公共性生存全面转型。

新文明形态呼吁一种面向共生的新型共同体文明观，这一文明观又反向培育着契合新文明时代公共性生存和发展诉求的新生存理念，即以一种"价值共识论"替代"文明冲突论"，从而为有效破解人类社会共生共在共荣的公共性生存难题，贡献了一种高度契合文明新形态下人类生存和发展需要的新文明

[①] 《习近平谈治国理政》第四卷，外文出版社，2022，第 10 页。

视界。

　　首先,以"多元文明"的新视界替代了"普世文明"的旧观念,为价值共识论的出场开辟全新的叙事空间。文明观既指向如何看待文明自身的合理性及其限度的问题,同时也指向如何有效消解和克服文明困境的问题。"普世价值"既在如何看待文明合理性问题上预设了西方中心论的标准,而且在如何有效克服文明危机的问题上同样以西方至上论来评价非西方国家的制度、道路、理论与文化的合理性,由此不仅造成了"西方的没落",而且加剧了"文明的危机"。共同体文明以"多元文明"为元点,赋予本土文明与地域价值以人类学合法性,不仅缓和了文明间的紧张与对抗,而且有利于激发全球各国的积极特异性,使其投身于文明重建的人类事业之中,不仅为一种真正意义上的全球多元治理格局奠定了共识基础,而且从根本上瓦解了"文明冲突论"的合理性,为"价值共识论"的出场打开全新的叙事空间。正如习近平主席所指出的,"文明因多样而交流,因交流而互鉴,因互鉴而发展"[1]。

　　其次,用"文明互鉴"的新视界取代了"文明冲突"的偏狭文明观,为"价值共识论"构筑起现实根基。交流与对话是走进、了解并认同异质文明的唯一途径,是寻求、培育与达成价值共识的理性原则。汉斯·昆一语中的,"不论是在私人生活还是在公众生活中,只要是对话中断的地方就会爆发战争;谈话失败的地方,就会开始压制。……谁若进行对话,他就不会开枪"[2]。"文明冲突论"根本上体现的仍然是17世纪至18世纪启蒙现代性抽象理性主义的文明观,其破坏性就在于经

---

[1] 《习近平谈治国理政》第三卷,外文出版社,2020,第468页。
[2] 〔瑞士〕汉斯·昆:《世界伦理构想》,周艺译,生活·读书·新知三联书店,2002,第137页。

由这种任意的先验判决，堵死了异质价值间走向对话的可能，关闭了异质文明间寻求价值共识的大门。人类命运共同体所预示的新型共同体文明，赋予不同理性文明以平等的文化身份，在文明间持续的互观、互动与互鉴中求同存异，寻求文明间、价值间的最大公约数。全球现代性并不存在任何先验的"普世价值"，合理性的"共同价值"也不可能是先验预设性的，而只能是历史地、时代地建构性的和生成性的价值。何种价值有资格成为全人类共同价值，不是一个价值独断论的问题，而是基于价值对话与价值交往之上的价值共识论的问题。"文明互鉴"对"文明冲突"的超越，为人类摆脱价值偏见、价值自恋以及价值独断，走向价值共识构筑起坚实的现实根基。正如习近平主席指出的，"交流互鉴是文明发展的本质要求"①。

最后，以"并育并行"的文明交往新视界替代了"国强必霸"的零和博弈观，为"价值共识论"确立文明目标。霸权欺凌与强权裹挟，既是启蒙现代性的文明病症，也是通往价值共识的绊脚石。这种宰制性、压迫性、恐吓性的交往伦理所服膺的生存法则是弱肉强食的丛林规则，因而其从根本上就是对文明的背叛。面对各国战争工业的极速发展，以霸权与强权来维系一个"富者恒富，贫者愈贫"的世界等级秩序的做法，越来越难以为继。其最终结果，将使民族间、国家间、文明间丧失最低限度的信任，把人类社会拖入永无止境的"军备竞赛"陷阱。《中庸》有言："万物并育而不相害，道并行而不相悖。"这种"并行并育"所昭示的包容与和合之道，既是自然演化之道，也是人伦赓续之道。文明因多样而精彩，

---

① 《习近平谈治国理政》第三卷，外文出版社，2020，第469页。

世界因多元而充盈，人类命运共同体所表征的共同体文明形态，既珍视"各美其美"，也崇尚"美美与共"，没有诸民族的美，就没有世界之美，也就没有文明之美，相同的道理，没有人类总体意义上的文明之美、人类之美的追求，民族美之间将因公共性视界的隐退，而陷入美美相争的困境。价值共识论所致力于实现的就是在诸民族美之间构筑一种为全人类所共享的开放性的文明之美。

结　语
我们能否共同生存

摆在我们人类手中的选择菜单是多样的,从自我毁灭到顺畅地适应新环境,并且实际上还包括一个充满冲突与苦难的、漫长而动荡不安的中间期的调整阶段。选择,是我们人类的命运——这一次我指的是无可逃避的命运,而不仅仅是极可能的情况而已[①]。

罗伯特·赖特的上述判断表明,构思人类命运共同体及其价值共识基础一定意义上关乎当今人类可持续优存的公共性愿景。如果全球现代性是人类文明演进合乎历史逻辑的必然趋势,是一种无法逃避的生存论事实,那么如何在全球情境中反思人类社会主导性的生存信念与交往伦理的价值公共性限度,进而重构一种能够最大限度地满足文明人类跨主体交互共生吁求的全球有机共同体,就成为百年未有之大变局时代的当务之急,这一时代之问的核心关切指向"我们能否共同生存"这一更具

[①] 〔美〕罗伯特·赖特:《非零和时代:人类命运的逻辑》,于华译,中信出版社,2014,前言第Ⅳ页。

根本性的公共生存论议题。面对这一时代性难题,莱茵霍尔德·尼布尔(Reinhold Niebuhr)不无忧虑地指出:"虽然人类社会的根基植根于历史中而不是深植于人类生活的开端,但是,比较而言,人类在解决其共同存在的问题上几乎没有取得什么进展。每一个时代都会产生新的复杂局面,每一代新人都会面临着这一新的复杂局面所产生的新的烦恼。人类存在千百年以来,人类至今仍未学会怎样在没有邪恶与血污的情况下共同生活。"①

"共同生存"问题之成为一个时代性命题,根本上体现的是当今时代主导性价值观念与生存现实处境之间难以弥合的深刻断裂与复杂冲突。一方面,全球化在不同生存面向上的持续发展,强化了主体间交互共生的现实需要,造就了全球性交互共生的基本事实;另一方面,自由主义式的权利叙事以绝对的、无羁绊的自我与民族国家功利最大化为至上原则,形塑了一种"他人即地狱"的排他性的竞争型生存理念与交往伦理,使得"共同生存"陷入困局。这种生存论意义上的二律背反给人类社会跨文化、跨地域、跨主体的开放交往与真诚对话带来深刻挑战,使人类社会总体性的公共性生存陷入危机。历经数百年的现代性筹划,人类社会进入了百年未有之大变局与文明大转型的关键时刻,历史如何演进,人类何去何从,未来是福是祸,百年未有之大变局究竟是"危机"还是"转机"?这一切当然深受多重外在因素的影响,但同时也深受人类观念自身的语法规制。

在人类发展史上,危机与发展相伴相生,没有哪个时代是没有危机的时代,没有哪个时代的哲学不为危机所困扰,究其

---

① 〔美〕莱茵霍尔德·尼布尔:《道德的人与不道德的社会》,蒋庆等译,贵州人民出版社,1998,第1页。

本质,所谓文明人类的历史不过是一部迎接危机、破解危机并在新的历史阶段再现危机辩证法的循环史。在归根结底的意义上,使"危机"真正成为"生存性危机"并最终导致灾难性后果的并非"危机"本身,而是人类在审视危机时一贯固守的态度、立场与视界。为此,阿伦特睿智而深刻地指出,当人们用习以为常的偏见来看待危机时,危机才会演变为灾难,这样的偏见不仅加速了危机的到来,而且"使我们丧失了对现实的经验和它所提供的反思机会"[①]。只要现代人把无拘的"个体主体性"与封闭的"民族国家本位"不加反思地视为价值现代性不证自明的本体论先设,并将建立在这种本体论之上的"文明冲突论"视为超时空的"普世判决","共同生存"所关涉的相关议题不但不会被视为一个有待严肃认真审视的生存性挑战,而且"共同生存"之于民族国家利益最大化的优先考量而言并不具有可欲性。如若现实的历史逻辑真如霍林格所言"21世纪的最大问题是团结问题,亦即,有意联合的问题"[②],那么,随之而来的问题是,何以能为这种"有意联合"提供一种可批判检验的公共理由,以激励全球共同体成员摆脱偏见、直面危机,积极投身破解危机的行动当中?与全球现代性"共同生存"问题内在相关的"共同体及其价值共识基础研究"正是在上述时代与观念背景中提出的,它试图在马克思公共生存论的高度审视人类命运共同体的历史必然性及其价值论困境,并在马克思人学价值论的视域中赋予扭曲的"价值现代性"以面向共识的新定向,从而为寻求人类命运共同体的"价值共识"基础构筑

---

① 〔美〕汉娜·阿伦特:《过去与未来之间》,王寅丽、张立立译,译林出版社,2011,第164页。
② 〔美〕大卫·霍林格:《从认同到团结》,载李义天主编《共同体与政治团结》,社会科学文献出版社,2011,第184页。

起新的理解框架与阐释视界。面对一个变化了的并仍将持续变化着的充满危机的世界,人类社会必须重估诸种习以为常的文化、伦理以及价值观念的时代合理性与生存正当性,以为应对"世界风险社会"的种种灾难提供内在理据。

启蒙现代性以降,"事实与价值"的二分成为价值现代性致思的第一前提,当然也构成反思价值共识何以可能的一般性观念背景。较之能为人的感觉经验所把握的"事实领域"的实证统一性而言,"价值领域"则因其鲜明的主体性特质被看作一个众说纷纭、莫衷一是的领域。普特南(Hilary Putnam)指出:"'价值判断是主观的',这个观念是一种逐渐被许多人像常识一样加以接受的教条。在慎思明辨的思想家手里,这种观念能够而且已经以不同的方式得到了发展。"[1]进而,"在事实与价值二分法的最极端的倡导者看来,价值判断完全在理性的领域之外"[2]。在这一认知框架内,只有能够满足现代性对知识的实证主义想象的"理性",特别是祛形而上学的"工具理性",因其世俗共享性才能扮演人际整合与秩序维系的理想角色,而"价值"的纷争性决定了其无法成为现代秩序的理想根基。因而,现代性如韦伯所指明的那样深陷"价值理性"衰落与"工具理性"僭越的二律背反。回顾人类价值变迁的历史逻辑不难发现,在一个存在着至上价值担保的形而上学世界,虽然地域化共同体内部也时常会有鱼和熊掌不可兼得的两难选择,但总体来看特定共同体内部存在着一整套稳定的价值秩序,人们凭靠着这一公共价值秩序维系共同体的公序良俗并培育其成

---

[1] 〔美〕希拉里·普特南:《事实与价值二分法的崩溃》,应奇译,东方出版社,2006,第1页。
[2] 〔美〕希拉里·普特南:《事实与价值二分法的崩溃》,应奇译,东方出版社,2006,第1页。

员的心性秩序。形而上学的时代,价值不仅先验地存在,而且现实地在场,整个共同体的规范与秩序都因整全性的价值理性的范导而合情合理。可以说,在那个时代"价值"因赋予"事实"以正当性理由而先在地合法,"事实"因承载着"价值"的使命而先在地正当,"价值"与"事实"交互共契、深度关联。现代性以后,形而上学的终结意味着先在价值秩序的崩塌与客观价值尺度的消解,紧随"上帝之死"而来的是"众神之争"。没有更大的生存视界、没有终极的价值尺度、没有以死相逼的英雄主义旨趣,也就没有了对他者的本真性共情、对非功利幸福的切身性体验、对良善生活的内在性追求。价值成了青年人口中的"偏好"、市民眼中的"金钱"、资本家心中的"利润"和独裁者手中的"权力",人人都以"价值人"自居并以占有"价值"为荣为傲。人人无时无刻不在申言"价值"、追逐"价值"、占有"价值"、享用"价值"。似乎告别了那个神秘莫测的形而上学世界的整全性价值秩序的担保,现实生活并非像哲学家们所忧虑的那样难以忍受。相反,人类社会自此才真正进入了一个"价值世界",一个真正的"价值民主"的世界。

然而,在吉莱斯皮(Michael Allen Gillespie)看来,自17世纪启蒙现代性方案出场以后,沿着培根、笛卡尔与霍布斯的路线在极大地提升人类发展力量的同时,却并未如其所愿地带来"和平、自由和繁荣",相反,在一些经历世界性战争侵害的当代思想家看来,丧失价值理性规制的启蒙现代性诱发出"人性中最坏的东西",并以令人震惊的方式确证了卢梭对文明的否定性潜能的检视,即"艺术与科学的进步虽然提升了人类的力量,但同时也破坏了仁义道德"[1]。这无疑意味着,丧失社

---

[1] 〔美〕迈克尔·艾伦·吉莱斯皮:《现代性的神学起源》,张卜天译,湖南科学技术出版社,2019,第15页。

会"真价值"规制的现代性越发表现出非价值、伪价值与反价值的趋势。原本承载着人之为人的超越性诉求的"价值理性",如今被安置在个体主体性和市场功利性的座架之上,当且仅当一种价值能够最大限度地满足一己之私时才能称其为"价值",私人欲望以外的公共价值既不可欲也不可行。正如人们所指认的,精于算计的现代人在破除"唯灵论"的同时,也丢掉了"超验的价值关切","智慧成为追求实惠的精明,深思熟虑仅仅充当功利算计的科学手段"①。

正是价值现代性的上述转向,使得现代社会面对价值多元情境中的"共识"困境时,其思想的着力点始终偏执于"共识"(工具性共识),而非"价值"(价值性共识)本身。换言之,价值现代性由于先在地判定异质主体在有关"价值理性"的问题上必然陷入"合理地无休无止"的分歧之中②,因而据此断定某种价值的可共识性难以经由对价值本身的慎思明辨而获得,进而唯一可欲的共识策略无一不是外在于价值的而拘泥于功利。现在看来,在一个"价值"无处不在的时代,一个人人以"价值真理"自居的时代,那种认为现代人不意欲成为"价值人"的判断无疑是荒谬的。然而,真正的悖谬却在于,现代人仅仅是在事先接手"休谟问题"的意义上,试图在"事实"领域发掘并体验"价值",因而,所谓"价值人"不过是未对"价值"自身进行理性审视而盲目做出的自我想象或自我构境。

闵斯特伯格认为,倘若人世间一切所谓的"价值"无不以"个体欲求和偏好"为前提,那也将意味着唯一可能的价值只

---

① 张凤阳:《现代性的谱系》,江苏人民出版社,2011,第24页。
② 〔美〕阿拉斯戴尔·麦金太尔:《追寻美德:道德理论研究》,宋继杰译,译林出版社,2011,第13页。

能是"相对价值",对于那些申言"绝对价值"的人而言,现代性实际存有的都不过是"伪价值"。"只要我们从个体自私的欲求出发,它们可能数不胜数,那就只能得到相对有效的社会价值或经济价值。"[①] 对于早已熟悉了工具理性福祉与原子化个人主义的现代人而言,价值既历史性地又本体性地与混乱、纷争乃至对抗内在关联,价值的世界向来都是一个见仁见智、难定一尊的无序世界。因而,对于"价值",通情达理的人们谈论得越多,分歧自然也就越大,无休无止的价值分歧恰恰体现了价值世界的本真状态。更加令人困惑的是,价值的本己性决定了异质价值间的"不可公度性",这无异于堵死了人们求取异质价值间可共识性的全部路径,异质价值间既不可能也不意欲达成共识。

正是在上述意义上,共同体及其价值共识基础研究首先要使问题本身聚焦于一种新型的"共识价值论"的挖掘与建构之上,进而在马克思新价值哲学视野中为这种面向共识的一般价值论提供可批判检验的公共理由。人类命运共同体所吁求的是一种基于社会真价值的视域融合,共识取决于人们在生存论意义上的价值理解的共通性。19 世纪中叶以来,马克思在唯物史观的理论地平上创构的人学价值论,实现了价值本体论由"理性的人"走向"现实的人"、价值方法论由"形而上学"走向"具体的抽象"、价值目的论由"物本价值"走向"人本价值"的三重转换,为反思和理解价值多元化与价值物役化所造成的共识困境的深层根源提供了系统的阐释框架。在马克思的人学价值论中,价值的可共识性与现实的、有生命的人的生存与发展实践内在关联,价值评价体现的是植根人类生产生活史的

---

① 〔美〕闵斯特伯格:《永恒的价值》,载冯平主编《现代西方价值哲学经典·先验主义路向》(下),北京师范大学出版社,2009,第 554 页。

"具体历史的抽象",价值的旨归在于经由一种社会真价值的范导创构一个真正共同体意义上的"自由人联合体"。这些伟大的价值理念把"价值叙事"由"彼岸世界"拉回到"此岸世界",把"价值视界"由"必然王国"拓展到"自由王国",其一以贯之的鲜明人学立场,使得价值本身与属人的和人属的自由人联合体的创建高度一致,由于其与人的生存与发展的理想性祈向高度共契,因而为现实的价值共识之可能性打开了全新的理论视野。

百年未有之大变局、文明大转型的当今世界亟须破解的一大时代难题就在于,如何经由一种面向共识的价值智识的有效介入,破解"文明冲突论"与"普世价值"的伪善性、排他性与对抗性价值交往困境。在这一背景下,人类命运共同体与全人类共同价值的提出,堪称全球现代性的价值观革命。然而,只有在马克思人学价值论的视野中,全球现代性"中国方案"的原创性贡献以及世界历史意义才能被全面而系统地加以阐发。杜威曾指出,规范性意义上的价值从其本质来看,是用以勘定与处置"困难和不幸"的特殊方法[①]。价值并非文明的点缀品,而是通过价值观念合乎时代生存论要求的转变,为人类整体性地摆脱现实困境提供合理化的方法论原则。因此,作为有效应对疏离化时代共同生存困境的"全人类共同价值"既用于勘定时代性共在存在论危机,也用于筹划摆脱这种危机的方法与出路,其终极理趣在于为助推人类社会跨主体、跨文化、跨地域的共生共在的命运共同体愿景构筑基于共识之上的合作治理秩序。

1845 年春,伟大的马克思在布鲁塞尔创作的那份"包含着

[①] 〔美〕杜威:《哲学的改造》,许崇清译,商务印书馆,2009,第 101 页。

天才世界观萌芽的第一文件"的结尾处写道:"哲学家们只是用不同的方式解释世界,问题在于改变世界。"① 人类命运共同体所唤起的"价值共识"旨趣,本质上正是一种面向"共同生存"何以可能的全球经济秩序、交往格局以及价值观念的深刻变革,其目的就是要矫正深受价值自由主义宰制的疏离化与排他性的价值秩序,重构一种有利于"共同生存"的新的价值秩序,在其中诸价值主体既有权"各美其美",也有使命"美美与共"。对于百年未有之大变局时代的哲学而言,为这一引领人类社会整体性迈向可持续共生优存的生存方略建构一种可批判检验的有效性理由,从而形塑一种基于价值理性共识的集体行动逻辑,无疑具有重大而紧迫的理论与实践意义。面对这一时代性命题,本书仅仅基于笔者极为有限的知识、视野与学力做了初步的思想梳理与理论探索,其中所关涉的深层次困境将留待日后展开更加系统的研究。

---

① 《马克思恩格斯选集》第 1 卷,人民出版社,2012,第 136 页。

参考文献

一　中文文献

《马克思恩格斯全集》第 1 卷，人民出版社，2016。
《马克思恩格斯全集》第 3 卷，人民出版社，2002。
《马克思恩格斯全集》第 23 卷，人民出版社，2016。
《马克思恩格斯全集》第 46 卷上册，人民出版社，2016。
《马克思恩格斯文集》第 1 卷，人民出版社，2009。
《马克思恩格斯文集》第 2 卷，人民出版社，2009。
《马克思恩格斯文集》第 3 卷，人民出版社，2009。
《马克思恩格斯文集》第 8 卷，人民出版社，2009。
《马克思恩格斯选集》第 1 卷，人民出版社，2012。
马克思、恩格斯：《共产党宣言》，人民出版社，1997。
马克思：《1844 年经济学哲学手稿》，人民出版社，2000。
《习近平谈治国理政》第二卷，外文出版社，2017。
《习近平谈治国理政》第三卷，外文出版社，2020。
《习近平谈治国理政》第四卷，外文出版社，2022。

戴稳胜:《全球化的中国方案》,中国社会科学出版社,2021。

冯平主编《现代西方价值哲学经典·经验主义路向》(上、下),北京师范大学出版社,2009。

冯平主编《现代西方价值哲学经典·先验主义路向》(上、下),北京师范大学出版社,2009。

冯平主编《现代西方价值哲学经典·心灵主义路向》,北京师范大学出版社,2009。

冯平主编《现代西方价值哲学经典·语言分析路向》(上、下),北京师范大学出版社,2009。

高兆明:《制度伦理研究:一种宪政正义的理解》,商务印书馆,2011。

韩震:《思考的痕迹:文化碰撞中的思想生成》,北京师范大学,2006。

贺来:《马克思哲学与现代哲学变革》,中央编译出版社,2018。

金惠敏:《消费他者:全球化与资本主义的文化图景》,商务印书馆,2014。

金英君:《"亚洲价值观"之争:现代化进程中价值本土化的合法性研究》,北京大学出版社,2015。

李丽红编《多元文化主义》,浙江大学出版社,2011。

李义天主编《共同体与政治团结》,社会科学文献出版社,2011。

李有成:《他者》,浙江大学出版社,2013。

刘福宝:《价值共识论》,社会科学文献出版社,2020。

刘军宁等编《直接民主与间接民主》,生活·读书·新知三联书店,1998。

刘同舫:《马克思的哲学主题》,人民出版社,2017。

刘小枫：《现代性社会理论绪论》，华东师范大学出版社，2018。

马俊峰：《马克思主义价值理论研究》，北京师范大学出版社，2017。

万俊人：《寻求普世伦理》，北京大学出版社，2009。

汪晖、陈燕谷主编《文化与公共性》，生活·读书·新知三联书店，1998。

王南湜：《从领域合一到领域分离》，山西教育出版社，1998。

王玉樑：《实事求是价值哲学研究》，人民出版社，2021。

王玉樑：《21世纪价值哲学：从自发到自觉》，人民出版社，2006。

徐宁：《马克思共同体思想的哲学研究》，光明日报出版社，2020。

晏辉：《现代性语境下的价值与价值观》，北京师范大学出版社，2009。

姚大志：《正义与善：社群主义研究》，人民出版社，2014。

袁祖社：《实践与公正：马克思的哲学价值观研究》，中国社会科学出版社，2014。

袁祖社：《市场经济与现代社会的公共理性研究：当代"公共哲学"的理论视角》，中国社会科学出版社，2011。

臧峰宇：《马克思政治哲学引论》，中国人民大学出版社，2020。

张凤阳：《现代性的谱系》，江苏人民出版社，2011。

张江：《阐释的张力：强制阐释论的"对话"》，中国社会科学出版社，2017。

张康之：《为了人的共生共在》，人民出版社，2016。

张立文：《中国传统文化与人类命运共同体》，中国人民大学出版社，2018。

张旭东：《全球化时代的文化认同：西方普遍主义话语的历史反思》，上海人民出版社，2021。

张一兵：《回到马克思：经济学语境中的哲学话语》（第三版），江苏人民出版社，2013。

赵汀阳、[法]阿兰·乐比雄：《一神论的影子》，王惠民译，中信出版集团，2019。

周濂：《现代政治的正当性基础》，生活·读书·新知三联书店，2008。

[古希腊]亚里士多德：《政治学》，颜一等译，中国人民大学出版社，2003。

[美]阿拉斯戴尔·麦金太尔：《追寻美德：道德理论研究》，宋继杰译，译林出版社，2011。

[美]埃里希·弗罗姆：《生命之爱》，王大鹏译，国际文化出版社，2007。

[美]埃里希·弗洛姆：《占有还是存在》，李穆等译，世界图书出版公司，2015。

[美]艾伦·沃尔夫：《自由主义的未来》，甘会斌等译，译林出版社，2017。

[美]保罗·费耶阿本德：《告别理性》，陈健等译，江苏人民出版社，2002。

[美]本尼迪克特·安德森：《想象的共同体：民族主义的起源与散布》（增订版），吴叡人译，上海人民出版社，2016。

[美]查尔斯·拉莫尔：《现代性的教训》，刘擎等译，东方出版社，2010。

[美]丹尼尔·贝尔：《资本主义文化矛盾》，严蓓雯译，江苏

人民出版社，2012。

〔美〕德隆·阿西莫格鲁、〔美〕詹姆斯·A. 罗宾逊：《国家为什么会失败》，李增刚译，湖南科学技术出版社，2015。

〔美〕杜威：《哲学的改造》，许崇清译，商务印书馆，2009。

〔美〕菲利普·塞尔兹尼克：《社群主义的说服力》，马洪、李清伟译，上海人民出版社，2009。

〔美〕弗朗西斯·福山：《历史的终结及最后的人》，黄胜强等译，中国社会科学出版社，2003。

〔美〕古尔德：《马克思的社会本体论》，王虎学译，北京师范大学出版社，2009。

〔美〕哈罗德·泰特斯、〔美〕玛丽莲·史密斯、〔美〕理查德·诺兰：《老问题：西方哲学的经典议题》，李婷婷译，新华出版社，2014。

〔美〕汉娜·阿伦特：《过去与未来之间》，王寅丽、张立立译，译林出版社，2011。

〔美〕汉娜·阿伦特：《人的境况》，王寅丽译，上海人民出版社，2009。

〔美〕亨利·A. 吉鲁：《教育与公共价值危机：驳斥新自由主义对教师、学生和公立教育的攻击》，吴万伟译，中国人民大学出版社，2016。

〔美〕杰拉德·高斯：《当代自由主义理论：作为后启蒙方案的公共理性》，张云龙等译，江苏人民出版社，2014。

〔美〕肯尼思·J. 格根：《关系性存在：超越自我与共同体》，杨莉萍译，上海教育出版社，2017。

〔美〕莱茵霍尔德·尼布尔：《道德的人与不道德的社会》，蒋庆等译，贵州人民出版社，1998。

〔美〕劳伦斯·E. 卡洪：《现代性的困境：哲学、文化和反文化》，王志宏译，商务印书馆，2008。

〔美〕劳伦斯·哈里森：《文化多元主义的终结》，王乐洋译，新华出版社，2017。

〔美〕理查德·桑内特：《公共人的衰落》，李继宏译，上海译文出版社，2008。

〔美〕列奥·施特劳斯：《自然权利与历史》，彭刚译，生活·读书·新知三联书店，2003。

〔美〕卢克·拉斯特：《人类学的邀请：认识自我和他者》，王媛译，北京大学出版社，2021。

〔美〕罗伯特·赖特：《非零和时代：人类命运的逻辑》，于华译，中信出版社，2014。

〔美〕马尔库塞：《单向度的人：发达工业社会意识形态研究》，刘继译，上海译文出版社，2008。

〔美〕马歇尔·伯曼：《一切坚固的东西都烟消云散了——现代性体验》，徐大建等译，商务印书馆，2013。

〔美〕迈克尔·艾伦·吉莱斯皮：《现代性的神学起源》，张卜天译，湖南科学技术出版社，2019。

〔美〕迈克尔·桑德尔：《自由主义与正义的局限》，万俊人等译，译林出版社，2011。

〔美〕迈克尔·桑德尔：《公正：该如何做是好？》，朱慧玲译，中信出版社，2012。

〔美〕迈克尔·桑德尔：《金钱不能买什么：金钱与正义的正面交锋》，邓正来译，中信出版社，2012。

〔美〕迈克尔·沃尔泽：《正义诸领域：为多元主义与平等一辩》，褚松燕译，译林出版社，2022。

〔美〕乔·萨托利：《民主新论》，冯克利、阎克文译，东方出版社，1998。

〔美〕塞缪尔·亨廷顿：《文明的冲突与世界秩序的重建》，周琪等译，新华出版社，2009。

〔美〕沃尔特·李普曼：《公共哲学》，任晓译，上海译文出版社，2020。

〔美〕希拉里·普特南：《事实与价值二分法的崩溃》，应奇译，东方出版社，2006。

〔美〕雅克·布道编著《建构世界共同体：全球化与共同善》，万俊人等译，江苏教育出版社，2006。

〔美〕伊恩·莫里斯：《人类的演变：采集者、农夫与大工业时代》，马睿译，中信出版集团，2016。

〔美〕约翰·格拉夫等著《流行性物欲症》，闾佳译，中国人民大学出版社，2006。

〔美〕约翰·罗尔斯：《正义论》，何怀宏等译，中国社会科学出版社，2016。

〔美〕约翰·罗尔斯：《政治自由主义》，万俊人译，译林出版社，2011。

〔美〕约翰·罗尔斯：《作为公平的正义：正义新论》，姚大志译，中国社会科学出版社，2011。

〔英〕阿尔弗雷多·萨德-费洛：《马克思的价值：当代资本主义政治经济学批判》，周丹等译，社会科学文献出版社，2021。

〔英〕安德鲁·海伍德：《政治学核心概念》，吴勇译，天津人民出版社，2008。

〔英〕安东尼·吉登斯：《现代性的后果》，田禾等译，译林出版社，2011。

〔英〕安东尼·吉登斯：《现代性与自我认同——现代晚期的自我与社会》，赵旭东等译，生活·读书·新知三联书店，1998。

〔英〕安东尼·吉登斯、〔英〕菲利普·萨顿：《社会学基本概念》，王修晓译，北京大学出版社，2019。

〔英〕保罗·霍普：《个人主义时代之共同体重建》，沈毅译，浙江大学出版社，2010。

〔英〕保罗·科利尔、约翰·凯：《贪婪之死：个人主义之后的政治》，魏华译，上海三联书店，2022。

〔英〕戴维·米勒、韦农·波格丹诺主编《布莱克维尔政治学百科全书》，邓正来译，中国政法大学出版社，2002。

〔英〕霍布豪斯：《自由主义》，朱曾汶译，商务印书馆，2019。

〔英〕雷蒙·威廉斯：《关键词——文化与社会的词汇》，刘建基译，生活·读书·新知三联书店，2016。

〔英〕罗素：《宗教与科学》，徐奕春等译，商务印书馆，1982。

〔英〕迈克尔·H. 莱斯诺夫：《二十世纪的政治哲学家》，冯克利译，商务印书馆，2015。

〔英〕齐格蒙·鲍曼：《现代性与大屠杀》，杨渝东等译，译林出版社，2011。

〔英〕齐格蒙特·鲍曼：《共同体》，欧阳景根译，江苏人民出版社，2003。

〔英〕齐格蒙特·鲍曼：《流动的时代——生活于充满不确定性的年代》，谷蕾等译，江苏人民出版社，2012。

〔英〕齐格蒙特·鲍曼：《流动的现代性》，欧阳景根译，中国人民大学出版社，2017。

〔英〕乔治·克劳德：《自由主义与价值多元论》，应奇等译，江苏人民出版社，2008。

〔英〕汤因比：《历史研究》（下），郭小凌等译，上海人民出版社，2010。

〔英〕伊恩·伯基特：《社会性自我：自我与社会面面观》，李康译，北京大学出版社，2012。

〔英〕以赛亚·伯林：《自由论》，胡传胜译，译林出版社，2011。

〔英〕约翰·格雷：《自由主义的两张面孔》，顾爱彬等译，江苏人民出版社，2008。

〔英〕约翰·麦克里兰：《西方政治思想史》（上），彭淮栋译，中信出版社，2014。

〔英〕约翰·汤普森：《意识形态与现代文化》，高铦等译，译林出版社，2005。

〔德〕多明尼克·萨赫森迈尔等著《多元现代性的反思：欧洲、中国及其他的阐释》，郭少棠等译，商务印书馆，2017。

〔德〕斐迪南·滕尼斯：《共同体与社会：纯粹社会学的基本概念》，林荣远译，北京大学出版社，2010。

〔德〕哈贝马斯：《后形而上学思想》，译林出版社，2001。

〔德〕海德格尔：《路标》，孙周兴译，商务印书馆，2000。

〔德〕韩炳哲：《他者的消失》，吴琼译，中信出版集团，2019。

〔德〕黑格尔：《法哲学原理》，范扬等译，商务印书馆，2010。

〔德〕黑格尔：《精神现象学》，贺麟等译，商务印书馆，2010。

〔德〕卡尔·施密特：《政治的神学》，刘宗坤等译，上海人民出版社，2014。

〔德〕卡西尔：《人论》，李化梅译，西苑出版社，2009。

〔德〕卡西尔：《人文科学的逻辑》，沉晖等译，中国人民大学出版社，2004。

〔德〕康德：《历史理性批判文集》，何兆武译，商务印书馆，1997。

〔德〕康德：《实践理性批判》，邓晓芒译，人民出版社，2003。

〔德〕孔汉思等：《全球伦理——世界宗教议会宣言》，何光沪译，四川人民出版社，1997。

〔德〕李凯尔特：《文化科学和自然科学》，涂纪亮译，商务印书馆，1986。

〔德〕马丁·布伯：《我与你》，任兵译，北京联合出版公司，2018。

〔德〕马克斯·霍克海默、西奥多·阿道尔诺：《启蒙辩证法：哲学断片》，渠敬东等译，上海人民出版社，2006。

〔德〕马克斯·舍勒：《价值的颠覆》，罗悌伦等译，生活·读书·新知三联书店，1997。

〔德〕马克斯·韦伯：《经济与社会》（上卷），林荣远译，商务印书馆，1997。

〔德〕马克斯·韦伯：《社会科学方法论》，韩水法译，中央编译出版社，1999。

〔德〕马克斯·韦伯《学术与政治》，冯克利译，生活·读书·新知三联书店，2005。

〔德〕莫泽斯·赫斯：《赫斯精粹》，邓习议译，南京大学出版社，2010。

〔德〕尼采：《论道德的谱系》，赵千帆译，商务印书馆，2018。

〔德〕诺贝特·埃利亚斯：《个体的社会》，翟三江等译，译林出版社，2003。

〔德〕乌尔里希·贝克：《风险社会：新的现代性之路》，张文杰、何博闻译，译林出版社，2018。

〔德〕尤尔根·哈贝马斯：《对话伦理学与真理的问题》，沈清楷译，中国人民大学出版社，2005。

〔德〕尤尔根·哈贝马斯：《交往行为理论》（第一卷），上海人民出版社，2018。

〔法〕阿尔贝特·施韦泽:《文化哲学》,陈泽环译,人民出版社,2017。

〔法〕阿兰·图海纳:《我们能否共同生存:既彼此平等又互有差异》,狄玉明、李平沤译,商务印书馆,2003。

〔法〕卢梭:《论人类不平等的起源和基础》,高修娟译,译林出版社,2015。

〔法〕卢梭:《社会契约论》,何兆武译,商务印书馆,1980。

〔法〕路易·阿尔都塞:《保卫马克思》,顾良译,商务印书馆,2010。

〔法〕吕克·费希:《什么是好生活》,黄迪娜等译,吉林出版集团有限责任公司,2010。

〔法〕让-马克·夸克:《合法性与政治》,佟心平、王远飞译,中央编译出版社,2002。

〔法〕涂尔干:《社会分工论》,渠敬东译,生活·读书·新知三联书店,2017。

〔意〕马塞罗·默斯托:《另一个马克思:从早期手稿到国际个人协会》,孙亮译,中国人民大学出版社,2022。

〔意〕诺伯托·博比奥:《权利时代》,沙志利译,西北大学出版社,2016。

〔意〕詹尼·瓦蒂莫:《现代性的终结——虚无主义与后现代文化诠释学》,李建盛译,商务印书馆,2013。

〔加〕查尔斯·泰勒:《本真性的伦理》,程炼译,上海三联书店,2012。

〔加〕查尔斯·泰勒:《自我的根源——现代认同的形成》,韩震等译,译林出版社,2012。

〔加〕威尔·金里卡:《当代政治哲学》,刘莘译,上海译文出版社,2015。

〔印〕阿马蒂亚·森：《身份与暴力——命运的幻想》，李风华等译，中国人民大学出版社，2014。

〔印〕阿马蒂亚·森：《以自由看待发展》，任赜等译，中国人民大学出版社，2013。

〔印〕阿玛蒂亚·森、〔英〕伯纳德·威廉姆斯主编《超越功利主义》，梁捷等译，复旦大学出版社，2011。

〔匈〕阿格尼丝·赫勒：《现代性理论》，李瑞华译，商务印书馆，2005。

〔匈〕卢卡奇：《关于社会存在的本体论》（上册），李秋林等译，重庆出版社，1993。

〔瑞士〕汉斯·昆：《世界伦理构想》，周艺译，生活·读书·新知三联书店，2002。

〔西〕雷蒙·潘尼卡著，〔美〕哈里·詹姆斯·卡格斯编《看不见的和谐》，王志成、思竹译，江苏人民出版社，2001。

《第欧根尼》中文精选版编辑委员会编选《文化认同性的变形》，商务印书馆，2008。

联合国教科文组织编《反思教育：向"全球共同利益"的理念转变？》，联合国教科文组织总部中文科译，教育科学出版社，2017。

阿尔伯特·马蒂尼利：《市场、政府、共同体与全球管理》，夏光译，《社会学研究》2003年第3期。

阿瑞夫·德里克：《全球现代性的再思考》，《厦门大学学报》（哲学社会科学版）2011年第4期。

爱德华·萨伊德：《文化与帝国主义》，谢少波译，《马克思主义与现实》1999年第4期。

查尔斯·泰勒：《两种现代性理论》，陈通造译，《哲学分析》

2016年第4期。

陈先达:《论普世价值与价值共识》,《哲学研究》2009年第4期。

陈依元:《关于价值、价值认识和价值真理的哲学探讨》,《国内哲学动态》1984年第6期。

陈忠:《涂层正义论——关于正义真实性的行为哲学研究》,《探索与争鸣》2019年第2期。

邱利平、袁祖社:《"相对主义"与"绝对价值"之争——价值相对主义与现代性精神存在根基的缺失》,《人文杂志》2010年第1期。

段光鹏、王向明:《价值共识与"人类命运共同体"的当代构建》,《云南民族大学学报》(哲学社会科学版)2021年第4期。

高德胜:《"解放"的剥夺——论教育如何面对个体人的膨胀与公共人的衰落》,《教育研究与实验》2011年第1期。

高清海:《人类正在走向自觉的"类存在"》,《吉林大学社会科学学报》1998年第1期。

高兆明:《论多元社会的价值整合》,《江海学刊》2001年第5期。

宫敬才:《论马克思〈资本论〉中让当事人出场说话的方法》,《人文杂志》2018年第4期。

韩东屏:《如何达成价值共识》,《河北学刊》2010年第1期。

韩庆祥:《为解决人类发展问题贡献"中国理论"——习近平"人类命运共同体"思想》,《东岳论丛》2017年第11期。

何怀宏:《哪些差异?何种共识?》,《武汉科技大学学报》(社会科学版)2010年第5期。

何怀宏:《寻求共识:从〈正义论〉到〈政治自由主义〉》,《读书》1996年第6期。

何增科:《全球公民社会引论》,《马克思主义与现实》2002 年第 3 期。

贺来:《"道德共识"与现代社会的命运》,《哲学研究》2001 年第 5 期。

贺来:《"关系理性"与真实的"共同体"》,《中国社会科学》2015 年第 6 期。

贺来:《关系性价值观:"价值观间"的价值自觉》,《华东师范大学学报》(哲学社会科学版)2020 年第 1 期。

贺来:《价值个体主义与道德合理性基础的重构》,《吉林大学社会科学学报》2005 年第 2 期。

贺来:《三大独断论的摒弃:当代哲学根本性的理论进展》,《中国人民大学学报》2006 年第 5 期。

贺来:《实践观点与价值独断主义的终结》,《天津社会科学》2019 年第 6 期。

贺来:《寻求价值信念的真实主体——反思与克服价值虚无主义的基本前提》,《社会科学战线》2012 年第 1 期。

侯才:《有关"异化"概念的几点辨析》,《哲学研究》2001 年第 10 期。

胡敏中:《论价值共识》,《哲学研究》2008 年第 7 期。

J. 哈贝马斯:《评罗尔斯的〈政治自由主义〉》,江绪林译,《哲学译丛》2001 年第 4 期。

李包庚:《世界普遍交往中的人类命运共同体》,《中国社会科学》2020 年第 4 期。

李德顺:《价值独断主义的终结——从"电车难题"看桑德尔的公正论》,《哲学研究》2017 年第 2 期。

李德顺:《普遍价值及其客观基础》,《中国社会科学》1998 年第 6 期。

李海青：《理想的公共生活如何可能——对"公共理性"的一种政治伦理学阐释》，《伦理学研究》2008年第3期。

李蕊：《全球治理中的全球伦理：何以需要？何以可能？》，《学习与探索》2017年第4期。

李昕桐：《论新时代的价值共识——以马克思"公共价值"思想为研究基础》，《理论探讨》2020年第5期。

李雨竹：《价值共识教育及其实践路径探析》，《思想政治课教学》2022年第11期。

林伯海：《论全人类共同价值与人类命运共同体的辩证关系》，《马克思主义研究》2021年第11期。

刘福森：《从本体论到生存论——马克思实现哲学变革的实质》，《吉林大学社会科学学报》2007年第3期。

刘擎：《重申个人自主性：概念修正与规范建构》，《学术月刊》2010年第9期。

刘同舫：《构建人类命运共同体对历史唯物主义的原创性贡献》，《中国社会科学》2018年第7期。

刘同舫：《全球现代性问题与人类命运共同体智慧》，《福建论坛》（人文社会科学版）2019年第9期。

娄雨：《从 παιδεία 到 education：西方"教育"概念的词源学分析》，《教育学报》2017年第3期。

卢风：《独断理性主义：对话的障碍与民主的大敌》，《社会科学论坛》2018年第2期。

马纯红：《基点·共识·功能：全人类共同价值与人类命运共同体的中国话语表达》，《吉首大学学报》（社会科学版）2023年第1期。

毛华兵、闫聪慧：《论价值共识》，《湖南社会科学》2023年第1期。

潘一坡：《论新时代凝聚价值共识的制度保障》，《思想教育研究》2023 年第 2 期。

秦子忠：《交互共识理念：达成共识的困境与出路》，《上海交通大学学报》（哲学社会科学版）2017 年第 6 期。

任剑涛：《在一致与歧见之间——全球治理的价值共识问题》，《厦门大学学报》（哲学社会科学版）2004 年第 4 期。

沈湘平：《反思价值共识的前提》，《学术研究》2011 年第 3 期。

沈湘平：《价值共识是否及如何可能》，《哲学研究》2007 年第 2 期。

孙旭、孔扬：《马克思对涂尔干现代社会道德与价值共识重建的超越》，《社会科学战线》2021 年第 7 期。

孙志方、曹兴：《全球伦理的兴起及其影响》，《扬州大学学报》（人文社会科学版）2016 年第 2 期。

谭培文：《人类命运共同体构建的价值方法》，《伦理学研究》2019 年第 5 期。

田鹏颖：《论全人类共同价值的可能与现实》，《河南师范大学学报》（哲学社会科学版）2022 年第 4 期。

童世骏：《关于"重叠共识"的"重叠共识"》，《中国社会科学》2008 年第 6 期。

汪信砚：《普世价值·价值认同·价值共识——当前我国价值论研究中三个重要概念辨析》，《学术研究》2009 年第 11 期。

王公龙：《马克思世界历史理论语境中的全人类共同价值》，《学术月刊》2022 年第 7 期。

王聚：《理解独断》，《社会科学》2022 年第 6 期。

王南湜：《论转型社会的道德价值疏离化趋势》，《求索》1995 年第 5 期。

王南湜：《马克思的自由观及其当代意义》，《现代哲学》2004

年第 2 期。

王南湜:《马克思主义价值论何以可能?——一个前提性的考察》,《当代中国价值观研究》2016 年第 1 期。

王泽应:《命运共同体的伦理精义和价值特质论》,《北京大学学报》(哲学社会科学版) 2016 年第 5 期。

魏波:《以共享理解发展》,《中国特色社会主义研究》2016 年第 1 期。

文翔:《马克思哲学视域下的价值共识问题探析》,《探索》2009 年第 5 期。

郗戈:《从资本逻辑看"全球现代性"的内在矛盾》,《教学与研究》2011 年第 7 期。

夏莹:《试论马克思对物的追问方式及其激进维度》,《现代哲学》2015 年第 3 期。

肖川、胡乐乐:《"教育"概念的词源考古与现代研究》,《大学教育科学》2010 年第 3 期。

谢金林:《公共人:公共行政人性范式的重构》,《求索》2008 年第 4 期。

姚大志:《公共理性与合法性——评罗尔斯的〈政治自由主义〉》,《江苏行政学院学报》2010 年第 2 期。

尹金萍:《查尔斯·泰勒社群主义构成性自我观的意义阐释与实践运用》,《国外社会科学前沿》2022 年第 6 期。

俞吾金:《从"道德评价优先"到"历史评价优先"——马克思异化理论发展中的视角转换》,《中国社会科学》2003 年第 2 期。

俞吾金:《马克思对现代性的诊断及其启示》,《中国社会科学》2005 年第 1 期。

袁祖社:《"共享发展"的理念、实践与人类命运共同体的价值建构》,《南京社会科学》2017年第12期。

袁祖社:《价值本质的自我澄明:观念史视角的合理介入》,《清华大学学报》(哲学社会科学版)2017年第5期。

袁祖社:《价值多元的实践超越与"公共性真实"的生存信念》,《南开学报》(哲学社会科学版)2015年第2期。

袁祖社:《思入价值问题的理论深处:思想史研究方法的启示》,《江汉论坛》2017年第4期。

袁祖社:《"治理型发展"的价值逻辑与美好生活实践的中国智慧》,《贵州社会科学》2020年第1期。

张晋铭:《论马克思"公共价值"信念与人类命运共同体"价值共识"追求——基于马克思公共哲学的审视》,《内蒙古社会科学》2022年第1期。

张静、马振清:《全球合理交往的根基:文化理解与价值共识》,《学习与探索》2002年第4期。

张康之:《论风险社会中的价值选择》,《北京行政学院学报》2020年第5期。

张乐:《寻求价值共识:一种消弭价值观冲突的新路向》,《南昌大学学报》(人文社会科学版)2012年第4期。

张曙光:《马克思关于"价值"的研究及相关问题》,《河北学刊》2011年第1期。

赵晖:《当代世界公民教育的理念考察》,《外国教育研究》2003年第9期。

赵祥禄:《论哈贝马斯与罗尔斯对公共理性的争论》,《山西师大学报》(社会科学版)2007年第5期。

郑少翀:《走出价值多元主义的困境》,《福建论坛》(社科教育版)2007年第4期。

周濂:《政治社会、多元共同体与幸福生活》,《华东师范大学学报》（哲学社会科学版）2009年第5期。

朱立元、张瑜:《不应制造"两个马克思"对立的新神话——重读〈1844年经济学哲学手稿〉兼与董学文、陈诚先生商榷》,《社会科学战线》2010年第1期。

左秋明:《作为人类命运共同体构建之价值方法的共识伦理》,《伦理学研究》2022年第5期。

二　外文文献

Bellah, Robert, "Community Properly Understood: A Defense of Democratic Communitarianism", in Amitai Etzioni, ed., *The Essential Communitarian Reader*, New York: Rowman & Littlefield Publishers, Inc., 1998.

Etzioni, Amitai, ed., *The Essential Communitarian Reader*, Lanham: Rowman and Littlefield, 1998.

Fukuyama, Francis, "US against the World? Trump's America and the New Global Order", *Financial Times*, Nov. 11, 2016.

Louden, Robert B., "On Some Vices of Virtue Ethics", Roger Crisp and Michael Slote, eds., *Virtue Ethics*, New York: Oxford University Press, 1997.

Lukes, Steven, "Methodological Individualism", in Derek Matravers and Jon Pike, eds., *Debates in Contemporary Political Philosophy*, London: Routledge, 2003.

Negel, Thomas, "Rawls on Justice", in Norman Daniels, ed., *Reading Rawls*, Stanford, CA: Stanford University Press, 1989.

Nisbet, R. A., *The Sociological Tradition*, London: Heinemann, 1970.

Pojman, Louis P., *Ethical Theory: Classical and Contemporary Readings*, Belmont: Wadsworth Publishing Company, 1995.

后　记

　　本书是在我的博士学位论文基础上修改完成的，原名为《共同体及其价值共识基础研究——基于马克思价值哲学的考察》，后在袁卫华老师的建议下经过深思熟虑决定改用《共同体与价值共识——基于马克思价值哲学的考察》。书名的改变在尽可能凸显本书问题意识的同时，也希望给读者留下更大的想象空间。因此，本书在"提出问题"的意义上，尝试用哲学的发问方式引起读者对诸如共同体何谓、共同体何为、共同体何以可能等兼具理论与现实意义的诸议题的兴趣与思考。

　　"共同体"与"价值共识"原本是两个独立的研究主题，每一个主题下都汇聚着大量优秀的研究成果，因此就这两大相互独立的研究领域而言，本书似乎并没有什么新意可言。然而，当我们以哲学式的前提考察与基础反思的致思方式重新审视这两大议题的深层关切时，"共同体"与"价值共识"不仅从一开始就存在难以割裂的内在联系，而且二者实际上共同指向一个更加根本的"共在存在论"议题，即"我们能否共同生存"的时代命题。

　　按照吉登斯的理解，现代性体现的是"脱域"和"嵌入"

的辩证法。"脱域"就是脱离围绕血缘、亲缘和地缘关系建构的自然共同体,成为一个自治、自律的"无羁绊的个人"。"嵌入"表达的是如何用一种契合现代性精神本质的合理的方式使异质个体自愿地共处在一个现代合作秩序之中。因此,可以说将个体"嵌入"秩序始终是古今中西"共同体"理论所关涉的核心问题,区别在于何种"嵌入"方式能为现代文明所肯认与接纳。所谓"嵌入方式"既包含具体的权利架构,也包括观念结构。从人是价值的动物出发,共同(享)的价值信念构成一切共同体的观念基础。以城邦和家庭为典范的"古典共同体"凭借同质性的整全价值秩序将个体整合进共同体,其代价是个体权利的被遮蔽。以市民社会为代表的"理性共同体"诉诸人类理性的合理化论证将异质个体吸纳进现代共同体,其后果是工具理性与价值理性的失序以及由这种失序所导致的个体-民族国家本位的功利主义大行其道。世界风险社会情境中"命运共同体"对一种包容性的人类合作秩序的建构,既不能回到古典共同体,也无法仅凭工具理性的奠基,而是要植根围绕"共同生存"的时代议题经由异质价值主体间的开放对话与理性商谈所达成的"价值共识"之上。

面对命运共同体的价值共识基础构建问题,以往的价值哲学缘于"事实与价值"二分法带来的祛历史性的叙事方式,很难摆脱"文明冲突论"与"普世价值论"的窠臼。马克思的价值哲学将价值议题与历史反思紧密关联,将价值评价与现实的人的生存权益内在对接,将价值期许与人的自由全面发展(个体)和自由人联合体(共同体)彼此贯通,为理性反思共同体的文明形态并有效化解价值共识的观念困境开辟出全新的叙事空间。因此,深入阐释马克思价值哲学中的价值共识理论,不仅是推动马克思主义中国化时代化的理论需要,而且是科学阐释人类命运共同体与全人类共同价值当代价值的现实需要，更是本书立论与叙事始终聚焦的核心问题。

  本书从选题、写作、校对到顺利出版的全过程，倾注并承载着很多师友的心血与期待。如果没有我的导师袁祖社教授的悉心指导、没有我的师友朱蔷薇的耐心鼓励、没有陕西师范大学哲学学院各位老师的谆谆教导、没有社会科学文献出版社编辑老师的细心关照和艰辛付出、没有我的爱人余露女士的倾力支持、没有成都理工大学马克思主义学院的大力支持……总之，如果没有无数关心、关爱我的亲人朋友们的鼎力相助，就不可能有此刻呈现在大家面前的这部著作的问世。当然，书中存在的不足之处都是本人学力有限所造成的，希望广大读者批评指正。

马瑞科
2025 年 4 月于成都

图书在版编目(CIP)数据

共同体与价值共识：基于马克思价值哲学的考察 / 马瑞科著. -- 北京：社会科学文献出版社，2025.8.
ISBN 978-7-5228-5330-7

Ⅰ.B018

中国国家版本馆 CIP 数据核字第 20258PW527 号

共同体与价值共识——基于马克思价值哲学的考察

著　　者 / 马瑞科

出 版 人 / 冀祥德
责任编辑 / 袁卫华
责任印制 / 岳　阳

出　　版 / 社会科学文献出版社
　　　　　　地址：北京市北三环中路甲29号院华龙大厦　邮编：100029
　　　　　　网址：www.ssap.com.cn
发　　行 / 社会科学文献出版社（010）59367028
印　　装 / 三河市东方印刷有限公司
规　　格 / 开　本：889mm×1194mm　1/32
　　　　　　印　张：10.75　字　数：260千字
版　　次 / 2025年8月第1版　2025年8月第1次印刷
书　　号 / ISBN 978-7-5228-5330-7
定　　价 / 128.00元

读者服务电话：4008918866

版权所有 翻印必究